JN046396

狂気な倫理

「愚か」で「不可解」で「無価値」とされる生の肯定

小西真理子
河原梓水
編著

晃洋書房

まえがき

これまで私たち〝狂人〟は自分自身の言葉をもっていませんでした。私たちが何かを語る場合でも、健常者の言葉、健常者の思考を押しつけられ、自分たちを無駄なものとしてしかとらえませんでした。すなわち、私たちは私たち自身を否定されるべき存在（＝悪）として経験させられてきました。私たちは有効な防衛手段もなく、私たちの存在の核心に他者（＝健常者）が侵入するのを許してきました。そして、たまたま〝狂人〟がホンネを語る場合には、それは〝キチガイ〟の〝タワゴト〟として完全に無効化されました。……しかし、ここで私（たち）は〝狂人〟としての自己の存在を主張し、〝狂人〟としての言葉、思考をもって今まで全的に否定されてきた〝狂気〟の側からの反撃を行いたいと思います。そして、この本をもって〝狂気〟からの反撃の橋頭保にしたいと願っています（吉田 一九八〇：二七四―二七五）。

以上は、吉田おさみの著書『〝狂気〟からの反撃――精神医療解体運動への視点――』（一九八〇年、新泉社）の一節である。吉田は精神障害者解放を目指す理論家かつ運動家であり、狂気を抹殺しようとする精神医療の専門家や健常者が示す正常性に反撃すると同時に、一見善意にあふれているとさえ認識されうるような彼らの欺瞞を暴いたことでも知られる。彼の場合、健常者への反撃のために用いたものは、理性人＝健常者社会から奪った「理論」という武器だった（同前：二七五）。この武器でもって、狂気の真実を照らすために、狂気の言語化と整序を行ったのである。

吉田によれば、健常者基準による治療によってではなく、狂気の貫徹によってこそ人は「なおる」ことができ、自己変革が可能になる。正常とされる状態は、「社会との対決を避け、その抑圧的関係を受け入れて、それと妥協した形で自己実現すること」であり、狂気こそが「社会の抑圧構造を変革して真の自己実現を成し遂げようとするもの」（同前：一二九）である。このような仕方と態度で、これまで狂気のマイナス面のみがあまりにも強調されてきたという現実を指摘しつつ、「日常世界・正気の世界と対等の市民権をもつものとして狂気を肯定」（同前：二〇六）した。

吉田の意味する「狂気」とは、精神障害とほぼ一致するような意味をもつものと言えるが、私たちが生きていくなかで正常人に無視される語り口はさまざまに存在する。常識を逸脱していると警戒されるラディカルさをもっていたり、突拍子もなく何を言っているのかわからないとされるものであったり、正確な知識や良識からすれば正当でないとされるものであったり、単に病んでいるとか、支援や教示が必要であると認識されたりするような発言に対して、拒絶や否定が示され、介入の必要性が説かれる事態を、これまで度々知覚してきたように思う。そこで曲解された「声」は、たしかに発せられているのにもかかわらず、まるで意味をなさないかのような扱いを受けることになる。このような「声」に乗せられた「意味」は（聞き手はそう思ってはいないだろうが）そもそも聞かれていないこともある。

本書の執筆者たちは、ともすれば切り捨てられかねないような思想を、独自の視点をもってそれぞれの仕方で記述している。私は、学問の世界の魅力のひとつは、そのような思想や物言いが、世の中で発せられるための武器や場所を与えることだと信じている（ただし、闘わない研究も、別の意義をもつと考えている）。こうした武器は、そこにある語りの「意味」を変容させ、結局は正常人としての物言いに従わせるもののようにも思える。しかし、おそらくその武器をもったとしても、彼らの「声」は往々に切り捨てられるものだろう。それならば、その武器を手にし、それを補強することにも価値があるのかもしれない。他方、世間受けのよい思想に埋没するのではない仕方で書かれた文章に込められた「意味」こそに敬意を払いたいと私は常々思ってきた。本書に集められた、世間一般的には「愚か」で「不可解」で「無価値」とされがちな生に「意味」を見いだそうとする営みを、本書では〃狂気〃と名づけたい。このような〃狂気〃を肯定する人びとこそが、〃狂気な倫理〃(1)を表出させる者たちである。

＊

本書は〃狂気な倫理〃を核心とすることで全三部、一三章から成る。

第Ⅰ部「『愚か』な生を肯定する」では、強固に確立されている現代家族規範の再考を試みる。規範的な家族像によって苦しむ「愚か」とされる人びとの生きづらさは、その規範やそれを構築する制度が善きもの・あるべきもの・正しいものだと絶対視されることで促進される。この点を再考することで、現代家族規範の背景にある諸問題やその規範がもつ暴力性を浮かび上がらせる。

第一章（小西真理子）は、虐待の連鎖という言説やその影響について考察するものである。児童虐待がどのような人によって引き起こされやすいかについて語る言説は、そこで問題とされる親像に近しいと自ら解釈する人の出産を消極的な仕方で阻害することがある。本章では、非規範的（ないし問題がある）家庭で育ち、世代間連鎖の恐怖に取り憑かれている女性の中絶に着目し、そのような女性たちのなかには中絶した我が子が無化されることに必死で抵抗している人がいることを示す。そして、その抵抗の意味を示唆することで、一見まっとうに思われる連鎖防止を目指す支援や福祉制度に隠蔽された暴力性をあぶり出す。

第二章（髙木美歩）は、カサンドラ現象をめぐる言説について考察するものである。一九九〇年代、夫婦などの親密な関係に困難が生じるのは、パートナーが未診断の自閉症スペクトラム障害（ＡＳＤ）であることが原因だと指摘されるようになった。このような言説は、特定の性質を有する人の家族をもつ権利を奪うものである。本章では、カサンドラ現象という言説形成の背景には、定型発達者にとって好ましい「親密な関係性」というパートナーシップにおける規範があることを指摘し、たとえその関係に困難が生じたとしても、それは「異常さ」ではなく「違い」に由来するものだと捉えることで、「異質」なものたちが共存する人間関係や家族関係を築くことができるのだと主張する。

第三章（秋葉峻介）は、ケア倫理に見られる家族規範について再考するものである。ケア倫理は自律概念を批判的に検討している理論であり、そのような思想は今日医療現場においても見られるようになってきている。しかし、はたしてケア倫理の理論レベルの議論は、政策レベル・臨床レベルのそれぞれに齟齬なく組み込まれることが可能なのだろうか。本章では、エヴァ・キテイのケア倫理に見られる家族概念の規範性やドゥーリア・モデルに見られる思想を批判的に検討することで、ケア倫理が、典型的な現代家族像を前提とするものであり、そのようなつながりの外にいる人びとを捉えていないことを明らかにする。

第四章（高倉久有・小西真理子）では、毒親概念およびその概念を支えに生きる人びとを肯定するものである。家族問題によってトラウマを背負う人の多くは、その状態から回復するための導きを得ることで救われてきた。しかし、なかには「私の親は毒親だ」と親を罵り続けることで、トラウマから解放される道を歩まない人たちがいる。このような姿は、不適切ないし気の毒な姿と認識されており、トラウマを有する当事者の状況の好転を阻むように思われる毒親概念は専門家らからも否定的評価を与えられてきた。本章では、アダルトチルドレンと毒親の両概念を比較することで、毒親概念によってこそ救われ、その生が肯定される人がいることを主張し、彼女らが示す論理を明らかにする。

第五章（貞岡美伸）は、小泉義之の著書『生殖の哲学』に記されている「子どもを生み落とすだけで放置したって、なんの問題にもならない社会」、すなわち、生み捨てられる社会について考察するものである。子どもについてこのような視点でもって考察することは、狂気の沙汰に思われるだろう。しかし、生み捨てられる社会こそが、どのような状況にある女性でも子どもを生み育てることができる社会である。本章では、新生児遺棄、レイプ妊娠、不同意堕胎の事件や事例に言及しながら、生み捨てられる社会の実現のために、家族・婚姻制度を解体し、個人単位のベーシック・インカムを保障することを提案する。

第Ⅱ部「『不可解』な生を肯定する」は、正常性から逸脱したものと見なされてきた生／性について、その周縁的な視野からこそ見いだされる景色を描き出すものである。精神病理や社会病理として認識されたり、そもそもなかったことにされたりしてしまうような生／性を支点とした主張を検討することで、現代社会で排除されている生／性が可視化され、その排除を正当化する理屈や実態の欺瞞が暴かれるだろう。

第六章（河原梓水）は、マゾヒストの愛について論じるものである。支配や暴力を望むマゾヒスト女性の欲望は、家父長制的支配から発生した虚構であり、病的で正しくないものとされてきた。本章では、一九五〇年代に雑誌『奇譚クラブ』誌上で活躍した女性名マゾヒスト・古川裕子の作品を分析対象として、現在比較的受け入れられつつある合意や対等な関係性に基づくSMを捉えなおす試みとして、不平等かつ合意のない支配従属関係を肯定する女性のマゾヒズム論を抽出する。そして、古川の主張するマゾヒストの愛が、近代的な男女関係の規範から弾き出された、正気を失ったあわれな被害者像に付与されるようなものとして認識されることに異議を申し立てる。

第七章（鹿野由行・石田仁）は、戦後から一九八〇年代にかけての大阪・釜ヶ崎に関する社会地理学研究である。大阪市西成区に存在する「飛田」と「釜ヶ崎」は、元遊郭、労働者の街としてよく知られている。しかし先行書では、性が描かれたとしても異性愛的なセクシュアリティのあり方に留まり、異性装や同性愛は周縁に留め置かれて隠されてきた。本章では、釜ヶ崎という、その周縁性に注目されてきた地域においてすら、さらに周縁としてその存在が不可視化されてきたこれらの人びとのありようを丹念な探索と聞き取り調査によって復元し、規範的性からみれば「不可解」と思われるかもしれないような異性装・同性愛者の豊かな生業と生き様を描き出す。

第八章（小田切建太郎）は、「ひきこもり」をめぐる哲学的研究である。治療すべき精神的発達の不全、道徳的指導を必要とする怠惰・甘え、社会的排除の被害者……。ひきこもりに関するこれらの表象は、ひきこもりを解消すべき「問題」としてのみ理解し前提してはいないか。だが、もし、ひきこもりという振る舞いが、当事者の生命が社会に提起する（総合なき）アンチテーゼだとしたら、どうだろうか。本章では、当事者・経験者の視点から、「無縁」の概念を手がかりにすることで、社会の〈外部〉を、当事者の生が志向する自由な場所、生が肯定される無縁の場所として描き、ひきこもりの示唆する生のあり方の積極的意味（＝方向性）を、無縁の倫理、あるいは野生の倫理として構想する。

第九章（山本由美子）は、一九六八年に公開されたテレビアニメ『妖怪人間べム』を、バイオテクノロジーと進化の観点から読み解くことを通じて、人類の生物としての新たな可変性を待望するものである。妖怪人間をダナ・ハラウェイの言う「動的共生体」概念でとらえることで、彼らを、既存の性愛家族規範や生・権力を根こそぎにした上で到来する、全く新しい他者の先導人と位置づける。本章では、このような解釈を通じて、現行人類の動的進化の可能性を見出し、これまで化け物や出来損ないとして周縁に追いやられてきた「定形外・規格外」の生物の誕生を歓待することを目指す。そして、これに異議を唱える者たちの内に潜む「健常・異性愛・人間種中心主義」をあぶり出す。

第Ⅲ部「『無価値』な生を肯定する」では、障害や病に着目することで、健常者や専門家らによる生命の選別や序列化を批判する。今日、優生思想は建前的には批判対象となっているが、その思想はある種の「配慮」を打ち出すことによって許容可能なものかのような姿を見せている。以下の諸論考は、現在、巧妙に隠蔽されている生命の選別的態度を暴き、そのようなものを取り巻く制度や権力、個人の細部に切り込みを入れるだろう。

第一〇章（柏﨑郁子）は、フローレンス・ナイチンゲールの「生命力の消耗を最小にする」という理念に立ち返ることで「看護」について再考するものである。看護の自己の分とは、「生き残る」ための助けをし、「殺さない」ことであると信じる筆者は、病人の死に方に関する議論へ疑義を申し立てる。本章では、ナイチンゲールから学び、人間の生命力そのものに注視する看護を行うならば、目の前にある生がどのような状態であっても、決して「歓迎されない姿」には見えないことを主張する。現状の医療はこの視点と逆を向いているため、人工呼吸器や胃ろうによる延命医療で生きながらえるような人の生を否定してしまうのである。

第一一章（北島加奈子）は、元パラリンピック選手で、研究者であるダニエル・ピアーズの論文を検討することで、健常者権力にのみ込まれたパラリンピック選手が、主体的に生きる可能性について模索するものである。ピアーズは、パラリンピックの起源をめぐる言説や、パラリンピックのルールや実態が、障害者を無力化するような健常者基準によるものであることを論証している。本章では、パラリンピックに参加した選手たちが、ミシェル・フーコーのいうところの「別の生としての、闘いの生、真の生」となり得た可能性を示すと同時に、他でもないピアーズが当該論文で主張するあり方に「別の生」としての抵抗を見いだす。

第一二章（田邉健太郎）は、言語学的説明の背景にある価値観を批判するものである。認知神経科学では音声言語処理において、言語的意味を処理する経路と、音を発する運動に対応する経路という二つのシステムがあるとする「音声言語の二重経路モデル」が提唱されている。これまでこの二つの領域をどのように架橋できるのかについて議論がなされてきた。本章では、そうした成果に対して哲学的観点から検討を加えることで、言語的枠組みが正常性の規範として利用されていることを問題提起し、「雨だ、私が雨かもしれない」のような病人の言葉が優先的に説明されないことに潜む価値観が温存するものに敏感である必要を説く。

第一三章（笹谷絵里）は、日本で実施されている先天性代謝異常等検査（新生児マススクリーニング）について検討するものである。先天性代謝異常等検査は、子どもの病気を生まれてすぐに発見し、治療することで心身障害を防ぐことを目的とし一九七七年に導入された。しかし、そこで判明する病気はいずれも常染色体劣性遺伝形式をとっているため、検査で子どもの病気が明らかになった場合、その親が次も四分の一の確率で病気を持つ子どもを生む保因者であることがわかる。本章では、子どもではなく、親に視点を向けることで、本検査が出生前診断とも関連しながら、保因者である親が病気のある次子を持たないように、出生を防止するものとしても機能してきたことを明らかにする。

以上を通じて、現在規範的とされる生の外側に生きる「愚か」で「不可解」で「無価値」とされる生(本書ではその極一部を取り上げているにすぎない)を肯定する。本書に収められているもののなかには、受け入れがたいと認識されがちな思考が見られるかもしれないが、もしかしたら私たちは、その書き手の立ち位置を把握できず、見当違いの場所から、書き手の使用するものとは異なる言語をもって、その文章を読んでいるかもしれない。本書の執筆者たちは、自らの世界の景色からすれば「当たり前」のことを主張しているにすぎないかもしれないのである。「私は、皆さんに、まず日常を疑う、自らの正気を疑うということからはじめられるようおすすめします」(吉田 一九八〇:二一一)。

二〇二二年五月

編著者 小西真理子

注

1 倫理(ethic)の語源はギリシア語のエートス(ethos)であるが、エートスには、住み慣れた地、習慣、性格、気質、風習、人柄など幅広い意味がある。エートスとは、人がいかに生きているかが問われる地点、どのような人であるのかが問われる地点、「われわれのあり方、生き方が問われる地点」(田中 一九九四:三七)でもある。本書での「倫理」とはこの系譜に位置づくものであり、人間の生き方や生き様を意味している。倫理(éthique)とは「人びとの語り、人びとの人生の軌跡に依拠」した「道徳的に割り切って判断できない状況にかかわっている」ものであり、「最大限多くの可能な事柄を原則の内部に位置づけ」たり、「風習や行動の不安定性を乗り越え、個々の風習の限界を超越する規範を確定」したりする道徳(morale)とは異なるものに分類し得る((Brugère [2011＝2014]: 44-45)二〇一四:四四—四五)。

参考文献

Brugère, F., 2011 *L'Éthique du Care, Que pais-je?*, Presses Universitaires de France（原山哲・山下りえ子訳、二〇一四『ケアの倫理――ネオリベラリズムへの反論――』白水社）.

田中伸司、一九九四「倫理学の原型――倫理学の形成過程――」宇都宮芳明・熊野純彦編『倫理学を学ぶ人のために』世界思想社。

吉田おさみ、一九八〇『〝狂気〟からの反撃――精神医療解体運動への視点――』新泉社。

目次

第Ⅲ部 「無価値」な生を肯定する――障害と優生思想

第Ⅰ部

「愚か」な生を肯定する

――家族論再考

第1章 「不幸」の再生産
――世代間連鎖という思想の闇

小西真理子

はじめに――自分の子どもに同じ想いをさせたくない

「生まれてこなければよかった」という言葉は、暴力などの問題がある家族に育てられた子どもの口からしばしば発せられるものである。この言葉は、（恒常的なものではないにせよ）自らの親から発せられた「あなたなんか生まれてこなければよかった」というメッセージを起点としていることが多い。身体的な暴力による存在否定はもちろん、「お前なんか死んでしまえ」、「あなたなんか産まなければよかった」という趣旨の言葉や態度が、自らの誕生や生存の理由となる人から投げかけられることは、自身の存在を全否定される経験でもある。子どものなかには、自分の存在しない／できない世界を欲する親の言葉や態度を受けて、自らは「生まれてこなければよかった」などと思っていないにもかかわらず、親の望みや幸せを優先的に考えて、自らが無となるような世界を心から望む人も現われてくる(1)。

これに類する思考や感情は、その人が「次世代」——自分こそが誕生や生存の理由となる我が子——を想うときにも現れることがある。親子関係に問題を抱え、自らの存在を否定している女性が、意図せぬ妊娠をして、望まぬ中絶をするという場面では、それが特に顕著に現れてくるように思われる。その女性が、家族と接点をもつ自らの苦しみや問題が次世代に受け継がれることを意味する世代間連鎖(2)を信じている場合、本当は赤ちゃんを産みたいけれども、自分と同じ想いをさせたくないから中絶を決断するということが起こるのだ。このような中絶を生み出す背景にある問題のいくつかを紐解くと同時に、実際に中絶を決断した女性の語りが訴えているものについて考えてみたい。

1 児童虐待における世代間連鎖という思想

貧困、犯罪、障害など、ある「問題」を抱えている人が親になると、その子どもがその「問題」を引き継ぐということがさまざまな領域で語られてきた。虐待の連鎖という考え方もそのひとつである。二〇一三年に厚生労働省が発表した「子ども虐待対応の手引き」でも、虐待する保護者の背景のひとつとして世代間連鎖があげられていることに象徴的であるように(厚生労働省 二〇一三：二六)、「『子どもを虐待する親自身、かつては被虐待児だった』ということは、よく言われること」(久保田 二〇一〇：三七三)であり、そのような考え方は専門家のあいだのみならず、一般に広く共有されている。虐待致死事件の加害者である親が過去に虐待されていたことが判明すると、それが世代間連鎖の証明であるかのような反応や報道が見られることもある。

児童虐待の領域において世代間連鎖という考えが注目されるようになったのは、一九六〇年代である。一九六二年にアメリカの小児科医のヘンリー・ケンプらは、共著論文「被虐待児症候群」において、約三〇〇の虐待事例から身体的虐待を受けている子どもの特徴（健康・栄養状態や衛生的問題、打撲傷・あざ・新旧の骨折が多い、硬膜下出血があるなど）を示し、このような身体症状は偶発的な事故によるものではなく、虐待によって生じるものであると発表した（Kempe et al. 1962）。この論文を受けて、これまで例外的な事態だと考えられていた児童虐待がいかに頻繁に起きているかが周知され、児童虐待にかんする制度が整備されはじめたという。この著明な論文には虐待の世代間連鎖についても記されていた。ケンプらによれば、虐待する親は「子どものころに似たような虐待を受けて」おり、「心理学的にいえばそれは攻撃的な親への同一化」である。そして、「親のようになりたくないという強い願いにもかかわらず、この同一化は生じてしまう」（ibid.: 18）という。また、子どもを虐待している母親は、結婚前や結婚後すぐの望まぬ妊娠によって子どもを出産していたことや、その母親の母親も望まぬ妊娠をしてその子どもを虐待していたことが指摘されており、「患者たちの母親は、優しくてよい母親になりたいというとても強い願いを自覚しているにもかかわらず、明らかに自分が母親にされたふるまいをくり返していた」（ibid.: 20）と述べられている。

　世代間連鎖についての考察は、小児科医のレイ・ヘルファとケンプが編集し、児童虐待の「最新情報を得るために真っ先に参考にする資料という地位を確立している」（Helfer & Kempe 1980: xvii）という論文集『虐待された子ども』（初版 一九六八年、第二版 一九七四年、第三版 一九八〇年、第四版 一九八七年、第五版 一九九七年）に引き継がれている。初版にてブラント・スティールとカール・ポルクは、虐待する親はその人生の早期に虐待されており、その親の親もまた同様の経験をもっていたと報告し、虐待は「悲しいことに、気づかぬうちに、親から子へ、世代から世代へと連鎖していく」（Steele & Pollock 1968: 112）と論じた。そして、虐待の世代間連鎖という着想の起源をアンナ・フロイトによる「攻撃者への同一化」だとして（ibid.: 120-123）、望まぬ妊娠によって生まれた子どもは、「親に対して報われず、満たされない状況という陰りのもと、人生をはじめることになる」（ibid.: 129）と記している。[3]この論文は第三版でスティールの単著論文に書き換えられ（Helfer & Kempe 1980: xvii）、第五版でさらに加筆修正される。[4]

最新版の第五版にてスティールは、攻撃者への同一化についてさらに詳しく論じている。スティールによれば、ジョン・ボウルビィが提唱した、乳幼児期の愛着関係が内在化することで形成される内的作業モデルが自分の子育てのさいに再活性化されることで、子どもに対して自分の親にされていた行動を無意識にとることになる。愛情と共感をもって育てられた子どもは、同じものを自分の子どもに与えることができるが、虐待され、愛情を剝奪されて育った子どもは、大人になって子どもに共感的にふるまえず、虐待的に接してしまうということである。ここに生じている「攻撃者である親への同一化」は、虐待された子どもが処理できない事態に対処するための防衛機制のひとつであり、この同一化には「親の権威への同一化」(Steele 1997: 81) がともなう。こうして攻撃的な親の理想が内的作業モデルに取りこまれ、そのような親への同一化が「子どもの超自我の一部となるため、虐待者が頻繁に表明する虐待を正当化する感覚が生じる」(ibid.: 90) という。また、被虐待経験をもつ人は、自分の親に背いた「過去の悪い自分」を子どもに見いだし、その子どもを懲罰に値すると認識するようになるとも述べられている。このような理解からスティールは、虐待された経験をもつ人の妊娠前、妊娠中、産後をつうじてその人がよい親子関係を築けるように介入することで、虐待防止の目標が達成されると考えている (ibid.: 100)。[5]

日本でも、児童福祉法によって出産後の養育支援を行う必要性を認められている特定妊婦や、健康上の問題だけでなく将来の養育にも困難を抱えることが予期されるハイリスク妊婦、そして、虐待や不適切な養育が生じる傾向にある特徴をもつハイリスク家庭やハイリスク親子は、福祉の対象とされている。[6] 妊娠期から出産後の保健師の定期的な家庭訪問は、「最終的には、虐待やネグレクトを予防することを目的として」おり、そのような「介入と援助は、児童虐待の予防対策として充分に期待できる方略の一つとして認識されて」(久保田 二〇一〇:三七七) きた。「虐待の世代間連鎖を断ち切ることは、当事者一人の力では甚だ困難であり、家族・地域・自治体レベルでのサポートと援助的介入が必須」(同前:三八二) と考えられているからである。「周産期で主な支援対象となる母がサバイバーであった場合の介入は、母の苦悩に対する支援のみならず次世代の児童虐待の発生を予防することにつながる」（馬場 二〇一五：二一五）という見解もある。このように世代間連鎖を防止するための福祉による介入が、現在の日本でも提供されている。虐待の世代間連鎖という思想は、現代社会に根づいており、福祉をつうじてその防止が試みられているのである。

2　加害者予備軍という烙印

『虐待された子ども』の「二版への前書き」では、子どもを殺害して刑務所に服役中の女性、ジュラルディーンが紹介されている。ジュラルディーンは「母親のいない悲惨な環境」で育てられ、一〇代で家出をし、妊娠し、精神障害を負った大学出の男性と結婚した。一人目の子どもは里子に出したが、その後生まれた二人目の子どもは一歳になる前に身体的虐待によって殺害された。ジュラルディーンはその虐待の加害者だと自白した。刑務所で生まれた三人目の子どもは、家に残っている父親に世話をされている。ジュラルディーンには二年から四年の服役という実刑判決が下されたが、社会的および精神的治療プログラムをはじめるために、彼女の早期仮釈放が求められた。ヘルファとケンプは、そのときの裁判官の反応を批判的に捉え、以下のように記している。

> 感情的で、現実の状況を理解できない裁判官は、治療プログラムを一笑して、その母親が不妊手術を受け入れた場合のみ早期釈放を認めると提案したのだ。……ジュラルディーンは（疑う余地なく）二度と子どもを産めないだろう。犯罪者の社会復帰の取り組みは、またしてもあざ笑われたのである（Helfer & Kempe 1974: xix）。

ここに見られるように、虐待の世代間連鎖について取り組んできた多くの専門家たちは、すべての責任を「悪い母親」につきつけるような風潮に加担するのではなく、虐待する親の不幸な幼少期が原因となる悲劇が生まれるプロセスを理解しようとしてきた（Steele & Pollock 1968：112-113）。そうして導かれた知識を使って、虐待された人や虐待する親に「不妊手術」を施すことで「不幸な子ども」の再生産を抑止するという仕方ではなく、その人たちの回復のために尽力したり早期介入したりすることで虐待の防止につとめてきた。(7)

しかし、世代間連鎖という思想は、生殖や子育てに対する強烈なインパクトを与えるものであるように思われる。『季刊Ｂｅ！増刊号』（二〇一六）では「脱！世代連鎖」の特集が組まれた。この特集において世代間連鎖は「親から子へと引き継がれた問題」（ＡＳＫ 二〇一六：四）と定義されており、その上で当事者たちの手記が掲載されている。手記には次のようなことが記されている。「完璧に生きようとする苦しさ、という『世代連鎖』」（同前：四三）への恐怖。「私のようにぎりぎりになるまで人に頼れない苦しさや、甘えられない淋しさは子どもたちに連鎖させたくない」（同前：七四）という願い。パチンコのために妻に嘘の上塗りを繰り返していた男性が、ふとしたことで嘘をつく子どもを見て「かつての自分と同じことが繰り返されている」（同前：九六）と焦ったこと。元過食症の女性が摂食障害の連鎖を恐れ、娘に「同じ苦しみを経験させたくない」（同前：一〇四）と狼狽えたことなどである。

家族問題に苦しんだ経験のある人が、世代間連鎖の恐怖を語ることはとても多い。虐待や不適切な養育を経験したと自認する人は、「それを繰り返したくない、子どもにあんな経験はさせたくないと言」い、そのなかには『結婚しない』『親になりたくない』という決意をする人」（信田 二〇一九：二三一）もいる。本当は子どもがほしいけれど、自分のような人間は子どもを生んではいけないという強い信念をもつ者が現れてくるのだ。

虐待の世代間連鎖にかんする調査研究の多くは、被虐待経験をもたない親と比較して、被虐待経験をもつ親は子どもを虐待する確率が高いと論じている。(8) しかし、一連の調査を概観すれば、被虐待経験のある人が親になって虐待する確率は三〇％前後という報告が多く（Goodman & Scott 2005）、これらの研究が絶対的な連鎖を主張しているわけではないことが分かる。さらに、多くの専門家は、世代間連鎖は運命的ではなく、子ども時代に親以外の適切な養育者がいることや、共感に満ちた治療者や支援者のケアを受けること、そして、成人後に情緒的サポートをしてくれるパートナーを得ることなどの条件を満たせば、連鎖を絶てると考えている（Steele 1997: 79; 信田二〇一九：一九六）。信田さよ子は、「自分も子どもを虐待してしまうかも、親になる資格はないのでは、と悩む声」に対して、「連鎖の不安を持った人はむしろ、『安全な子育て』を心がけるかもしれない」ため「虐待された娘が母になって子どもを虐待する、という連鎖は必ずしも起きない」（信田二〇一六：五三）と述べている。そもそも大前提として、世代間連鎖にかんする専門家の見解や研究のほとんどは、被虐待者の非難を目的としていない。

さらに重要なことは、世代間連鎖を証明しようとする研究の信憑性が、実は疑問視されてもきたことである。ジュディス・ハーマンは、「一般に浸透している『虐待の世代間連鎖』という概念に反して、圧倒的大多数のサバイバーは、自分の子どもを虐待しないしネグレクトもしない」（Herman 1992: 113-114）と主張している。遠藤利彦は、世代間連鎖を支持しているように読める記述をしている一方、一連の調査が児童虐待の加害者となってしまった親に過去の被虐待経験を問うという回顧的算出法であることを疑問視し、被虐待経験をもつ人を縦断的に追って親になった時点で実際にどれだけ虐待するかという「三世代にわたる真の縦断研究でも行われない限り、虐待の世代間伝達率の正確な評価はできないと結論すべきなのかも知れない」（遠藤一九九三：二〇六）と補足している。

このように、従来の研究も臨床的見解も、世代間連鎖という思想をもって被虐待経験者に「あなたは虐待者になる」などと語りかけていない。しかし、虐待致死事件が起き、その親に虐待歴があったと報道された際に虐待の連鎖が指摘され、その親には「親になる資格」がなかったという批判が投げかけられたり、多くの一般書や専門書で世代間連鎖が現に存在すると書かれていたり、そもそも世代間連鎖という思想が存在し、それについてあれこれ言説が形成されたりする影響は、上記の慎重な姿勢を凌駕するもののように思われる。世代間連鎖をめぐる言説が物語っているのは、それにどんな配慮をともなう言い方が添えられていようとも、結局は、被虐待経験をもつ人はそうでない人よりも、「不幸な子ども」を再生産してしまい、「健全な子育てができない可能性が非常に高い者」（小西 二〇一七：一九三）であるということだ。事実として、福祉も被虐待経験者を養育に問題を抱える可能性が高いハイリスクな存在として位置づけているではないか。

犯罪者の家族研究では、一般に犯罪が「家族に継承される」ものとして認識されており、犯罪者の子どもは「潜在的犯罪者」という烙印を押されることが指摘されている（Codd 2008）。その背景には、「血を同じくする者たちは、同じ欠点や危険性を共有している」という血縁理論（ないし遺伝子理論）や、被養育者は養育者の影響を受けているだろうとする思想がある（ターン 二〇一八）。児童虐待は犯罪と見なされるものであり、虐待者は加害者である。被虐待児にとって、自らの親は犯罪者かつ加害者であり、自分は被害者だったともいえる。これが連鎖するということは、将来、自分が犯罪者かつ加害者になり、しかも、その被害者は自らが生を授けた子どもであるということになる。自らの苦悩をその生い立ちにあると考えている人たちにとってこのことが意味しているのは、自分こそが、自らが抱えている苦悩と同じものを子どもに与えてしまうかもしれない加害者予備軍であるということである。ケンプらの論文にも見られるように、関連書籍や研究には、自分は親のようにならないのだという強い願いを持っているにもかかわらず、（正しい対処をしなければ）この連鎖は起きてしまうと書かれている。そして、連鎖を生じさせる典型的な親像のひとつが、被虐待経験をもち、（特に若くして）意図せぬ／望まぬ妊娠を経験した母親なのである。

3　被虐待経験者の中絶と胎児の無化への抵抗

3−1　私が産んではいけない

ある日、私は、被虐待経験者のみゆきさんのインタビュー調査を行っていた(9)。みゆきさんの産みの母親は、彼女が物心つく前に家を出て行ったため、彼女は父親と育ての母親に養育された。みゆきさんは、父親の暴力や不倫、母親から「他所の子」と言われ続けたことに悩み、身体的・精神的不調を長いあいだ抱えてきた。その日のインタビューは、みゆきさんの半生を振りかえる長時間にわたるものだった。自らのつらい生い立ち、親の暴力や暴言、問題を抱える兄弟たち、恋人の嘘や裏切りなどについて、みゆきさんは客観的に冷静に話していた。そういう雰囲気が変わったのが、彼女が自身の中絶経験を語っているときだった。みゆきさんは、はじめは出産を考えていた。しかし、不倫関係にあった恋人は中絶を望み、自身の父親には出産に消極的な態度を示され、母親には大反対された。そのような周囲の無理解による困難があった背景に触れつつ、みゆきさんは、中絶を決めたのは子どものためだったと語った。

その子の父親が、その子のことを拒絶しているわけじゃん。この子に残せるのは、私とおじいちゃん。それだけ。私にいなかったのは(産みの)母親だけ。いちおう兄妹はいたし、育ての母はいたけど、この子には私だけ。私、お父さんになってあげられないし、自分がどれだけがんばったって、埋められるものは限られている。だから絶対ダメだと思って、おろすことを決意したんだけど、自分としては殺すというイメージの方が強かった。それで、本当は三〇分で終わる手術だったんだけど八時間かかった。寝台で。体が受け入れられなかったから。お医者さんがストップをかけたの。一六〜二〇週の子どもだったから、中絶するには子どもの体を切らないといけなかった。それが、本当に本当に本当に嫌で、今でも嫌で、あれはね……ひどいね……（小西 二〇一七：一五五―一五六）。

勢いよく語っていたみゆきさんの語りが止まった。みゆきさんは震えながら泣いていた。

だから切るのに八時間かかったね。それですごくお願いして、切ったやつはどうなるんですかって聞いたら、廃棄物になるから捨てるって言われて、一部だけ何とかしてもらえないかって。病院の人はどれだけ私がまいっていて、どれだけ私の意思に反して子どものために中絶したかを分かってくれて、ないしょで手のひらをくれたのね。……（手のひらを）すごい大事に思っていて、本当に気持ち悪いって思われるかもしれないけど、教会に月に一度その日になったら行って、とにかく、なかったことにしちゃいけないと思って必死だったの。手としばらく一緒に寝てた。なんか申し訳ないと思って。してあげられることとすらしてあげられなかったから。でも生ものじゃん。だから冷凍してくださいって言われてて、カップに入れて冷凍していたんだけど、そんなものに入れるのが嫌で、かわいい小物入れに入れ替えた。入れ物の缶のなかには、本当に執着心があると思ってもらっていいんだけど、子どもの服とか、子どもが喜ぶものが入れてあって、その缶にしまってある。子ども用のタオルとか、エルメスのはじめての靴（ファースト・シューズ）とか（同前：一五六）。

中絶手術から一〇年以上経過した今、子をもつことをどう考えるかについてたずねたら、みゆきさんは以下のように答えた。

自分の可能性では、そういう環境を整えてあげることができないと思う。金銭的にも［自分の周囲の：筆者］環境的にも。世界の環境的にも。あんまりいいことって起きていないじゃん。ニュースとか見ていても、毎日毎日悲しいニュースばっかりじゃん。住みづらい世の中なのに、子どもを生むのは心苦しい。自分がそういうののいい例だから。普通のいい家庭で育ったんなら、たぶんこんな想いってしなかったんだと思うの。自分の二の舞になるんだったら、その次に残す必要性があるのか。子どもがほしいっていうのは、私にはエゴ的なところがある気がする（同前：一九三―一九四）。

このように話したみゆきさんは、一般社会の環境的要因が人びとの生きづらさにつながることに触れつつも、自分のような家族歴をもつ人間だからこそ「自分の二の舞」を生み出さないために子どもを産んではいけないと思っていることを強調した。みゆきさんには、自身の成育歴から、産みの母親に育ててもらえないということも大きな問題となり、産むことと育てることを切り離す考え方にも懐疑的だった。加えて、みゆきさんはその子にはいるべき家族がほとんどいないことを指摘し、自分以上に成育環境に問題が生じることになると考えていた。インタビュー当時の年齢（四〇代）の関係で、統計学的に子どもが障害を持つ可能性が高いことから、今、自分が子どもを生むことはさらに批判されるべきことだと考えるようになったとも語っていた。

みゆきさんの中絶経験の話を聞きながら、私は一〇代のころに耳にしたいくつかの話を思い出していた。ある一〇代の女性は中絶手術中、全身麻酔から激痛と共に目覚め、寝台のうえで「赤ちゃんを連れて行かないで！」と泣き叫んだという。別の一〇代の女性は手術前に、「手術のあと、赤ちゃんはどうなるんですか？」と看護師に尋ね、ゴミ袋に捨てて処理されると言われて泣き崩れたという。その女性は言っていた。「産みたかったけど、産まなかった。私と同じ苦しみを赤ちゃんに味わわせるわけにはいかない。それはゴミ袋に捨てられることよりも悲惨なことだから」。彼女は家族関係の問題を抱えており、世代間連鎖を恐れていた。自分が子どもを産んでも幸せにしてあげられないと考えていた(10)。ここから示唆されることは、世代間連鎖という言説とそれに関与しているあらゆる権力の集合が、個人を脅かすことで、間接的な再生産の禁止を導き出し、実質その責任を個人に帰してしまっているということである。

3-2 赤ちゃんを無にする

森岡正博は「生まれてこなければよかった」という言葉の意味について検討し、無化解釈と別世界解釈という二つの観点を提示している。[11] 無化解釈において「生まれてこなければよかった」とは、『私が生まれてくるという出来事が過去において起きなかった』という歴史を持つ世界が、私の存在しないいまここでありありと実現することを、私がいまここで心から欲すること」(森岡 二〇一二:九二)である。別世界解釈において「生まれてこなければよかった」とは、「私が生まれてきていないことを欲するのではなく、私が別のあり方をした世界へと生まれてきていることを欲する」(同前:九三)ことである。さらに森岡は、大切な人の事故死や大災害といった、現在の多大な苦悩の理由となる出来事が起こる分岐点に戻り、そこから人生をやり直し、現在とは別の現実にすむことでその後の人生をすっかり置き換えてしまいたいという場合における、無化解釈と別世界解釈について論じている。この重大な出来事が起きる分岐点を、生まれたときとした場合の無化解釈は、「時間を私が生まれてきたときにまで巻き戻したうえで、私が生まれてくるということが起きない歴史を生じさせ、そのあとに引き続いて起きるであろう歴史でもって、その後の現実の歴史をすっかり置き換えてしまいたい」という解釈になる。別世界解釈は、「時間を私が生まれてきたときにまで巻き戻したうえで、私がそこから別の内容を持った人生を新たにやり直し、そのあとに引き続いて起きるであろう人生でもって、その後の現実の人生をすっかり置き換えてしまいたい」(同前:九五)という解釈になる。

森岡の論文を受けて、小泉義之は「別世界の可能性を想像することができないまま、森岡解釈とは違う仕方で無化を願望するような経験は想像可能だ」(小泉 二〇一九:二二五)と述べる。前後の記述を見れば、ここではみゆきさんの経験(小西 二〇一九(および小西 二〇一七))が想定されていると解釈可能だが、そうだとするならば、ここでは自らの存在の無化を望んでおり、その苦しみが次世代にも受け継がれるに違いないと考える女性によって中絶という形で間接的に実現される無化があると考えられる。[12] そこでその分岐点を中絶手術の地点【無化の対象は胎児】と、この世界に生まれた地点【無化の対象は自分】としたうえで、無化解釈と別世界解釈について考察したい。

無化解釈から考えてみよう。森岡の論じる無化解釈のポイントは、それが実際には実現不可能であり、その願望が挫折するということである。たしかに、分岐点をある人が世界に生まれた地点とした場合、その人が自らの無化を願ったところでそれは実現できない。しかし、その分岐点を中絶手術におくことで、それは間接的に実現可能になる。その理由のひとつには、マッキノンが指摘するように、胎児は、妊娠した女性にとって「自己であり他者でもある」「私であり私でない」両義的な存在として実感されることがある（MacKinnon 1991: 1316）。また、世代間連鎖の言説において、子どもが自分自身の延長線上にある存在だと見なされていることも影響しているだろう。つまり、ある人が自身の抱える問題に苦しみ、その問題と関連するかたちで無化を望んでいる場合で、かつ、その人が世代間連鎖を信じている場合において、無化を望むほどの苦しみを引き継ぐことになると想定される自身の子どもを中絶することは、自己の無化と一部重なるのである。

続いて、別世界解釈においてその分岐点を中絶する地点として考えてみよう。問題ある家族に育てられ、世代間連鎖を信じる女性が、生まれてくる子どもを不幸にしてしまうことへの恐れから、子どもの不幸を避けるために中絶した。しかし、理性的に思考するならば、世代間連鎖が生じない未来や、産むことと育てることを別にするような多様な別世界を想定することが可能であり、この場合において、それらの別世界は実現可能でもある。

一方、このような形で別世界を想定することは、例えばみゆきさんの経験にはそぐわないところがある。みゆきさんの別世界における分岐点を、彼女が生まれた地点においてみよう。みゆきさんは、後に家を出て行く母親と、後に彼女に暴力をふるう父親のもとに生まれた。育ての母親はみゆきさんを「他所の子」と言いながら育てた。みゆきさんは妊娠したとき、このような家庭で育ったことを背景として「自分の二の舞」を生むことを恐れていた。ここでみゆきさんが子どもを産める別世界として、彼女が世代間連鎖を恐れる必要のない家族で養育された世界が想像されるだろう。しかし、みゆきさんが育ての母親および父親に憎悪だけでなく愛情を抱いていることから、それが完全に願望され続けることも実は難しい（小西 二〇一九）。彼女の家族の問題がすべて消え去った世界を想定することもできるかもしれないが、その状況では育ての母親の行方が危うくなる。そもそものような世界に生まれた「みゆきさん」は今ここにいる「みゆきさん」とは異なる人であろう。ここで心から望まれる別世界があるとしたら、自分自身が子育てに値する適格な人間に変容しており、かつ、子どもを幸せにできる家族を手に入れている世界が想像される。その世界であれば、世代間連鎖の呪縛に絡め取られていたとしても、自らを出産することが許された人間であると思うことができる。このような道を切に望み、そのような生き方を志すことは、世代間連鎖を断つためにトラウマの回復論の実践を駆り立てるような「回復プログラムを通じた統治」（小西 二〇一七：一九五）に組み込まれることであるように思われる。しかし、このような望みがあるとしたら、それははたしてそれだけに回収されるようなことなのだろうか。子どもの存在に執着し続けるとしたら、それはここでが意味されているところの「回復」なのだろうか。

3-3 赤ちゃんを無にさせない

ある女性が中絶したとき、胎児は無化されたといえる。一方、世代間連鎖の言説を内面化し、子どもに自分のような苦しみを経験させたくなくて中絶した女性たちからは、その無化が「真の無化」にならないように、必死にあがいている様が語られることがある。彼女たちは、中絶手術を恐ろしいほどの臨場感をもって語る。ゴミ箱に捨てられる子どもを想像して取り乱したこと。子どもの一部や全部をもち帰ることを医療者に訴えかけて実際にもち帰ったこと。効いていたはずの全身麻酔から手術中に目覚めたこと。半身麻酔の中絶手術中に、身体が拒絶して手術がなかなかできない状態になったこと。彼女たちが中絶手術を決断した背景には、「自分には子どもを産む資格がない」「自分のような人間が産んだ子どもは幸せになれない」という内なる声に語りかけられた経験があっただろう。しかし、その手術を自身の心身は受けつけていなかったのだ。

中絶手術の後には、中絶した子どもを「真なる無」にさせないための試み、言い換えれば、彼女たちの子どもと生きるための試みがはじまる。赤ちゃんに名前をつける。教会で赤ちゃんのために祈る。水子供養をする。赤ちゃんのことを日記に記録する。擬似的な子育てをする。赤ちゃんに出会えたからこその自分になろうとする。子どもを産むことを許される人間になろうとする。子ども産むことを許される規範的な家族を手に入れようとする。そのようなことは、生涯を通じた試みにもなりうる。これらの話を単なる罪悪感の解消や、自己正当化の試みとして理解することには無理がある。彼女たちは、本当は赤ちゃんを産みたかったのだ。産まれてくる赤ちゃんと幸せな家族を作って、その子といっしょに生きたかったのだ。

妊娠・出産や我が子の誕生とは、自分の存在が取り替え可能であるこの世界において、究極的には、唯一自分が存在しなければ存在しない人とこの世で出会うことである。養育者から自らの生を否定されながら育った人たちは、自らの存在や生存の理由であることを否定できないような人から、その存在を否定されてきた人である。そのような人たちのなかに、自らの存在意義と接続する形で胎児をまなざす人が一定数いても不思議ではない。自己の存在不安を抱えていた人たちが、(中絶したにもかかわらず)意図せぬ妊娠の経験を「赤ちゃんといて幸せだった」「もう一人じゃないと思った」と語る背景のひとつとして、そのようなことがあるのではないだろうか。自分の存在安定のために、自分と同じ悩みを抱えることになる子どもを産むということは、暴力的なことであると捉えられるかもしれない。

胎児は妊娠中から母体に語りかけてくる。みゆきさんは妊娠していた頃、お腹のなかで動く子どもに「自分を大事にして」と言われているような気がしたという(小西 二〇一七：一五四)。これまで自分を大切にするすべをもたなかったみゆきさんは、胎児をケアしようと自身の身体を労ることで、結果的に自分をケアすることになったという経験もしただろう。このような経験をつうじて、この世界で正式に人間として認められたことのない中絶した胎児を、人間と思わずにはいられないということが女性たちに起こることがある。そのような赤ちゃんを中絶するということは、当人には殺人のように思えてならないことがある。それは、歴史的に胎児がどのような扱いを受けてきたかとか、現在の法律や世間が胎児の生命をどのように価値づけているかなどということとは異層にある話である。それでも中絶したのであれば、それはやはり罪ではないか。あるいは、それを罪とすることのみが、赤ちゃんが確かに人間として生きていたことを肯定してくれるのではないか。「中絶の責任はあなたにはない」「その中絶は許されるものである」という言葉や法律は優しく人権的であるようでいて、（そういうものがあるから中絶できたわけでもあるが）当人には赤ちゃんの生命を低く見積もるものとして響くこともある。こうした理由から、中絶した女性自身が、中絶は殺人である（ぜひとも殺人であってほしい）と思い、その罪を背負うことを望むこともある。みゆきさんが中絶手術を〝おろすというより殺す〟というイメージをもっていたことや、中絶後に教会に通ったことは、示唆的である。[13] この立場は、単に胎児の生命権を理由に掲げて中絶に反対するようなものに還元できるものではない。胎児の生命を狂わしいほどの情念をもって主張しながら行われる中絶というものがあるということである。

みゆきさんは中絶してから一〇年以上経過した後、過去や現在の自分と向き合い、心身の回復に向かえたことで、子どもに顔向けできる自分になれたと語った。赤ちゃんはみゆきさんの実家に今もいる。みゆきさんは「赤ちゃんの手を迎えに行きたい」（小西 二〇一七：二〇三）と思える自分に変容することができ、恋愛関係における負の連鎖を断つようなパートナーを見つけ、自分の原家族とはつかず離れずの関係を保ちながら生きている。現在もみゆきさんは、自分は子どもを産まないと決めているが、その一方、彼女は中絶した後、我が子の存在回復に努めていたのであり、彼女のなかでは中絶した子どもと共に生きていたのである。

他方、胎児と共に生きる仕方として「家族」を作ることを志向した女性もいる。一五歳で妊娠し、中絶した結衣さんは、姉の協力を得て母親には秘密で中絶することにした。結衣さんには恋人が四人いて、そのほかにも関係をもっている人がいたため父親が誰かわからなかった。母子家庭に育ち、母親の苦労を見てきた結衣さんは、いいかげんな男の子どもを産みたくないと思っていたし、自分には子どもを幸せにすることができないと信じていた。産むという選択肢は絶対になかった。そんな結衣さんではあるが、以下のようにも語っている。

堕ろしたことは後悔していない。正解だったと思っている。若いころに子どもを産んで幸せに暮らす、そんなマンガもあるけれど、そんなに簡単なことじゃないと思う。幸せにできないのなら、子どもなんか絶対作んなくていいよと思う。……私の場合は、子どもができたのが分かっても、母性本能は生まれなかった。それを話したときの、お姉ちゃんの言葉が印象に残っている。「産んでも幸せになれないって分かって堕ろすのも、母性本能(14)」言えてる。だから私は後悔していない。痛い目に遭わないと分からないこともある、いまはそんな風に考えることにしている。でも、お腹のなかにいた小さな命のことを考えると少し切なくなる。だから、私はこう誓った。必ずいいパパを見つけて、必ずいいママになって、幸せな家庭を作るからって。そのときに、絶対にあたしの子どもに生まれ変わってきてほしい。これだけは約束したいと思った。生まれ変わりとかあんまり信じてないけど、信じたい気になる。お願いだから、私の子どもに生まれ変わってほしい。そして、もう一度やり直すチャンスがほしいと思っている（一ノ瀬 二〇〇六：一八五―一八六）。

このような女性が、中絶するという分岐点において、中絶せずに出産できる別世界とは、いいママになる準備ができている自分がいて、いいパパになりそうなパートナーがいて、連れ添う二人が子どもの生を望んでいるという、ありきたりで規範的な「普通の家族」を手に入れている世界なのだろう。望まれる別世界によっては、その別世界と同じ内容の世界を実現することは不可能ではない（森岡 二〇二〇：三〇九）。あるいは、実現しなかったとしても、その別世界を夢に見続けることもできる。世代間連鎖の言説や、現代家族を取りまく規範を疑い、そこからの解放を目指して生きるあり方もある。規範的な家族の獲得への執着に、先述したような「回復プログラムを通じた統治」に組み込まれた自己を見いだすことも可能だろう。しかし、「普通の家族」を手に入れたり、夢想したりする生き方が、中絶された胎児が無化されないためのひとつの試みとなることもあるのだろう。そこで志向される家族とは、「普通の家族」と言い切れるようなものにはつきない、中絶によって関係が遮断された子どもと共に生きているような感覚を引き起こしうるものである。

中絶後にはじまるような、胎児を真に無化させないための母親たちの闘争や祈りは、赤ちゃんを無化したものに対して「否」を突きつける、あるいは、本当は突きつけたかった、ある種の態度なのかもしれない。

［付記］本研究は、JSPS科学研究費JP19K12922の助成を受けたものである。

注

1　ここに現れてくるような親に支配される生き方から解放される道を示してきた臨床蓄積は多い。哲学的思考からも、この態度には何らかの誤りや欠陥が発見され、より好ましいあり方が提示されることが容易に想定される。しかし本章は、そのような方向には進まない形で生の肯定を試みる。

2　世代間連鎖（generational transmission, repetition）には、世代連鎖、世代間伝承、世代間伝達、世代間伝播など複数の呼び名や訳語があるが、本章では引用箇所を除いて、世代間連鎖という語に統一する。世代間連鎖という語は、家族問題と接する形の虐待やアルコール依存症をはじめとするアディクション論に言及されるにあたって使用されてきた傾向にある。

3　遠藤は、関係性の世代間連鎖についてはじめて直接的に表現したのはカレン・ホーナイだと考えている（遠藤 一九九三：二〇四）。ホーナイは、母親が自らの性役割や女性性を拒否していると、その影響が娘にも及び、娘も妊娠、子育てといった女性としての生活領域で不適応を起こす確率が極めて高くなると指摘した（Horney 1933）。

4　スティールとポルクの論文は、前書きにて編者のヘルファとケンプから「第一級」と評されており（Helfer & Kempe 1974: xx）、その後のスティールによる単著論文にも「驚くべき天才の洞察力への賛辞」（Helfer 1987: xv）が贈られている。ヘルファとケンプが編集した各版の前書きで特別な評価がされて続けたのはスティール（とポルク）の論文のみである。

5　スティールの論文に現れている内的作業モデルや同一化に注目する見解は、虐待の世代間連鎖について取り上げた日本の諸研究のなかに見られる（遠藤 一九九三、西澤 一九九四、渡辺 二〇〇〇、千崎 二〇一九）。また、日本における虐待や世代間連鎖の言説は、概してアメリカに起源がある傾向にある。

6 ハイリスク家庭の特徴として、貧困やマイノリティであることが理由になる社会・経済的不利、非婚、一〇代の母親、親の精神病理や身体的問題、虐待やネグレクトなどの不適切な養育などが存在することがあげられている（久保田 二〇一〇）。貧困層は、その子どもも貧困になる可能性の高さが指摘されると同時に、その生活の困難さが理由となって児童虐待が発生するリスクが高いと論じられてきた（Garbarino 1997; 山野 二〇〇八、道中 二〇一五）。

7 「不幸な子ども」という表現は、一九六六年から一九七二年に兵庫県が実施した、不幸な子どもの生まれない運動を意識したものである。「不幸な子どもが生まれない施策五カ年のあゆみ」によれば、不幸な子どもとは、①生まれてくることを誰からも希望されない児（人工妊娠中絶胎児）、②生まれてくることを希望されながら不幸にして周産期に死亡する児（流・死産児、新生児死亡、乳児死亡）、③不幸な状況を背負った児（遺伝性疾患をもつ児、精神障害児、身体障害児）、④社会的にめぐまれない児（保育に欠ける児）である（兵庫県 一九七一：二一八）。虐待の連鎖を意識するならば、四点目の意味を見逃すことはできない。

8 このような調査研究は相当数行われている。詳細は遠藤（一九九三）、西澤（一九九四）、渡辺（二〇〇〇）、久保田（二〇一〇）、千崎（二〇一九）などで紹介されている。

9 みゆきさんの半生は、小西（二〇一七、二〇一九）に記している（小西（二〇一七）の「Aさん」がみゆきさんである）。

10 若くして意図せず妊娠し、世代間連鎖という思想を内面化している女性が、そこで抱えている大問題と向き合うにはあまりにも短すぎる妊娠期間において、出産を可能にするほどの救済を得ることは極めて稀なことだろう。この短い期間のなかで運良く適切な支援や救済にたどりつく人もいるかもしれないが、それは「彼女たち」ではない。

11 森岡は無化解釈と別世界解釈と関連する議論を後の著書『生まれてこない方が良かったのか？』（二〇二一年、筑摩書房）でも展開している。森岡は、「生まれてこないほうが良かった」と「生まれてこなければよかった」の区別についても示している（同前：三一七）。この著書には、二〇一七年に邦訳されたデイヴィッド・ベネター『生まれてこないほうが良かった』をはじめとする反出生主義が近年哲学分野で注目されていることへの影響も見られる。

12 森岡は、私、ないし、私たちカップルは子どもを産まないという考え方を「出産否定」、それが社会の次元に拡張されることを「反出産主義」と呼び、「反出産主義は反出生主義の部分集合である」（森岡 二〇二一：二九九）とする。そのうえで森岡は、出産否定・反出産主義と反出生主義は分けて考えたほうがいいと述べ、出産否定は考慮に入れない議論を展開している（同前：三四六）。本章は、このような森岡の議論をはみ出したものであるし、また森岡が論じるところの（「割り切れなさ」が消え去ることが前提とされているとも読める）哲学的次元に降りることなく、心理学的次元に留まりながらも導かれる誕生肯定を模索する立場にある。

13　本章に登場する女性が、その成育歴においては宗教的な影響をあまり受けていない人であることは記しておく。ただし、みゆきさんが妊娠したのは教会文化が根づく西洋圏での生活下であり、子どもの父親は西洋人のカトリック教徒だった。このことが彼女の教会訪問と関係している可能性はある。また、本章は胎児の生命権や女性の自己決定権をめぐる中絶議論とは異なる視点を重視するものであり、妊娠させた男性に注目する議論も展開していない。これらについては、小西（二〇一八）で説明している。本章が検討したような状況の望まぬ妊娠が生じる背景についての議論は稿を改めたい。

14　言うまでもないことではあるが、ここでの「母性本能」という言葉を切り取って、いわゆる「母性神話」論に向けられるような批判をするのは見当違いである。

参考文献

ＡＳＫ、二〇一六『季刊Ｂｅ！増刊号』三二巻五号。

馬場香里、二〇一五「『児童虐待』の概念分析」『日本助産学会誌』二九巻二号。

Benatar, D., 2006, *Better Never to Have Been: The Harm of Coming into Existence*, Oxford University Press（小島和男・田村宜義訳、二〇一七『生まれてこないほうが良かった――存在してしまうことの害悪――』すずさわ書店）。

千﨑美恵、二〇一九『子育て支援のための理論と研究――不適切な養育の世代間連鎖を理解する――』ブイツーソリューション。

Codd, H., 2008, *In the Shadow of Prison: Families, Imprisonment and Criminal Justice*, Willan Publishing.

Egeland, B., Jacobvitz, D., & Sroufe, L. A., 1988 "Breaking the Cycle of Abuse," *Child Development*, vol. 59.

遠藤利彦、一九九三「内的作業モデルと愛着の世代間伝達」『東京大学教育学部紀要』三三巻。

Garbarino, J., 1997, "The Role of Economic Deprivation in the Social Context of Child Maltreatment," in Helfer, M., Kempe, R., & Krugman, R.（eds.）, 1997, *The Battered Child Fifth Edition*, University of Chicago Press（坂井聖二監訳、二〇〇三「第三版への前書き」『虐待された子ども――ザ・バタード・チャイルド――』明石書店）。

Goodman, R. & Scott, S., 2005, *Child Psychiatry Second Edition*, Wiley-Blackwell.

Helfer, R., 1987, "Preface to the Fourth Edition," in Helfer, M., Kempe, R., & Krugman, R.（eds.）, 1997, *The Battered Child Fifth Edition*, University of Chicago Press（坂井聖二監訳、二〇〇三「第四版への前書き」『虐待された子ども――ザ・バタード・チャイルド――』明石書店）。

Helfer, R. & Kempe, H., 1974, "Preface to the Second Edition," in Helfer, M., Kempe, R., & Krugman, R.（eds.）, 1997, *The Battered Child*

Fifth Edition, University of Chicago Press（坂井聖二監訳、二〇〇三「第二版への前書き」『虐待された子ども――ザ・バタード・チャイルド――』明石書店）。

――1980, "Preface to the Third Edition," in Helfer, M., Kempe, R., & Krugman, R. (eds.), 1997, *The Battered Child Fifth Edition*, University of Chicago Press（坂井聖二監訳、二〇〇三「第三版への前書き」『虐待された子ども――ザ・バタード・チャイルド――』明石書店）。

Horney, K., 1933, "Maternal Conflicts," *American Journal of Orthopsychiatry*, vol. 3 (4).

兵庫県、一九七一「不幸な子どもの生まれない施策五か年のあゆみ」（松原洋子編、二〇二〇『優生保護法関係資料集成』第五巻一九六八―七八年、六花出版）。

Herman, J., 1992, *Trauma and Recovery*, Basic Books, 1992（中井久夫訳、一九九九『心的外傷と回復』増補版、みすず書房）.

一ノ瀬未希、二〇〇六『一四才の母』幻冬舎。

Kaufman, J. & Zigler, E., 1987, "Do Abused Children Become Abusive Parent ?" *American Journal of Orthopsychiatry*, vol. 57 (2).

Kempe, C., Silverman, F., et al., 1962, "The Battered Child Syndrome," *Journal of the American Medical Association*, vol. 181 (1).

小泉義之、二〇一九「天気の大人――二一世紀初めにおける終末論的論調について――」『現代思想』四七巻一四号。

小西真理子、二〇一七『共依存の倫理――必要とされることを渇望する人びと――』晃洋書房。

――二〇一八「中絶における女性の倫理的葛藤と責任――ギリガンによるケアの倫理の視点から――」『待兼山論叢』五二巻。

――二〇一九「親をかばう子どもたち――虐待経験者の語りを聴く――」『現代思想』四七巻一二号。

厚生労働省、二〇一三「子ども虐待対応の手引き」（二〇二二年二月一九日取得、https://www.mhlw.go.jp/seisakunitsuite/bunya/kodomo/kodomo_kosodate/dv/130823-01.html）。

久保田まり、二〇一〇「児童虐待における世代間連鎖の問題と援助的介入の方略――発達臨床心理学的視点から――」『季刊社会保障研究』四五巻四号。

MacKinnon, C., 1991, "Reflections on Sex Equality under Law," *Yale Law Journal*, vol. 100 (5).

道中隆、二〇一五『貧困の世代間継承――社会的不利益の連鎖を断つ――』晃洋書房。

森岡正博、二〇一一「『生まれてこなければよかった』の意味――生命の哲学の構築に向けて（5）――」『人間科学：大阪府立大学紀要』八巻。

――二〇二〇『生まれてこないほうが良かったのか？――生命の哲学へ！――』筑摩書房。

西澤哲、一九九四『子どもの虐待――子どもと家族への治療的アプローチ――』誠信書房。

信田さよ子、二〇一六「世代間連鎖から『世代乗っ取り』まで」ASK『季刊Be!増刊号』三二巻五号。

——二〇一九『後悔しない子育て——世代間連鎖を防ぐために必要なこと——』講談社。

Steele, B., 1980, "Psychodynamic Factors in Child Abuse," in Kempe C. H. and Helfer, R. E., (eds.), 1980 *The Battered Child*, 3d ed. rev., University of Chicago.

——1997, "Psychodynamic and Biological Factors in Child Maltreatment," in Helfer, M., Kempe, R., & Krugman, R. (eds.), 1997, *The Battered Child Fifth Edition*, University of Chicago Press（坂井聖二監訳、二〇〇三「子どもの虐待における精神力動的及び生物学的要因」『虐待された子ども——ザ・バタード・チャイルド——』明石書店）。

Steele, B. & Pollock, C., 1968, "A Psychiatric Study of Parents who Abuse Infants and Small Children," in Helfer, R. & Kempe, H. (eds.), *The Battered Child First Edition*, University of Chicago Press.

宿谷晃弘、二〇一九「加害者家族の子どもの抑圧と人権に関する予備的考察——国家の責任を中心に——」阿部恭子編『加害者家族の子どもたちの現状と支援——犯罪に巻き込まれた子どもたちへのアプローチ——』現代人文社。

ターン有加里ジェシカ・村田光二・唐沢かおり、二〇一八「犯罪者の子どもと連合的スティグマ——遺伝的本質主義の観点から——」『人間環境学研究』一六巻二号。

渡辺久子、二〇〇〇『母子臨床と世代間伝達』金剛出版。

山野良一、二〇〇八『子どもの最貧国・日本——学力・心身・社会におよぶ諸影響——』光文社。

第2章 「カサンドラ現象」論

――それぞれに「異質」な私たちの間に橋を架けること

髙木美歩

はじめに

1 問題の背景

ある男性は楽しく雑談ができない。予想外の出来事に固まったり、予定の変更に腹を立てたりする。自分のルールや意見を一方的に押し付ける。同じ失敗を繰り返すがアドバイスをすると怒る。傷つけることを平気でいう。妻の気持ちに共感し、優しくしたり労ったりすることがない。子どもの面倒を見るなど父親らしくふるまえない。関係の在り方や将来設計などを話し合い、必要に応じて自分の考えや行動を変えられない。そして、そのような傾向をもつ男性といっしょにいるパートナーの女性は相手と気持ちが通じ合っている気がせず悩み、さみしい思いをしているが、周りに相談すると「男性はそんなものよ」といわれる。

近年、自閉症スペクトラム障害（Autism Spectrum Disorder 以下ＡＳＤ）者との親密な関係で、特別な困難が生じるという主張がなされるようになった。それは、一部のコミュニティで「カサンドラ現象（症候群）」として知られている。一つのきっかけは一九九〇年代に Families of Adults Affected by Asperger's Syndrome（アスペルガー症候群によって影響を受けた成人家族の会、以下ＦＡＡＡＳ）という自助団体が発足したことである。互いに尊重し合うはずの親しい関係を維持することにまったく協力的でない男性は、ＦＡＡＡＳによれば見過ごされたアスペルガー症候群であり、「ＮＴ配偶者とＮＴ家族メンバーはＡＳ的なふるまい、特に成人の未診断のＡＳによって悪影響を受ける」（FAAAS 2018b）と主張した。ＮＴとは Neurotypical（定型発達、以下ＮＴ）の略語で、非ＡＳＤ者を指す名称である。また、ＡＳとはアスペルガー症候群（Asperger Syndrome 以下ＡＳ）の略称である。ＦＡＡＡＳは、ＮＴ者はＡＳＤ者と暮らす上で多くの困難を感じるが、専門家や社会はこれらの人々の実態を知らず、ＡＳＤ者との生活に傷つき疲れた人々を無視して必要なケアを与えていないと訴えたのだ。それに対して、ＡＳＤ者本人によって組織された非営利団体、Autistic Self Advocacy Network（自閉症者のセルフ・アドボカシー協会、以下ＡＳＡＮ）は、ＦＡＡＡＳの活動はカサンドラ現象を提唱することで「自閉症者は暴力的で家庭生活に向かないというステレオタイプ化を図って」おり、こうした偏見はＡＳＤ者の「結婚し子どもを育てる基本的人権を危険にさらす」（Abfh 2009）ものであると真っ向から反論した。

日本でもカサンドラ本人たちによる自助団体が発足し、その活動がメディアに取り上げられたり、カサンドラをタイトルに冠した書籍が出版されたりするなど、カサンドラ現象への認識は広がりを見せている。この概念は一部のコミュニティですでに使用されてはいるものの、実際にはＤＳＭにもＩＣＤ-10にも記載はなく、正式な疾病ではない。だとすれば、ある状況を「病」と主張することにいかなる意味があるのだろうか。そして、そのような「病」の創出はどのような思想に立脚しているのであろうか。本章の目的はおおよそ三つに集約される。①一部のコミュニティで使用されているカサンドラ現象という概念の創出された経緯と内容を紹介すること、②それに対するＡＳＤ者からの反論を紹介すること、③これらの分析を通じて、今日の親密な関係をめぐるポリティクスを検討することである。

2 自閉症スペクトラム障害の医学的定義について

ＡＳＤは、①持続する相互的な社会的コミュニケーションや対人相互反応の障害（社会性の障害）と、②限定された反復的な行動、興味、または活動の様式（常同行動）の二つの基本的特徴をもつ、神経発達障害群の一種である。社会性の障害とは、素朴な日常会話がうまくいかない、興味や感情の共有が乏しい、対人相互的な交流を自分から始めたり働きかけに適切に応じられないなどを指す。また、アイコンタクトや身振り手振り、表情の読み取りなどのいわゆるボディーランゲージのぎこちなさや欠陥も含まれる。そのため、社会性の障害がある人は人間関係を発展・維持することがむずかしいとされる。常同行動とは、身体を同じリズムで揺する、質問をそのまま返すなどさまざまな繰り返しを指す。事物がそのままで保たれることや日常的な習慣への固執も見られる。特定の対象に強い興味を示すことがあり、これらの特性はＡＳＤの人々が変化へ柔軟に対応することを困難にする。特に加えて、感覚の極端な敏感さや鈍感さも見られる。

これら二つの特徴は、自閉的特徴の強さや、発達段階や年齢などでさまざまに変わるため、連続的なスケールを意味するスペクトラムという言葉で表現される。つまり、ＡＳＤは、片方にほとんど相互的な交流が見込めない重度の知的・言語障害を併発した、いわゆる自閉症児を想定する一方、もう片方の極では、社会に適応した定型発達者とほとんど変わらない状態の人を想定する疾病といえる。ゆえに診断では、特徴が発達早期から認められ、それが複数の場面で確認され、その時点で自立の妨げになるなど本人にとって不利益を引き起こしていることが重要となる(1)（APA 2013＝2014：49–57）。

3 先行研究

近年、社会生活を営むＡＳＤ者の親密な関係に関心がもたれている。これから示すすべての研究でカサンドラ現象ないしそれに類する名称が挙げられているわけではないが、ＡＳＤ的な特徴をもつ人とのパートナーシップに関する質的な研究がいくつか見られる。夫がＡＳＤと診断されたカップルを対象に調査を行い、配偶者のＡＳＤ的な性質が少ない女性ほど夫婦関係に対する満足度が高いとする研究（Renty & Roeyers 2007）や、カップルのうち一名がＡＳＤと診断された成人を対象に関係の満足度を調査し、全ての項目でＡＳＤの影響を受けているカップルの不満が高いとする研究（Bolling 2015）がある一方、「自閉的な特徴が必ずしもパートナーの関係満足度の認識に影響しない」（Pollmann et al. 2010: 470）と逆に結論付ける研究も存在する。見解が二分する理由として、被験者の募集方法や正式にＡＳＤと診断されていることを条件とするかどうか、調査対象のカップルの交際期間の違いなど、各研究の比較が困難であることが示唆されている（Bolling 2015）。また、文献については、「大人のＡＳとの関係をテーマにした本は山ほどあるが、すべてAS者自身かそのパートナーによる個人的な経験に基づいた、パートナーシップを成功させるための提案として書かれている。加えて／もしくは、セラピストが実践で開発した戦略を推奨している」（ibid.: 9）と情報の偏りが指摘されている。

日本では、精神科医の岡田尊司（二〇一八）が、自身の臨床経験を元にＡＳＤだけでなく、愛着障害などさまざまな理由で親密な関係の形成に困難があると思われる人との問題を広く「カサンドラ症候群」と見なして論じている。また、同じく医師の宮尾益知は二〇一一年からカサンドラ現象を経験している妻のエッセイの監修を行い、啓蒙に協力している。

これまで挙げた研究はカサンドラ現象の有無を確認することを目的としており、そこでは、カサンドラ現象という形でＡＳＤ者とその伴侶の関係が問題化される意味は論じられていない。本章の目的は、カサンドラ現象言説がどのように親密な関係上の問題とＡＳＤを関連させているかを明らかにすることである。研究方法として、カサンドラ現象を提唱したFAAASのウェブページや出版物、FAAASを支援する専門家マクシーン・アストンによって書かれたカサンドラ現象に関する書籍、ASANのウェブページを対象に分析を行う。アストンはFAAASの活動に賛同し、成人ASD者の親密な関係をテーマにした書籍を多数執筆してカサンドラ現象の体系化・広報に貢献したカウンセラーである。カサンドラ現象の源流を明らかにするためにも、本章でも彼女らの言説を中心に分析する。

また、本章が論じるカサンドラ現象で想定される基本のカップル像は、異性愛者であり特にASが疑われる男性とNTの女性の組み合わせである。先行研究のほとんどがこのタイプのカップルを対象に議論し、定義上想定されるその他の条件・属性のカップルが十分に調査されていない現状があるため（Aston 2001; Pollmann et al. 2010; Renty & Roeyers 2007など）、本章もまたこのモデルケースを扱う。[2]

1　カサンドラ現象の歴史とその主張

1-1　FAAASの発足とカサンドラ現象の主張

FAAASは、一九九七年に自分自身がカサンドラ現象にあると認識する人々によって発足された非営利組織である。

NT配偶者とNT家族メンバーが、特に成人の未診断のASによって、AS的なふるまいから悪影響を受ける現象を、FAAASは一九九七年に「ミラー症候群」という言葉で説明し始めました。時間の経過とともに、NT家族のメンバーは四六時中一緒に住んでいるASの行動のペルソナを反映させ始めます。私たちは孤立し、誰にも気づかれず、友人や家族を失い、自宅で「人質」にされているように感じます（FAAAS 2018b）。

カサンドラという言葉は、ギリシャ神話の女神に由来する。カサンドラはアポロンと恋に落ち予言の力を授かるが、その後アポロンの求愛を拒否した。立腹したアポロンがカサンドラの予言を誰も信じないという呪いを付け加えたので、カサンドラは度々災害を予期するものの、他の人々に聞き入れられなかった。しかし、のちに彼女の予言が真実だとわかる。カサンドラ現象の支持者は、この悲劇の神話に自分自身の境遇を重ねる（Rodman 2003: 22-23）。

ＦＡＡＡＳによれば、ＡＳ者との生活で「精神的な痛みを経験するのは、アスペルガー症候群を患っている人の配偶者、両親、兄弟姉妹、そして子どもたち」であり、「拒絶反応や孤独感はアスペルガー症候群者の家族の生活で大きな存在になる。このような家族の感情に、ＡＳ者本人は気づきも、同意も、認識もしない」（FAAAS 2018c）。ＦＡＡＡＳは、二〇〇三年にＡＳ者の家族が執筆したエッセイやポエムを集めた冊子"Asperger's Syndrome and Adults ... Is Anyone Listening ?"を発行し、いかに自分たちが身近な人や専門家から誤解されているかを書いた。

長い間、私たちは「怒りっぽい（crabby）」、非常に感情的、過度に敏感、病的、気分屋であると見なされてきました。医者たちは、私たちの私生活について訊ねたり心配したりしません。たとえ質問されて答えても、「仲良くやってください」、「人生はバラ園ではないのですよ」、「そんなに選り好みしないで」、「何があなたの問題なのですか⁉」と諭されます。医者たちは、ＰＴＳＤ（私たちが「カサンドラ現象」と呼ぶもの）によって、私たちが苦しんでいたことを理解、もしくは認識していませんでした（Rodman 2003: 22）。

ＦＡＡＡＳは、ＡＳ者と親密な関係上の苦痛、そして、その苦痛を第三者に理解されないばかりかＮＴ者側に問題があると非難される苦痛を主張の核としている。そのため、ＦＡＡＡＳは「公衆・医療・教育・司法的なコミュニティへ」（ibid.: 23）自身の体験を啓蒙することを団体の使命としている。

1-2　女性カウンセラーによるカサンドラ現象の擁護

ＦＡＡＡＳを強力に支援した専門家の一人が、英国で成人ＡＳを専門にカップルカウンセリングを行う女性カウンセラー、アストンである。アストンは二〇〇一年に『アスペルガーのパートナーと暮らすあなたへ』（邦訳、二〇一六）の出版を皮切りに、ＡＳの傾向をもつパートナーと上手く暮らすための啓蒙書を複数執筆している。アストンはＡＳＤの夫をもつ、いわゆるカサンドラでもある（Aston 2014＝2016: 12）。アストンはＡＳ者とＮＴ者のカップルに起きていることは「男なら誰でもそう、というのとは違うレベル」（ibid.: 30）であるという。

ＡＳの行動と定型発達男性の行動には違いがあります。定型発達の男性には行動に選択肢があります。例えばパートナーがいるとき、彼らは彼女と話し合うか、支えるか、どちらかを選べます。ところがＡＳ男性にはその選択肢がありません。自分に何が求められているのかを見極める力がないのです（Aston 2003＝2015: 188）。

しかし、ＡＳについて無知なカウンセラーには、カウンセリングルームを訪れた男性が「大人しくて礼儀正しく」、妻は「神経質、不満が多い、苛立っている、要求が厳しい、怒っている」ように見え、「『自分の役割はこの男性の救出ではないか』と思う」（ibid.: 186-187）。そして、妻を疑い、しばしば夫には問題がないとお墨付きを与え、「問題の原因は彼にあるのだと、もはや本人に認めさせることができなく」（ibid.: 188）させてしまうため、アストンはカサンドラ現象に理解のない専門家から「カウンセリングを受けるダメージは何度強調しても足りない」（ibid.: 189）と主張する。

アストンは医学的な診断についても、その医師がＡＳＤ者を熟知しているかを重視する。たとえば、診察を受けても確定診断に至らなかった例に対して次のように答える。

私が断言したいのは、診断結果がどうであれ、それは診断をくだす個人の意見に過ぎないということです。診断基準や診断に必要な情報をどう扱うかもそうです。診断は、担当の専門家がＡＳについてどれほど精通しているかによって左右されます（Aston 2014＝2016: 224）。

かつて受けた診断に納得出来ない場合は、セカンドオピニオンをお勧めします。自己診断はたいてい当たっています。しかし本人以上にＡＳの存在を発見しやすいのは定型発達パートナーです。「彼はＡＳかもしれない」という彼女の仮説が受診によって立証される確率は高いでしょう（Aston 2003＝2015: 225）。

アストンは、男性と一緒に暮らす妻の見立ては医者よりも正確であり、ＡＳを疑われる男性の親の記憶よりも現在のパートナーの証言が重視されるべきであると述べるなど、ＮＴ女性の立場を重く見ている。アストンによるこの擁護は、裏を返せば、男性の特徴は妻以外の人にとっては明らかな「障害」を見出すことが難しい程度であることを意味している。

また、アストンは問題となる男性の「暴力的」な面を、ＡＳＤ由来のコミュニケーション能力の低さ、変化に対する弱さ、こだわりといった特徴と絡めて説明する。

ＡＳ男性の多くが「パートナーに攻撃されている」、「非難されている」と感じており、具体的にその様子を語っています。しかし彼らのパートナーと話してみると必ずしもそうではないことがわかります。「彼のどんな言動が自分を苛立たせたのか、あるいは傷つけたのかを指摘しただけなのに」と彼女たちは言います。

しかしAS男性はすぐにそれを批判と解釈し、「言葉で攻撃されたと思い込み」、仕返しとして暴言を放ちます。ASのカップルにはこのパターンが非常に多く、原因はすべてコミュニケーションの問題に関連しています（ibid.: 146）。

また、「実際に暴力をふるわれたことはなくても多くの定型発達女性が『脅されている気がする』と述べ」（ibid.: 153）るなど、一緒に暮らす女性の恐怖を強調する一方、男性が悪意をもってそのような行為に及ぶのではなく、「切羽詰まった反応」や「彼女の視点で状況を判断できない」（ibid.: 155）という障害由来の行動であると補足する。そのため、アストンは男性が自身の障害を受容し、病識をもつことを大変重視する。男性がASDとして診断されることはパートナー関係の改善に必要不可欠であり、診断は「女性が自分に向けられた夫の奇妙な、時には危険な行動について証言したときに周囲から信じてもらいやすくな」（ibid.: 167）り、法的な影響をもつことからも離婚の専門家もまたASに関する知識を身に着けるべきであるという（ibid.）。

さらにアストンによれば、FAAASも主張したように、生活を通じてNT女性はASの特性への「同化」と自己の喪失を経験する。男性からの共感が得られないことで「被害」が生じるのである。

一定期間、同居していると、あなたは自分のほうがASの兆候を示しているのではないかと疑い始め、ある種のASの特性をみずからが発達させてしまったように感じることがあるでしょう。そうして、自分の個性や〝自分自身〟を失ったように感じると、どうすればいいのか、深刻に悩むようになります（Aston 2014＝2016: 130）。

そしてアストンは、AS者との関係を次のように描写する。

ASは複雑です。周囲から十分に理解されないことがありません。知的な障害をもたらさないのでAS者は一見、定型発達者と何の違いもないように見えます。仕事もこなせます。ASは目に見えません。それがどのようにマイナスの影響をもたらすかは、たいていAS者に最も親しい人たちにしかわかりません（Aston 2003=2015: 192）。

FAAASの主張を、アストンは自身の体験やカウンセラーとしての臨床経験から一層具体的に描き出した。そして、FAAASやアストンが語る極端に「共感」を欠く人との親密な関係で生じる「被害」に対し、医療専門家や社会がいかに「無知」であるかを提起し、NT女性の苦悩の責任がASを疑われる男性にあると認めて支援する必要があると主張している。

2 ASANによるカサンドラ現象批判

FAAASやアストンによるカサンドラ現象の言説を真っ向から批判したのは、ASD者本人たちによって組織されたセルフ・アドボカシー団体のASANである。ASANはFAAASやアストンの活動が「自閉症の人は暴力的で家庭生活に適さないとステレオタイプ化」することを目的としており、カサンドラ現象を提唱することは「障害者は『配偶者や親として本質的にふさわしくない』という長年の偏見を反映したもの」（Abfh 2009）であると主張した。特にASANの批判の対象は、FAAASはもとよりFAAASの活動を支援する専門家であった。ASANは心理学者で著名なASD研究者の一人でもあるトニー・アトウッドがFAAASの活動に協力してきたことをウェブ上で名を挙げて批判し、FAAASの活動へ参加しないことを請願した。

私たち障害者は、長い間、さまざまな差別や固定観念、被差別に悩まされてきました。歴史的に見ても、この種の差別は、ステレオタイプや疑似科学を利用して、人間社会の一員であることを表現する最も一般的な方法のひとつである、他の市民と平等に家庭を持ち、結婚し、子供を育てる権利を奪おうとする人々によって、最も広く行われてきました（ASAN 2009a）。

ＡＳＡＮは特定の性質をもつ人が、ときに本人の利益になるという口実で家族をもつ権利を奪われてきた歴史について言及し、それが優生思想と疑似科学によってなされたことを指摘した上で、カサンドラ現象もまたこれに類するものであると述べる（ibid.）。ＡＳＡＮにとって科学的裏付けのないカサンドラ現象を周知しようとすることは「正確な研究や証拠ではなく、疑似科学、個人的な恨み、固定観念に基づい」（ibid.）たキャンペーンに過ぎない。さらに、ＡＳＤ者が親密な関係において加害者であるという印象が広まることは、「自閉症者が虐待からの保護を求める機会を減少させ」（ibid.）る危険性を高める点も批判せざるを得ないものである。「自閉症の人は一般の人よりもはるかに虐待を受けやすく、虐待行為をするような素因はない」（ibid.）という研究結果を示し、ＦＡＡＡＳやアストンが主張するＡＳＤ者像が一般的な事実に反する描写であると述べる。

ＡＳＤ者が家庭生活に適さないという偏見は「自閉症の人々やすべての障害者が、結婚し、子どもをもち、医学的診断ではなく行動に基づいて判断される権利を享受することで、社会に完全に参加する権利を脅か」（ibid.）すものである。つまり、ＡＳＡＮが危惧しているのは、ＡＳＤを理由に本人の状態や適性が考慮されないまま多くの決定がなされる事態であることが読み取れる。これについては名指しで批判されたアトウッドも以下のように述べている。

自閉症やアスペルガー症候群の診断を受けたからといって、その人が自動的に良いパートナーや親になれなくなるわけではないということを、はっきりと申し上げたいと思います。実際、私がクライアントや友人として知っている自閉症やアスペルガー症候群の人たちの多くは、非常に良い親やパートナーです。もし、パートナーの間で別居が起こり、裁判所が子どもの親権やアクセスの問題を検討する場合、私の意見では、自閉症やアスペルガー症候群の親が良い親になることができないと単純に仮定するのではなく、それぞれの親の能力に基づいて決定されるべきだと思います（ASAN 2009b）。

アトウッドは、AS者とNT者の関係で発生する問題をカサンドラ現象という枠組みで解釈・支援することには多くの臨床的利点があると述べるが、ASANはASD者の感情面に問題があるのではなく「認知的、言語的な違いが誤解を生む」（ibid.）のであり、「自閉症のパートナーをもつカップルをカウンセリングする際には、発生した誤解を特定し、建設的に対処するために、偏見のないアプローチをとることを推奨している」（ibid.）と反論し、謝罪を求めた。

ASANはASD者とNT者の間にトラブルがないと主張しているわけではない。ASANの反発は、カサンドラ現象というフレームが知識として広まることで、NT者とコミュニケーションの問題が生じた際にASD者側の責任とされること、そしてASD者が親密な関係において差別を受ける可能性を危惧するためである。ASANにとってカサンドラ現象という枠組みに依拠したアプローチそのものが「中立」ではないのである。

3　近代における「愛」とコミュニケーションをめぐる規範

FAAASおよびアストンの主張と、ASD者本人たちによる反論を概観してきたが、両者の主張は平行線的に対立している。この節で、本論争の核ともいえる今日における親密な関係の規範を確認する。

社会学者のアンソニー・ギデンズは、今日の親密な関係性が「感情的緊密さの絶え間ない要求」と「対等な人間どうしによる人格的きずなの交流」の両面をもち、「公的領域における民主制と完全に共存できるかたちでの、対人関係の領域の掛け値無しの民主化」（Giddens 1992＝1995: 14）を進めると論じた。ギデンズによれば、前近代のヨーロッパの婚姻のほとんどは経済的な理由で行われたが、一八世紀以降に人々は「気持ちの通じ合い」（ibid.: 72）に基づく「本質的に女性化された愛情」（ibid.: 69）であるロマンティック・ラブの理想を認識した。そこで夫婦は特別な絆で結ばれた「共同経営者と見なされ」（ibid.: 45）るようになり、男女の親密な関係の特権化と共に精神的要素が持ち込まれたのである。

そして、男女の不平等と性的愛情が過分に含まれたロマンティック・ラブの次に女性たちが求めたのは「社会関係を結ぶというそれだけの目的のために」結ばれる「純粋な関係性」（ibid.: 90）である。この純粋な関係性は、互いが「十分な満足感を互いの関係が生みだしていると見なす限りにおいて関係を続けていく」（ibid.: 90）ものである。ギデンズの見立てでは、女性が多くの領域で対等な関係を求めるのに対し、非対称な権力関係に身を置いてきた「男性は、現在生じている変化についていけていない」（ibid.: 91）。この純粋な関係性は私的領域の民主化を促進する。ギデンズは民主制を「一定の成果を増進させるために、人びとの間での「自由で、対等な関係」を確保すること」（ibid.: 272）を目的としたものと定義した。そして、それらを保障・規制するための権威の存在も想定され、各人の自立を支える要素として、意思決定の際の平等、議論を通じた説得、他者に対する説明義務など、人々は権利のために「たんなる形式的なものでなく、実質的な」（ibid.: 275）義務を担うのである。また、夫婦関係に限らず、親子や友人など多くの関係が民主化の対象となる可能性が示唆され、そこで人々は「たんに相手を尊重するだけでなく、相手にたいして心を開」き、「相手への――感情の投げ出しでなく、気持ちを通じ合う手段としての――自己の露呈」（ibid.: 279）を求められていく。

長くギデンズの論説を紹介したのは、カサンドラ現象を支持する女性たちの訴えの基盤が、ギデンズが報告した純粋な関係性に由来すると思われるためである。そして、純粋な関係性で奨励される行為の多くが、一般的にASDの人々が苦手とすることであることも読み取れる。

自分がカサンドラだと感じているNT女性たちはパートナーに自分の感情が配慮されない苦痛を訴えているが、純粋な関係性という概念を導入すると、これは単なる心理的不満足以上のことが起きているという訴えであると解釈できる。夫婦は情緒的な絆で結ばれた「家庭」の共同経営者であり、それが果たされないのは彼女たちにとって民主制の危機なのである。そして、「普通の男性」とは感じられないほどの深刻なすれ違いが起きていると認知したことをきっかけに「原因」探しを始め、その先でパートナーのASの可能性とカサンドラ現象というフレームに出会う。

NT女性たちにとって、もう一つ耐えがたく民主的でない状況があると思われる。それは周囲の人々による無理解だ。女性たちが経験している「困難」を周囲は「男性はそんなものだ」と少なく見積もり、家庭内のこととして主には女性にうまく対処するように強いてきた。しかし、このような「優遇」は民主主義を前にしたときに受け入れられるものではなく、女性たちは納得しない。アストンも「現代の女性は情緒的なやりとりやパートナーとのより深いコミュニケーションを求めています。彼女たちはもはや、「女性は感情的で、男性は理性的」という見方を受け入れなくなってきています」（Aston 2014＝2016：25）と主張しているが、これはまさしく純粋な関係性への志向の表れである。

特にNT女性たちに顕著な純粋な関係性に対する志向は、診断に際して、男性の親などの元々の家族や医師などの専門家の見立てよりも、現在のパートナーであるNT女性の見立てが優先されるべきであるという主張にも垣間見ることができる。ロマンティック・ラブから派生した純粋な関係性はある種の排他性を伴う。よって、仮にASを疑われている男性が結婚生活以外の分野で問題なく機能しているとしても、それらは純粋な関係性主義では「自然に」夫婦関係の下位へ置かれ得るのである。

4　「正常」なるものへの批判

前節では、カサンドラ現象というフレームの発生に、純粋な関係性という規範の存在が不可欠であることを提示した。その上で、本節ではこれらの主張が今現在も有効かどうかについて分析したい。

カサンドラを自認する女性たちの訴えが純粋な関係性に立脚しているとすれば、民主主義とも共鳴するこの規範を私たちはさらに促進すべきだろうか。各人に自由と対等をもたらそうとするこの理念に反対する理由はないように思われるが、近年、まさにASD者たちから、広く普及している理念が内包する定義そのものへの異議申し立てが行われている。

一九九二年にのちの設立者たちの邂逅によって萌芽した、世界初のASD者本人たちによるセルフ・アドボカシー団体であるAutism Network International（以下ANI）は、「自閉症者（Autistic people）とNTの行動の違いを、自閉症者の「障害」の「症状」と見なすのは常に正しいのでしょうか？」「このような違いに対応するために、NT文化に「適合」できるようにNTの社会的行動を模倣するよう自閉症者に教えようとすることは、必ずしも有益なのでしょうか？」（Sinclair 2005）と疑義を呈した。

ANIの創設者の一人であるジム・シンクレアは、正常を意味するnormalの言い換えとしてNeurotypicalという用語を提唱した。これは、ASD者は少数派であるものの異常（abnormal）ではないという主張であり（Sinclair 1998）、社会に遍在するnormalへの挑戦を意図したものである。彼らが問題視していたのは、当時ASDに関する情報が「私たちはどこかひどく間違っている、私たちはひどく欠陥のある人間だ、私たちの存在そのものが家族にとって終わりのない悲しみの源だと強調するものが、圧倒的に多い」（Sinclair 2005）ことであった。FAAASの設立とほとんど同時期に、ASD者たちもまた、コミュニケーションがうまくいかない「原因」や家族の悲しみの「責任」を一方的に負わされることを辞めようと動き始めたのだ。シンクレアはASD者にはNT者が多数派を占める社会で生きていくための「マニュアル」が必要だが、同時に「私たちは互いに等しく異質な存在であり、私のあり方は単にあなたの破損した（damaged）バージョンではないことを認識してください。あなたの思い込みを疑ってみてください」（Sinclair 1992）と、互いの違いを前提して関わり合うことを呼び掛けた。そしてこれらの活動は、あらゆる神経学的状態を優劣ではなく差異として尊重して扱うことを要望するニューロダイバーシティの思想へと発展していく。

ギデンズは「政治的民主制は、一人ひとりが民主的過程に自立したかたちで参加するのに十分な資源を有していることを言外に意味している」（Giddens 1992＝1995：286）と書き、男女間の資源の不均衡を指摘した。しかし、ASD者たちが訴えているのは、まさにマジョリティと同じ方法で同じように行動できないことを理由とした資源や機会、責任などの不平等である。そして、ASD者は社会運動を通じて何をnormalとするかという定義自体の見直しを要求してきたのである。今日、「コミュニケーション」や「親密な関係性」の在り方もまた無批判に保存しておくことはできない。なぜなら、今日流通している規範の多くはマジョリティにとって「自然」であるように構築されたものだからである。そのため、NT女性が「好ましくない」と感じる言動があったとしても、それを直ちに「異常」と見なさずに「違い」としてとらえる必要がある。よって、NT者とASDが疑われる人の間でトラブルが生じた際に必要なのは、疑わしい人に診断をつけてトラブルの「原因」が隠れた「障害」にあったためだと語り直すことではなく、その人がどんな状態であろうと、二人の関係を継続していくために必要な要件――ギデンズがある程度は達成可能であると見込んだ「一人ひとりが容認できる任務と報償との釣り合い」（ibid.：286）を見直すことではないだろうか。

もちろん、アストンやアトウッドはそれを目的としたカウンセリング・サービスを提供しようとしている。そして、ASANやANIもまたNT者とASD者の関係をより良いものとするために手助けが必要であると理解している。両者の意図は対立していない。しかし、ＡＳ者がＮＴ者へ悪影響を与えると主張するカサンドラ現象というフレームの下では、ＡＳを疑われている人が自身の特性を認めることが不利益になりかねず、ＡＳＤ者が求めてきた違いを認めた上での対等な話し合いは望めないのである。

以上のことから、本章は、カサンドラ現象というフレームが、男性と女性のカップルにおける純粋な関係性の深刻な不達成を、ＡＳの知識を導入することで主には男性側の問題であると再叙述しようとする試みであると主張したい。ギデンズは夫婦関係をやはり政治に例え、敵対的な関係において人は脅したり争ったりしてどちらかの主張を押し通そうとするが、より民主的な関係では「互いに相手の根底にある関心や利害を見いだそうとする」（ibid.: 287）と記したが、カサンドラ現象のラベルが使用されようとする状況においても同様のことがいえるだろう。

今回は、ＡＳＡＮというセルフ・アドボカシー団体の主張を紹介したが、カサンドラ現象の最も典型的なケースでは、男性は未診断でカサンドラ現象を訴える妻からＡＳＤを疑われているという状態のため、診断についてはより慎重に検討されなくてはならない。医学的診断は本人の意思に基づいて本人の利益になる形で行われるべきであり、外部からの圧力を受けることはあってはならない。重要なこととして、たとえパートナーが後々ＡＳだと「発覚」したとしても、ＡＳＤ者の特徴が「原因」で関係がうまくいかなかったというレトリックを押し付けることはできないということがある。ましてや、ＡＳＤの性質が親密な関係をもつ人に害を与えるとして、将来家族をもつ可能性を制限することは許されないのである。

おわりに

本章はカサンドラ現象を通じて今日の親密な関係について考察した。私たちはそれぞれの自由と対等を重視する純粋な関係性という理想が浸透した社会に生きており、「民主主義的」な交流がうまくいかないときにある種の危機を感じる。同時に、近年「障害者」をはじめとしてこれまで社会から排除されてきた人たちが、違っていることは劣っていることではないという視点を加えたために、社会における民主主義の実践はますます複雑になっているといえよう。

この実践について、正式な医学的診断を受けていないが自分をASだと自覚し、自伝を執筆したリアン・ホリデー・ウィリーという女性の経験を最後に紹介しておきたい。ウィリーは自分自身がNTの夫をもちNT者との関係についても自伝で触れている。彼女は、NTの母親がASだと思われる父親との話し合いの末に出て行った出来事を、次のように書いている。

これは大きな取引だったと思います。母は「私には夫が必要よ。映画に連れて行ってくれる夫が必要なの。私には、かわいくて、私のことを思いやってくれる娘が必要なのよ」と言い、父は「それは僕でもないし、リアンでもない。もしそれを求めるなら、君はここを出て、新しいボーイフレンドを見つけたほうがいいよ」と言いました。

人から見れば、私たちが母を見捨てたと思われるかもしれませんが、そうではありません。母のそうした感情や概念が、私たちにはなかったのです。私たちは、母の求める社会性という概念をもっていませんでした。だから、私たちは敬意をもって「外にボーイフレンドをつくりなさい」と言ったのです。人が見たら変に思われるかもしれません。でも、そうではありません。「私たちは違う」ということを認め合ったのです（Willey 2008: 43-44）。

その後ウィリーの母親が見つけたボーイフレンドは、ウィリーや彼女の父親とも良い関係を築き、「母のボーイフレンドがいたからこそ、母と私と父の間の同盟関係が崩れずに済みました」（ibid.: 45）とウィリーも感謝を述べている。このエピソードには、NT者とAS者の率直な話し合いから互いを尊重し合ったうえでの離別、関係の再構築など、大きな違いを前にした家族へのヒントが示されている。

女性が自分をカサンドラだと感じるとき、パートナーとの話し合いでは切り抜けられない困難を抱えて傷ついていることを意味しており、外部からのケアやサポートが必要であることは疑いようがない。そして、望ましい話し合いの在り方は、互いの違い、家族の在り方やパートナーに求めるものなどを検分し、互いが合意可能な条件を探し出すという、大変に骨の折れる作業である。その結果、多様な選択が考えられる以上、女性や男性個人の責任やありようを追求するのではなく、社会の側に十分な支援の用意があるか、多様な生き方を制度と理念の両面において受け入れられるのかを問うことが肝要である。そして、これらの問題はNT女性とAS男性の関係に限らず、純粋な関係性を実現しようとする場合、誰しもに生じうるのではないだろうか。カサンドラ現象というフレームそれ自体は、ASANが指摘したようにASD者に対する差別的な要素を過分に含むものであるといわざるをえない一方、一個人が関係上の困難を感じたときに外部に助けを求めることと、社会がそれに応じる責任は、多様性を重視する今日の社会においてますます重くなっているといえよう。

本章の限界として、まず多くの女性が経験している社会的な不均衡について、十分に論じていないことが挙げられる。このことは、カサンドラ現象の想定しているケースのほとんどがNT女性とASを疑われる男性というカップルということからも、なんらかのジェンダーに起因した偏りがあることを想定するのは容易だが、これ以上の言及はＡＳ者をとりまく人間関係について、成功例も含めて十分なサンプルが出揃うのを待たなくてはならないだろう。カサンドラ現象の名称で報告される関係はＮＴ者とＡＳ者の関係のなかでも危機的状況にあるものであり、うまくやっているＮＴ者とＡＳ者の関係に特別な呼称はないことを忘れてはならない。

しかしながら、ある人が親密な関係で困った際に、ふと「パートナーとの関係がうまくいかないのは、相手が未診断のＡＳＤだからではないか?」と想起できるようになったのは、定型発達者と自閉的特徴をもつ人の連続性をイメージさせるＡＳＤという医学知の広がりの影響であることは明白だ。その意味で、カサンドラは生物学的に生じた「症候群」ではなく、人々の関係のなかで起きる「現象」と呼ぶのが妥当なのである。

本章の結論は、さまざまに異なる状態の人が社会に参加するようになったからこそ、これまで社会で素朴に前提されてきた多くの価値観が揺らいでおり、家族の在り方や親密な関係性もまた例外ではないということである。カサンドラ現象は、ひとたび「愛情」で結びついたとしても、「異質」と感じたものとの間に橋を架けようとする際に生じる厳しい現実――多様性の苦しみを見せている。そして、個人に目を向ければ、「違い」に戸惑い痛みを感じながらも関係から立ち去らない人の姿もまた見つけることができる。

注

1　ＡＳＤは非常に多様な状態を想定した診断であるが、ＡＳＤの前身であるアスペルガー症候群という名称にも触れておく。ＡＳは一九九六年に刊行されたＤＳＭ-Ⅳと二〇〇二年に出版されたＤＳＭ-Ⅳ-ＴＲに記載されていた診断名で、ＡＳＤと同じ社会性の障害と常同行動の特徴をもつが、幼年期に明らかな言語障害や学習能力の遅れがない点が、いわゆる自閉症と異なる。集団生活に入る頃に他の子どもとの比較から「障害」が発見されるが、予後は良く自立した生活を営む可能性が高いと記載されていた（APA 2000＝2002［2004］: 91-95）。ＡＳは、オーストリアの児童精神科医ハンス・アスペルガーが一九四四年に発表した「子供の『自閉的精神病質』」の論文に由来する。一九八一年にイギリスの精神科医ローナ・ウィングがアスペルガーの論文を英語圏で紹介し、いくつかの修正を行ったうえでＡＳを提唱したことで知られるようになった（Volkmar & Kline 2000）。ＤＳＭ-５でＡＳＤに再編される形でＡＳの名称が消滅したのは、上記の研究上の展開を踏まえたものである。しかし、ＡＳＤでも知的・言語障害がないことを強調したい場合、現在もなおＡＳという表現が日常的に使用される。本章ではＡＳＤとＡＳの表記が混在するが、便宜上ＡＳをＡＳＤの特徴をもつが知的・言語障害がない人という意味で用い、引用については文献の表記のまま記載する。

2　本章が論じるＮＴ女性とＡＳを疑われる男性との親密な関係における「問題」の名称は、現在の日本国内では「カサンドラ症候群」が流通しているが、本章では基本的にＦＡＡＡＳが発案したカサンドラ現象（Cassandra Phenomenon）を使用する。本章で用いる資料ではカサンドラ現象の名称が使用されていることに加え、「症候群」といった医学的表現を使用することで読者に対してなんらかの生物学的要因があるという誤解を与える危険性を避けたいという意図のためである。

参考文献

Abfh, 2009, Cassandra's impact on autistic victims of domestic violence, Autistic Self Advocacy Network（ASAN）（Retrieved January 21, 2019, https://autisticadvocacy.org/2009/05/cassandras-impact-on-autistic-victims-of-domestic-violence/）.

American Psychiatric Association（APA）, 2000, Diagnostic and Statistical Manual of Mental Disorders Fourth editiontext Revision, USA: American Psychiatric Publishing（高橋三郎・大野裕・染矢俊幸訳、二〇〇二［二〇〇四］『精神疾患の診断・統計マニュアル新訂版　ＤＳＭ-Ⅳ-ＴＲ』医学書院）.

——— [2013], *Diagnostic and Statistical Manual of Mental Disorders Fifth edition*, USA: American Psychiatric Publishing（高橋三郎・大野裕監訳、二〇一四『精神疾患の診断・統計マニュアル　ＤＳＭ-５』医学書院）.

Aston, M., 2003, *Asperger in Love: Couple Relationships and Family Affairs*, London: Jessica Kingsley Publishers（テーラー幸恵監訳、二〇一五『アスペルガーと愛——ＡＳのパートナーと幸せに生きていくために——』東京書籍）.

——— [2001] 2014, *The Other Half of Asperger Syndrome, A Guide to Living in an Intimate Relationship with a Parther who is on the Autism Spectrum, 2nd Edition*, London: Jessica Kingsley Publishers（黒川由美訳、二〇一六『アスペルガーのパートナーと暮らすあなたへ——親密な関係を保ちながら生きていくためのガイドブック——』スペクトラム出版社）.

Autistic Self Advocacy Network（ASAN）, 2009a, "Tell Tony Attwood to End the Hate: Autistic People Deserve Equality in Family Law and Relationships," Autistic Self Advocacy Network（Retrieved December 12, 2021, https://autisticadvocacy.org/2009/04/tell-tony-attwood-to-end-the-hate/）.

——— 2009b, "ASAN's Response to Dr. Tony Attwood," Autistic Self Advocacy Network（Retrieved December 12, 2021, https://

autisticadvocacy.org/2009/06/ASANs-response-to-dr-tony-attwood/).

Bolling, K. L., 2015, "Asperger's syndrome/autism spectrum disorder and marital satisfaction: a quantitative study," Antioch University.

Families of Adults Affected by Asperger's Syndrome (FAAAS), 2018a, Asperger's syndrome fact sheet, FAAAS, Inc. USA: Families of Adults Affected by Asperger's Syndrome (Retrieved February 10, 2018, http://www.FAAAS.org/fact-sheet.html).

——— 2018b, Ongoing traumatic relationship syndrome/Cassandra phenomenon (OTRS/CP) (Retrieved February 10, 2018, http://www.FAAAS.org/otrscp.html).

——— 2018c, What is Asperger's Syndrome? (Retrieved February 10, 2018, http://www.FAAAS.org/asperger-s-syndrome.html).

Giddens, A., 1992, *The Transformation of Intimacy: Sexuality, Love and Eroticism in Modern Societies,* UK: Polity Press (松尾精文・松川昭子訳、一九九五、『親密性の変容——近代社会におけるセクシュアリティ、愛情、エロティシズム——』而立書房).

宮尾益知、二〇一五『(監修) アスペルガーとカサンドラ——旦那(アキラ)さんはアスペルガー——』コスミック出版。

岡田尊司、二〇一八『カサンドラ症候群——身近な人がアスペルガーだったら——』KADOKAWA。

Pollmann, M. M. H., Finkenauer, C. and Begeer, S., 2010, "Mediators of the link between autistic traits and relationship satisfaction in a non-clinical sample," *Journal of Autism and Developmental Disorders,* vol. 40(4), 470-478.

Renty, J. and Roeyers, H., 2007, "Individual and marital adaptation in men with autism spectrum disorder and their spouses: the role of social support and coping strategies," *Journal of Autism and Developmental Disorders,* vol. 37(7), 1247-1255.

Rodman, K. E. (ed.), 2003, *Asperger's Syndrome and Adults: Is Anyone Listening? Essays and Poems by Partners, Parents and Family Members,* London: Jessica Kingsley Publishers.

Sinclair, J., 1992, Bridging the Gaps: An Inside-Out View of Autism (Or, Do You Know What I Don't Know?), Jim Sinclair's Web Site (Retrieved December 6, 2021, https://web.archive.org/web/20070208114516/http://web.syr.edu/〜jisincla/bridging.htm).

——— 1998, A Note about language and abbreviations used on this site, Jim Sinclair's Web Site (Retrieved February 26, 2019, https://web.archive.org/web/20080606024118/http://web.syr.edu/〜jisincla/language.htm).

——— 2005, Autism Network International: the Development of a Community and Its Culture, Autism Network International (Retrieved February 26, 2019, https://www.autismnetworkinternational.org/History_of_ANI.html).

Volkmar, F. R. & Kline, A., 2000, "Diagnostic issues in Asperger syndrome," Klin, A., Volkmar, R. F., and Sparrow, S. S. (eds.), *Aspeger Syndrome,* New York: Guilford Press (山崎晃資監訳、小川真弓・徳永優子・吉田美樹訳、二〇〇八『総説アスペルガー症候群』明石書店).

Willey, L. H., 2008、（アスペルガーとわたしの過去・現在・未来——対人関係障害への接し方・導き方のポイント——」服巻智子編『当事者が語る異文化としてのアスペルガー——自閉症スペクトラム青年期・成人期のサクセスガイド2——』クリエイツかもがわ、一三一—六六）.

第3章

ケア倫理における家族に関するスケッチ

──「つながっていない者」へのケアに向けて

秋葉峻介

はじめに

キャロル・ギリガンやネル・ノディングスらに代表される「ケア倫理」の立場からは、強い個人の自律やそれを前提する正義論に対して批判が向けられてきた。他者との関係性や人間の傷つきやすさ・弱さに注目して展開されるその思想は、日本においても理論レベルにとどまらず、われわれの生/死をめぐる現場で臨床レベルの議論や実践に応用されつつある。たとえば、河見誠は「認知症高齢者の介護においては、関係性(生活環境、家族関係、介護者との関係、当人の生き方・ケアのプロセス、それらの全体)の中でのケアニーズ把握が必要であり、〔…〕そのケアの基盤にあるのは、当人にとっての必要な誰かが「共にいる」こと(「共在」being beside)である」と論じている

（河見 二〇一六：八九）。「ケアにおける『関係形成としてのケア』の基底性、さらにそこでの『共にいるケア』の基盤性は、人間の存在構造に基づくものと考えられる。このことは、医療、とりわけガン終末期医療におけるホスピスケアの展開から見いだすことができる」という（同前：九一）。また、ガイドラインなどの政策レベルにおいても従来的な自律（観）によっても対応できないケースへの目配りがなされてきていることからも、基礎となる理論が再検討され始めていると言い得るかもしれない。しかし、実際には、ケア倫理の理論レベルでなされているような議論が、臨床レベルや政策レベルのそれぞれに齟齬なく組み込まれているとは言い難いようにも思われる。

自他の関係性を重視し、社会的・伝統的規範などからの抑圧を批判する理論レベルに即して臨床レベル・政策レベルの議論や実践が行われているならば、家父長制や男女の婚姻による伝統的な家族を前提せずに、より広い関係に開かれたケアの提供／享受が目指されることになるだろう。政策レベルでいえば、「人生の最終段階における医療・ケアの決定プロセスに関するガイドライン」（以下、「プロセスガイドライン」）（厚生労働省 二〇一八ａ）において本人を支える者としての家族等とは、「本人が信頼を寄せ、人生の最終段階の本人を支える存在であるという趣旨ですから、法的な意味での親族関係のみを意味せず、より広い範囲の人（親しい友人等）を含みます」とされる（厚生労働省 二〇一八ｂ）。家族の範囲は広がりを持ち、理論レベルとの接続が確認できる。しかし臨床レベルにおいては必ずしもそうではないようである。たとえば、入院や手術などの際の保証人や面会についてどこまでの関係性の者を許容するかは各医療機関の裁量に任せられているのが現状である。したがって、本人が意思表示できない状況における代諾や手術同意書へのサインなどを誰が担い得るかについても各医療機関次第であって、これを「当然に」担うためには血縁家族や同居家族であることが前提されることが少なくない。理論レベル、政策レベルの議論と基礎を同じくするならば本人との関係性こそ肝要であって、医療機関の基準で誰かが排除されることもないはずなのである。しかし、そうなっていない。なぜ噛み合わないのか。あるいは家族概念の拡張はいかなる意味を持ち、何を目指しているのか。

本章では、ケア倫理における家族概念の規範性や思想について、エヴァ・フェダー・キテイの議論、とりわけ「ドゥーリア」モデルを例にとり批判的に検討することで理論レベルの議論をごく限定的に整理し、前述してきたような問題に関して考察してゆく。

1　ケア倫理とフェミニズム

まず、ケア倫理の議論について確認しておこう。ケア倫理というと、真っ先に思い浮かべられるのはギリガンやノディングスであろう。ギリガンは男性と女性との間に道徳的な発達段階の相違があると主張し、男性に比べて女性の方がより他者の呼びかけに傾聴し応答・共感すること、他者に同情し気遣うことを重視していることなどを実証的に論じた(1)。ギリガンは男女の道徳的発達の特徴の違いから、男性の倫理観が正義を志向する「正義の倫理」であり、これに対して女性の倫理観はケアを志向する「ケアの倫理」であると整理している。このことから、ギリガンの議論はケアの志向を社会や家族における女性性・ジェンダー役割と紐づけたものであるとクローズアップされて論じられることが少なくない。ギリガンによって「もうひとつの声」として見出されたケアの視点、ケアの倫理は、ノディングスの教育学・倫理学的な議論にも確認できる。

ノディングスは「他のひとの実相を理解し、できるだけ入念にそのひとが感じるままを感じとることは、ケアするひとの観点からは、ケアリングの本質的な部分である。〔…〕ケアされるひとのために行いに関与すること、ふさわしい期間を通してかれの実相に関心を持ち続けること、そして、この期間を越えて関与の仕方を絶えず更新することは、内面から見た、ケアリングの本質的な諸要素である」と論じている（Noddings 1984＝1997：25）。ノディングスのいうケアリングとは、自他関係における他者への同調・応答的な関係の仕方であるといえよう。ケアリングは、「自然なケアリング」と「倫理的なケアリング」とに分けられる。「自然なケアリング」とは、「わたしたちが、愛や、心の自然な傾向から、ケアするひととして応答する関係である。自然なケアリングの関係とは、わたしたちが、意識的にせよ、無意識的にせよ、『よい』と感じるような人間的な状態と同定され」る(ibid.: 7)。他方で、「倫理的なケアリング」とは、「わたしたちが他のひとと、実際に道徳的に接している関係であ」り、「自然なケアリングから生じるもの」である(ibid.: 7)。ケアリングはまた、「わたしたちに、道徳的でありたいという動機づけを与えるものであ」り、「こうした倫理的な理想こそ、すなわち、ケアするひととしての自分自身という実在的な姿こそ、わたしたちを、努めて他のひとと道徳的に接するように導く」と論じられる(ibid.: 7)。ノディングスにおけるケア倫理の理論は、「倫理的なケアリング」に先行する「自然なケアリング」を源泉としている。注目すべきは、こうしたケアリングの上に成立する倫理が、伝統的に女性役割と結び付けられてきたような性質をもって論じられてきたことである(ibid.: 13)。ノディングスはケアの倫理を女性にのみ見ていたのではなく、ケアの倫理が男性に共有されないわけではないと留保をつけている(ibid.: 13)。しかしその一方で、基本的にギリガンと同様、ノディングスのケア倫理の特徴は、女性性や女性的なジェンダー役割と紐づけられていると解する余地が残されている。とりわけ、源泉としての「自然なケアリング」を母子関係に見出していることからは、ケア関係をあるべき母子関係、家族関係を前提に論じていることがうかがえる。すると、ノディングスのケア倫理の議論は、彼女らが批判する対象である家父長制や男性性による倫理の議論の枠組みを書き換えたとまでは言えないようにも思われる。この意味では、ノディングスのケア倫理とは、家族を前提した「女性の倫理」や「家族倫理」として成立していると解することができる。

さて、以上のようなギリガンやノディングスによって立ち上げられたケア倫理の議論は、ケア志向のフェミニズムの議論として批判的・反省的に展開されてきた。たとえば、サラ・ホーグランドは「レズビアン倫理」の視座から、「共同体自己」概念を提案し、伝統的な家族像にとらわれず、信頼できる人との関わりの中で意思決定できるような主体を模索している（Hoagland 1988: 145）。また、カトリオナ・マッケンジーとナタリー・ストルジャーは、社会や家族、ジェンダー等の規範の抑圧的な内面化から解放された自律を「関係的自律」として捉え返している（Mackenzie & Stoljar 2000: 21-26）。「関係的自律」は社会の中で形成されていくと解され、個人が自律的に行為し得るか否かを考える際にその個人が属する社会や人々との関係性についても考慮する必要があるという（McLeod & Sherwin 2000: 260）。他方で、個人と社会や制度、家族等との関係を要諦としつつも、それらが抑圧的に内面化されたときに主体の自律は脅かされると批判している。これらのケア志向のフェミニスト思想的な色彩が強いケア倫理の議論では、先行するギリガンやノディングスがケアと女性性とを強固に結び付けて論じていることを批判的に乗り越え、関係性そのものを核とした理論展開が目指されていることが見て取れる。「女性の倫理」から「関係性の倫理」としてケア倫理を発展させたと換言することができるだろう。

近時では、立場の異なる論者も少なくないケア倫理において、「ケアする人とケアされる人との相互性を強調することがケアの基本的態度であり、ケア関係は相互的なものである」（平尾 二〇一〇：二六一）という点で共通認識が成立していると整理できる。ただし、ここでもやはり相互性やケアにおける「関係性」と家族との関係について留意しておくべきであろう。ホーグランドやマッケンジーらがケア倫理を「関係性の倫理」として発展させるに際して「共同体自己」や「関係的自律」などの概念を用いて「関係性」と家族との関係を新たに構築しなおしてきたことは先に確認したとおりである。家族という概念そのものを放棄したわけではなく、伝統的な家族とは別の仕方での「あるべき家族」を想像することで新たな「関係性の倫理」の構築につなげていると解することができる。そうであるならば、「関係性の倫理」としてのケア倫理の素地にはなお「あるべき家族」像が織り込まれており、この意味で、じつのところ「家族倫理」としての色合いを備えたものであるとみておく必要がある。

2 ケア倫理における家族

前節では、ケア倫理やそれを批判的・反省的に継承してきたフェミニズムの議論について確認できたが、他方で、その背後に「家族倫理」が見え隠れしているように思われる点を指摘した。これを踏まえ、ここではキティ(Kittay 1999=2010)の論考――主著であり現在のケア倫理やフェミニズムの議論においても大きな影響を与えている――を取り上げ、ケア倫理における家族の概念や思想について検討してみよう。

キテイは人間の「依存性」を強調して、ケアすること／ケアを受けることをめぐる関係を論じている。それらでは、ケアを受ける者、すなわち誰かに依存しなければならない者へのケアを家族が担ってきたことについて批判的な分析が向けられる。こうした議論における大きな功績の一つに、ケア関係を家族のような私的領域に閉ざしたままにせず、公的領域である社会全体に開くべきだとして、ケアや福祉を外部化して支える理論と政策とを接続したことが挙げられる。しかし、留意しなければならない。ケアする者、依存労働者としての家族自体は否定しておらず――誤解を恐れずに言ってみるならば――、むしろそうした家族の存在を前提した理論である「家族倫理」として家族へのケアの必要性を説いていると評することができる。順を追って整理していこう。

キテイは依存者を支えること、ケアすることとしての「愛の労働」の特徴に次の三つを挙げている。第一に、依存労働者は脆弱な依存者に対して「他のたいていの仕事の限度を超えた道徳的な義務が生じる」こと(ibid.: 288)。第二に、依存労働をこなすためには、「世話をする人へのかなりの愛着が必要である」こと(ibid.: 288)。第三に、「家族をケアする依存労働の要求は、市場での雇用労働との間でしばしば葛藤を生む」こと(ibid.: 288)である。三つの特徴を備え、中心的に依存労働を担ってきたのは女性だとキテイは論じている。しかもそれは第三の特徴にみられるように、市場原理や正義論の立場からは社会に表面化されることは少なく、家族の中に閉じた問題として無償で行われてきたのである。家族内で行われる「愛の労働」においては「家族的責任を負わされ賃金が払われない依存労働者に、道徳的に許容される形で依存者との関係から退出する選択肢はほとんど無い。たとえ依存労働者が、依存者の欲するものを望まなくなっているとしても、依存者の利益に配慮し続ける道徳的な義務を感じる」のだという（ibid.: 220）。したがって、家族――の中でもとりわけ女性――は常に家族内の依存者をケアし続ける道徳的な義務を負った依存労働者としての役割を放棄できない。また、ケアを受ける者の脆弱性・傷付きやすさによって、「家族、友人、雇用されているなどの関係にあることは、特定の誰かが被保護者の安寧を左右する立場にある――つまり依存労働者である――ことを正当化する理由として、社会的に広く認められている」という（ibid.: 137-138）。つまり、キテイがケア関係の基本を家族内に見出しており、その基本形を社会がいかに支えるべきかという仕方で議論を進めているということになる。家族からケア、依存労働自体は切り離されず、依存者と依存労働者としての家族へのケア、フォローアップを外部化するような立て付けであるならば、ケア自体の外部化には成功していない。ケア関係、依存関係の基本形は、なお家族の中に閉じ込められたままである。それでは、依存労働から離脱することができない家族へのケアの思想はいかに具体化されているのだろうか。もう一歩踏み込んで検討してみよう。

　キテイは、「私たちはみな誰かお母さんの子どもである」という一般原則が「つながりを通じた平等」概念を提供すると主張している。ケアする者として位置づけられる家族、すなわち依存労働者としての家族をどのようにケアするかという、社会など外部からの支援をいかになすべきかというアプローチである。強い個人の自律に基づく平等や正義論に基づく平等の概念へのオルタナティブとして「つながりを通じた平等」を採用することで、ケアを受ける者のみならず、ケアする者、依存労働者へのケアにつなげることができる――「もしすべての個人がケア関係の中に組み込まれているとすれば、それぞれのニーズを包摂する関係性を描くことが可能だろう」と（ibid.: 154）。キテイは、こうしたつながりに基づく応酬関係を社会的協同の概念と関連付け、「ドゥーリア」と呼ぶ。「ドゥーリア」はキテイの造語であり、産後の母親のケアをする「ドゥーラ」に着想を得たものである。「ドゥーラが、依存する子のケアをする人をケアするのとまったく同じく、つながりにもとづく互酬関係における義務の向きは、義務を果たす立場にいる人々から、彼女たちとつながりのある人々へと向かう」として、われわれがケアする者へのケアを実施する・実装する義務を負うことを説いている（ibid.: 158）。キテイは家族をケアする者、依存労働者として位置づけたうえで、もう一方ではケアされるべき者としての側面も強調しているのである。もちろん、「ドゥーリア」の概念とそれに基づく社会的協同の関係は伝統的な家族像にのみ当てはめられるわけではない。「ドゥーリアの概念は、依存労働が適切に行われているのであれば、どんな家族形態も認めるのである。それはケアのさまざまな家族的形態を尊重する」（ibid.: 313）のだという。

なぜ、いかなる家族形態をも承認し尊重する、と宣言しなければならないのか。じつのところ、ここにこそキテイのケア倫理がケアを担うべき者としての家族を前提した「家族倫理」の理論になっていること、そしてその根底にある家族観をみることができるのである。キテイは、「ドゥーリア」において承認され尊重される家族形態の例として、「子供が高齢者のケアをする、ゲイの男性がエイズを患うパートナーをケアする、レズビアンの女性が乳がんを患う恋人やその子どもをケアする、一人親世帯、もしくは多数の成人から成る世帯で子どもが育てられる」形態を挙げている(2)。一見すると、それぞれの関係性を尊重し、家族を多様に拡張しつつ包摂することで「ドゥーリア」の実現可能性を上げているようにみえる。しかし、家族として承認されるその前には、家族関係が形成されていることが前提されることになる。家族を多様に拡張することがなぜ必要なのか、と問うてみるならば、「ドゥーリア」の枠内に組み込むことができずにケアの入れ子構造に包摂できないからということと合わせて、ケアを担い得る関係としての家族を形成することこそが重要であり理想的だからだと答え得るだろう(3)。だからこそ、家族として承認し尊重する条件として「依存労働が適切に行われている」ことが求められるのである。

次のように批判を向けたい。すなわち、キテイは愛の労働としての依存労働が適切に行われる関係に「あるべき家族像」をみており、その関係の善さを前提しているのではないか。依存労働が適切に行われている、つまり、「親密な者同士の絆を維持し、あるいはそれ自体が親密さや信頼、すなわちつながりをつくりだ」し、「依存労働者にとって、被保護者の安寧と成長が労働遂行上一番の関心事」（ibid.: 85）として成立した関係性の構築がなされていてはじめて、家族として承認・尊重される。そしてこの「あるべき家族像」に適合した家族こそをケアする仕組みとして「ドゥーリア」が必要となるのである。ここに、キテイの議論が、なんとも理想的な家族の存在を前提した「家族倫理」として家族へのケアの必要性を説いたものであることが浮き彫りになる。

では、なぜキテイは家族にケアを担わせ続けるのか。なぜ家族でなければいけないのか。この問いに応答すべく振り返ってみると、キテイが「愛の労働」の特徴として挙げていた第一・第二のそれが決定的であるようにも思われる。つまり、仕事の限度を超えた道徳的な義務が生じ、ケアを適切に行うためには相応の愛着が必要とされるため、これらを満たせるのは家族なのである、と。しかし、そうであるならば、愛着を持ってケアを担う「ドゥーラ」はどこに位置するというのか。たとえば、キテイの娘セーシャのケアの大部分を担っていたペギーである。キテイは次のように述べている。「私はセーシャのたった一人の母親である。実際にはしかし、セーシャの母親としての仕事はたくさんの人たちに配分された。彼女の父親、多くの介護者、そしてペギーへと」（ibid.: 345）。ペギーは「ドゥーラ」である。そのはずである。しかし、たんなる「ドゥーラ」ではないのである。キテイはペギーとセーシャとの関係性とそこで行われるケアについて、「これほどまでに関係性で満たされているこのケアという労働が、二人の関係性を強くし、母子の絆と同じくらい強固なものにしたのだ」（ibid.: 347）と語っている。ペギーの存在、そしてその関係性はあるべき家族・理想の家族そのものではないか。ならばペギーは家族に含まれるのか。家族であると言ってしまえればよいが、そうではないはずである。「ドゥーリア」は、ケアが家族によって担い続けられることが前提だからこそ、多様化する愛着関係を包括的に承認し、かつ、基本形としての家族とその役割を維持するために、家族へのケアを担う者を支える仕組みとして成立しているはずである。しかし、「ペギーは家族である」から導かれ得るのは、家族をさらに拡張すれば家族としてケアを完結できる、ということに他ならない。そうであるならば、「ドゥーラ」も「ドゥーリア」も不要になるはずだが、そうなっていない。ではいったいなぜ家族はケアを担い続け、なぜ「ドゥーラ」がさらにそれをケアする「ドゥーリア」モデルが必要なのか。どうにもわからないのである。ひとつの糸口として、「母親」と「子」の依存関係においてケアする依存労働が「愛の労働」としてその道徳的な義務を「母親」から切り離せないのに、なぜその「母親」をケアする「ドゥーラ」、あるいは社会的協同としての「ドゥーリア」は家族にとどまらず外部化できるのか、という観点からさらに検討してみよう。

3　「ドゥーリア」モデルの見落とし

キテイは、ジョン・ロールズの「基本財のリスト」は「ケアに関することから発する財を無視している」ことから、正義の道徳能力からケアの道徳能力を導出することはできないと主張している（ibid.: 232-237）。このため、ロールズとは別の仕方、すなわち「つながりにもとづく平等」概念を主張し、これに基づく社会的協同の関係を構築しようと試みている。この具体的なモデルこそが「ドゥーリア」である。「つながりにもとづく平等は入れ子状態になった一連の互酬的な関係と義務を生み出す」（ibid.: 158）ことができるため家族のケアを入れ子の外側の他者が担うことが可能となる、という理論構造である。

しかし、「ドゥーリア」に承認・尊重された、依存労働が適切に行われている家族内でのケアや、隣近所や地域コミュニティなどの比較的近い関係における互助としてのケアあるいはその関係はほんとうに普遍的に成立するだろうか。決定的な見落としがあるように思えてならないのである。というのも、核家族化や一人暮らし世帯が増加する現代において、隣に住む人の名も知らず挨拶も交わさない関係に、互助など成り立つだろうか。入れ子構造としての「つながりにもとづく平等」は、「つながっていない者」をみていないのである——実際にキテイは「つながっていない者」へのケアについて触れていない。

身寄りのない、あるいは家族とあえて疎遠な一人暮らしを選択しているような「つながっていない者」を「おひとりさま」としておこう。(4)「おひとりさま」が頼るのは、被保険者として受け得る共助や、社会的制度からの援助、すなわち公助であろう。この意味では、依存者に対して保険制度や社会的制度が直接に依存労働を提供することになると言い得る。すると、家族による「愛の労働」としての依存労働を享受することができない孤独な者も、「つながりにもとづく平等」によってこうした共助や公助に依存できる社会的協同が実現しているようにもみえる。しかし、ひとつ気を付けなければいけない。キテイが「専門的なサービスは、拡張された意味においてさえ依存労働ではない」(ibid.: 96) と主張している点である。専門職によるサービスか依存労働かの区別のひとつに、その行為が「介入」なのか「支え」なのかという点がある (ibid.: 98-99)。これを参照するならば、公的な保険制度や社会的制度によるサービスは「介入」であって依存労働ではないということになるだろう。この意味で、「おひとりさま」は依存労働を享受する主体ではなくなるのである。

そうであるならば逆説的に、たとえ家族がいても、それを飛び越えて直接共助や公助に依存——厳密にいえば専門的なサービスの享受ということになるが——できると言えはしないだろうか。しかし、それでもなおキテイの議論、とりわけ「ドゥーリア」モデルにおいて家族はケアを担い続けているのである。家族こそが社会的協同、「ドゥーリア」によってケアされる主体として前提されているということは、その家族こそがケアする主体だと断言していることに他ならない。つまり、「つながっていない者」、すなわち承認・尊重されるべき家族を有さない者をみないことで、「つながり」によって家族を依存者やケアする役割・依存労働に強固に結び付けていると言い得る。あるいは、「つながっていない者」にも共助や公助に依存関係を求めることが可能だと言ってみるならば、その依存関係における依存労働者へのケアという意味での「ドゥーリア」は機能するのかもしれない。この意味では「つながっていない者」はあたかも「つながっている者」であるかのようにみなされていることになる。しかし、むしろ、そのことにこそ批判的検討の目が向けられるはずなのである。家族に結びつけられたケア（の責任）と、共助や公助によるケアとでは別レベルではないか。とどのつまり、なぜ家族が、という問いは「愛着」「愛情」の力技でねじ伏せられたままになっているのである。

4　それでもなぜ家族なのか

「つながっていない者」が見落とされることで、あるいは「つながっている者」であるかのようにみなされて「ドゥーリア」に包摂されることで、ケアは家族の務めであり続ける。なぜか。別の視点からも検討してみよう。ケア倫理の立場には、ケアする者（自）とケアされる者（他）との自他関係は、相互的・互恵的であることが前提されている。まずはこの前提を疑ってみたいと思うのだが、ノディングス自身がこの前提の限界を自ら語っている。

わたしが自然にはケアしないような人びとがいる――専心没頭が嫌悪の念をもたらし、動機づけの転移が考えられもしないような状況がある――ばかりでなく、わたしのケアリングの手の届く範囲を越えた、多くの人びともいる。わたしは、普遍的なケアリング――すなわち、万人に対するケアリング――という考え方を拒否したいと思う。〔…〕わたしたちは、だれについても「気にかける（care about）」ことはできる。つまり、わたしたちは、道でばったり出会った、どんなひとにでもケアしようとする心の準備を持ち続けてはいられる。けれども、これは、わたしたちが「ケアリング」という言葉を用いるとき、言及しているようなケアすること（caring-for）［世話をしたり、面倒を見ること］とは別である。〔…〕一方の意味で、「ケアリング」はひとつの活動を意味するが、他方で、それはケアリングの可能性に対する言葉だけの関与をあらわしている（Noddings 1984＝1997：29）。

ノディングスに言わせるならば、真の意味でケアを実行しようとするときに、その射程は限定的だということになる。一般的、あるいは普遍的に自他関係が相互的・互恵的なのではない。また、オノラ・オニールは次のように指摘している。「受け手が特定されていないケアと気遣いを他者に示す責務があるかもしれないが、その責務は何人かの他者に何らかの適切な形態のケアと気遣いを示すことで果たされることになるだろう。そのような責務は、すべての可能なケアと気遣いをすべての他者に提供する事柄ではありえない。それは不可能である。ケアと気遣いは不可避的に選抜的なのだ」（O'Neill 2000＝2016：138）。

では、限定的な関係において自他関係が相互的・互恵的になる（とされる）からこそ「愛の労働」としてのケアが実現するということになるだろうか。キテイは、ケアする者には「自己を通じて他者のニーズに気づき、自分自身のニーズを読み取ろうとするときに、まずは、他者のニーズを考えてしまうような自己」としての「透明な自己」が求められてきたことを指摘している（Kittay 1999＝2010：126）。ともすれば、ケアする者は自らを犠牲にして、ケアされる者のニーズに応えているようにみえる。しかし、そう単純な構造ではない。フェミニストたちはこうした自己について、「自我の境界の透過性は、世話をする責任のみならず、深い友情、親密な関係、自然界との搾取的でない関係などを深め、女性に顕著な認識の仕方であり、かつ、内在的に価値のある道徳的意思決定を促す」と評価してきた（ibid.：127）。つまり、たんに自己を犠牲にして他者のケアを優先する自他関係（自己利益＜他者利益）が成立しているわけではない。ここでの自他関係は、少なくとも依存労働者については、内的な自他関係における他者のうちに自己（の価値）を見出しているという意味で相互的・互恵的であると言えるだろう。ただし、内的な相互的・互恵的な関係を維持するにあたって、依存労働者が負うコストと依存者が負うコスト（あるいは「お返し」）とが現実において釣り合っているかどうかはレベルの異なる問題である。だからこそ、「依存労働という責務を果たすために依存労働者が支払った『コスト』を払い戻すという義務は、依存関係そのものの外側にいる人々が担わざるをえない」ということになる（ibid.: 132）。それゆえに外側から全体のバランスを整える必要が生じ、「ドゥーリア」モデルはこれに応答しているのである。

整理しておこう。ノディングスやオニール、そしてキテイが論じるように、たしかに「愛の労働」としてのケアは家族などの限定的な関係を前提しており、その関係性において自他関係が相互的・互恵的になる。そして、現実レベルでの「不均衡」を外側からフォローアップする仕組みとして「ドゥーリア」が機能している。依存労働者と依存者の単純な二者関係として認識するだけではなく、「すべての依存労働は、〔…〕ケアされる当人たちによってではなく、依存関係が埋め込まれているより大きな社会集団によって、報われて当然の社会的貢献として認識されなければならない」（ibid.: 306）のである。けだし「ドゥーリア」はあくまでも依存労働者へのケアの仕組みであることに注意しなければならないだろう。その仕組みの前提には、家族間でのケアが相互的・互恵的な自他関係によって成立する「愛の労働」であることが自明視されている。(5) そして、だからこそケアを担うものとしての家族をケアする「ドゥーラ」や職業としての依存労働者の存在が必要であり、それゆえにかれらへのケアも、という段階的あるいは属性依存的な支援を実現するための入れ子構造である「ドゥーリア」の意義が際立つ、という理論構造である。そうであるならば、やはり承認され尊重されるべき家族（の存在）が第一に前提されているからこそ、そこでのケア関係を外側からフォローアップしよう、という理論構造が立ち現れてくるのである。

ここで、なぜケアは家族の務めなのかという問いに立ち戻るならば、「家族だからこそ自他関係が相互的・互恵的になり得るから」となるだろうか。ケア倫理が前提する家族は、「ケアを媒介とする感情共同体」であるとも言われる（中根 二〇〇六：一四七）。『ケアへ向かう力』は、愛情や罪悪感から発生したケア動機のことであり、社会との相互作用や子どもとの身体的関わりと共に親自身に内面化され、それが親自身のアイデンティティと結びつくことにより強化される。他者を通じての自己実現は、親密な関係性に特有のもの」なのだという（同前：一四七）。つまり、他者を通じての自己実現、すなわち、自他が同列な関係にあって自己実現が達成されるためには、親密な関係がまず成立していなければならない。それゆえに、家族が基本形とされているのである。しかし、自他関係が同列であるのに、外側からフォローアップすることは十全な対応だと言い切れるだろうか――もちろん「ドゥーリア」の有効性はここまでに一定程度確認してきたうえで、である。藤崎宏子は「家族の『支援』を強調することは、意図すると否とにかかわらず、これらのケア機能が本来的には家族の役割であることを再認識させる効果を持っている」（藤崎 二〇〇〇：一八五）と指摘している。つまり、結果としてケアを家族内に閉ざすことにつながりかねないのである。繰り返すようではあるが、「ドゥーリア」の理論的前提には依存労働が適切に行われ、承認・尊重されている家族の存在が軸になっている。相互的・互恵的な自他関係の成立する家族の範囲を拡大したとして、「あるべき家族像」が措定されていることには変わりなく、家族はケアを担い続けなければならないのである。この意味でやはり「関係性の倫理」としてのケア倫理は、あるべき家族像を前提とした「家族倫理」だと言い得る。

おわりに――「家族倫理」のゆくえ

以上、ケア倫理の議論を概観したうえで家族の位置や自他関係を手掛かりに批判的検討を加えた。ケア倫理の理論構造は一定程度確認できたものの、「家族倫理」として捉え返してみるならば、なお掘り下げるべき部分が多い。本章では、「ドゥーリア」モデルがケアを担うべき家族において相互的・互恵的な自他関係が構築されているという前提によって成立していることを指摘した。そうであるならば、キテイらが試みるケア倫理による正義論の克服、ないしアップデートは頓挫していることになる。むしろ議論は逆行するだろう。藤野寛は次のように主張している。「愛に基づく関係の場、として家族を捉えることは、平等や自由のような普遍的理念一本槍で取り仕切るのではない余地を、家族に認めることである。公共性には尽くされない私秘性を家族という場に尊重することだ、と言ってもよい。それは、ある意味で家族に治外法権を認めることに等しい」（藤野 二〇〇〇：一一七）。

一筋縄にはいかないのである。「あるべき家族像」と、「おひとりさま」の不在に関する気味の悪さについて一点だけ言及しておきたい。端的にいえば、「プロセスガイドライン」にせよ、キテイの議論にせよ、良好な関係のうえに成り立つお互いに想い合い助け合う円満な家族に「あるべき家族像」をみているということである。繰り返すが、そう一筋縄にはいかないのである。もちろん、それ自体を否定するつもりはないが、「あるべきでない家族」にこそケアのまなざしを向ける必要があるのではないか。児童虐待、高齢者虐待、介護殺人、ドメスティックバイオレンス、と、例を挙げればきりがないほどに「あるべきでない家族」は存在している。落合恵美子によれば、「低年齢児の多くが社会的保育を受けずに家族に任されていることが、養育者のニーズを放置し、虐待リスクを高めることにつながっているようだ」（落合 二〇二一：二八）といい、「あるべきでない家族」へのケアの必要性が確認できる。「おひとりさま」にも目を向けるべきであろう。克服すべき伝統的家族・近代家族のオルタナティブとして「親密圏」の議論が活発化している。野辺陽子は、「シングルで生活している人、結婚はせずにパートナーと生活している人、同性のパートナーがいる人、パートナーが複数いる人、パートナーはいないが子育てしている人、パートナーの子どもと生活している人、第三者が関わる生殖補助医療を用いて子どもをもった人、養子や里子を育てている人など、近代家族には収まりきらないライフスタイルで生きている人」（野辺 二〇二一：八九）を例示して「親密圏」を論じている。（この枠組みにシングルで生活している人としての「おひとりさま」

が組み込まれているのもおかしな話ではあるが、）たしかに「おひとりさま」は存在しているはずなのに、「家族倫理」に照らすとたちまちその存在が虚ろになる。というよりも、「おひとりさま」ではなくなるのである。どういうことか。「プロセスガイドライン」において家族等の範囲が広げられたことはすでに言及したが、これによって「おひとりさま」にも家族等とみなされる者が登場し得ることになる。このことで「家族倫理」の射程に含まれることになるだろう。この意味で、「おひとりさま」は存在しない(6)。

理論レベルとしての「家族倫理」でも、あるいは「脱家族論」でも、政策レベルや臨床レベルの議論にすっきり落とし込むこと・応用していくことはいまのままでは困難なのである。本章で検討したキテイだけでなく、これまでにもケア倫理と正義論との相互補完的な接近は幾度となく試みられてきた。たとえば、品川哲彦は「ケアの倫理のなかに正義という規範をくみいれたり、正義の倫理のなかにケアという規範をくみいれたりすることは、ある程度は可能である」（品川 二〇〇七：一六三）と論じているが、結局のところキテイの議論や従来のケア倫理の議論の域を完全に超えているわけではない。まだ足りないのである。われわれにはいま、たんなる「家族倫理」でも関係性を重視して拡張したケア倫理でも、さらには状況依存的な議論のいずれでもない仕方で、ケア倫理を批判的に乗り越えることが求められているのである。

［付記］本稿は上廣倫理財団令和二年度研究助成ならびにJSPS科研費21K00007の助成を受けて行われた研究の一部である。

注

1 ギリガンによる女性の発達段階論についてはGilligan（1982＝1986：123-130）を参照されたい。

2 Kittay（1999＝2010：313）。なお、キテイが自身の立場と近いと評しているジェンダー法学者のマーサ・アルバートソン・ファインマンもまた、ケア関係を外部からフォローアップするために家族概念の見直しを提言している。「私たちは〝家族〟というと、親密な関係の周りにプライバシーという線が引かれたように感じる。〔…〕境界線は歴史的には伝統的な結婚でつくられる家族〈婚姻家族〉の周りに引かれてきたが、ケアの担い手と依存者という単位の周りにこそ引かれるべきである」（Fineman 2004＝2009：284）。つまり、家族の単位を再編し、そこで行われるケアについて、いかにして社会政策的に支援していくかを別の仕方で実現しようとの試みである。しかしやはりキテイと同様に、ケアする／される関係が家族の中で成立するという前提を維持し、結局のところ家族はケアする役割としてなお位置し続けていることには留意が必要である。

3　理想の家族像を拡張することとは、一見すると家族の多様性が認められることであるかのようにもみえるが、そうかんたんな話でもない。いわゆる「家族の多様化」の議論について久保田裕之は、「ずっと多様でありうる人々の関係を『家族』の中に切り縮めることは、家族と呼べる範囲でしか多様性を認めないという意味で『家族の多様化』ならぬ〈多様性の家族化〉とでもいうべきものだろう」（久保田 二〇〇九：八六）と批判している。

4　岩下（二〇〇一）や上野（二〇〇七）などに代表されるように「おひとりさま」については各論者によってその定義や用いられ方が異なる。本章における「おひとりさま」は本文中に示した意味に留めて使用する。

5　上野千鶴子の「ケア責任」の議論も「入れ子構造」に親和的である。「ケアマネージャーを最大限活用し、サービスをほぼ一〇〇パーセント、アウトソーシングすることが可能でも、主たる家族介護者から最後までなくならないのが、このケア責任である。［…］肉体的な負担を軽減することはできても、この責任を第三者に移転することはむずかしい。家族関係のなかでこのケア責任は、代替不可能な個別的な人間関係にもとづいている」（上野 二〇一一：一五五）。たしかに、キテイの論にみられるように、「代替不可能な人間関係」における自他関係は相互的・互恵的になり得る。しかし、それはやはり依存労働が適切に行われ、承認・尊重されるような「あるべき家族像」が前提されていることになる。

6　最後まで「つながっていない者」としての「おひとりさま」であり続けることは難しいようである。とりわけ本人から意思決定を引き出せない（意思疎通が取れない場合を含む）ときには兎にも角にも、手掛かりを持つ者としての家族等を探すことになる。そこで本当に誰も探し当てられないとなってはじめて「家族倫理」の埒外に出ることになるだろう。

参考文献

Fineman, M. A., 2004, *The Autonomy Myth : A Theory of Dependency*, The New Press（穐田信子・速水葉子訳、二〇〇九『ケアの絆――自律神話を超えて――』岩波書店）.

藤崎宏子、二〇〇〇「現代家族と『家族支援』の論理」『ソーシャルワーク研究』二六巻三号、一八〇―一八六頁。

藤野寛、二〇〇〇「家族と所有」大庭健・鷲田清一編『所有のエチカ』ナカニシヤ出版、一〇三―一二三頁。

Gilligan, C., 1982, *In a Different Voice : Psychological Theory and Women's Development*, Harvard University Press（岩男寿美子監訳、一九八六『もうひとつの声――男女の道徳観のちがいと女性のアイデンティティ――』川島書店）.
平尾真智子、二〇一〇「ケア」酒井明夫・中里巧・藤尾均ほか編『新版増補 生命倫理事典』太陽出版。
Hoagland, S., 1988, *Lesbian Ethics : Toward New Value*, Institute of Lesbian Studies.
岩下久美子、二〇〇一『おひとりさま』中央公論新社。
河見誠、二〇一六「ケアの重層構造と法――介護保険とホスピスから考える――」『法哲学年報二〇一六 ケアの法 ケアからの法』有斐閣、八三―九七頁。
Kittay, E. F., 1999, *Love's Labor : Essays on Women, Equality, and Dependency*, Routledge（岡野八代・牟田和恵監訳、二〇一〇『愛の労働あるいは依存とケアの正義論』白澤社）.
厚生労働省、二〇一八a「人生の最終段階における医療・ケアの決定プロセスに関するガイドライン」（二〇二一年一二月三一日取得、https://www.mhlw.go.jp/file/06-Seisakujouhou-10800000-Iseikyoku/0000197721.pdf）。
――――二〇一八b「人生の最終段階における医療・ケアの決定プロセスに関するガイドライン 解説編」（二〇二一年一二月三一日取得、https://www.mhlw.go.jp/file/04-Houdouhappyou-10802000-Iseikyoku-Shidouka/0000197702.pdf）。
久保田裕之、二〇〇九「『家族の多様化』論再考――家族概念の分節化を通じて――」『家族社会学研究』二一巻一号、七八―九〇頁。
Mackenzie, C. and Stoljar, N., 2000, "Introduction : Autonomy Refigured," in Mackenzie, C. and Stoljar, N. (eds.), *Relational Autonomy : Feminist Perspectives on Autonomy, Agency and the Social Self*, Oxford University Press, pp. 3-31.
McLeod, C. and Sherwin, S., 2000, "Relational Autonomy, Self-Trust, and Health Care for Patients Who Are Oppressed," Mackenzie, C. and Stoljar, N. (eds.), *Relational Autonomy : Feminist Perspectives on Autonomy, Agency and the Social Self*, Oxford University Press, pp. 259-279.
中根成寿、二〇〇六『知的障害者家族の臨床社会学――社会と家族でケアを分有するために――』明石書店。
野辺陽子、二〇二一「親密圏――親密圏からの子どもの退出とケアの保障を考える――」落合恵美子編『どうする日本の家族政策』ミネルヴァ書房、八六―一〇〇頁。
Noddings, N., 1984, *Caring : A Feminine Approach to Ethics and Moral Education*, University of California Press（立山善康・清水重樹・新茂之ほか訳、一九九七『ケアリング――倫理と道徳の教育 女性の観点から――』晃洋書房）.
落合恵美子、二〇二一「子育て支援――社会が共同して負担すべきものは何か――」落合恵美子編『どうする日本の家族政策』ミネルヴァ書房、二一―三八頁。
O'Neil, O., 2000, *Bounds of Justice*, Cambridge University Press.（神島裕子訳、二〇一六『正義の境界』みすず書房）.

品川哲彦、二〇〇七『正義と境を接するもの――責任という原理とケアの倫理――』ナカニシヤ出版。

上野千鶴子、二〇〇七『おひとりさまの老後』法研。

――二〇一一『ケアの社会学――当事者主権の福祉社会へ――』太田出版。

第4章

「私の親は毒親です」

――アダルトチルドレンの回復論の外側を生きる当事者を肯定する(1)

高倉久有・小西真理子

はじめに　毒親概念による救済――ミナさんのライフヒストリー

本章は、現在の自分の生きづらさが、親との関係に起因すると認めた人を意味する「アダルトチルドレン（以下、AC）概念」と、子どもにとって有毒な親を意味する「毒親概念」とを比較することで、近年その語の使用自体が批判されがちな毒親概念が一部の当事者にとってかけがえのないものであることを明らかにするものである。そのためにまず、毒親概念によって救われた二〇代女性・ミナさん（仮名）のライフヒストリーを紹介する。(2)

（日本にとって）外国籍のミナさんの家族は、病院を経営する父親と、専業主婦の母親、そして二つ下の弟の四人である。両親はよく喧嘩する二人だった。大声での罵声や、父親から母親への激しい暴力。時折皿が割れる音が聞こえた。ミナさんは、隣の部屋で弟と二人で布団にくるまり、震えながらただ時が経つのを待ったものだった。ミナさんが三、四歳のころには父親は彼女にも暴力を振るうようになっていた。目に見えるところにあざができたときは、母親がファンデーションをぬってあざを隠した。

ミナさんの母親は、大学院に進学したかったし、さらに会社員として働きたかった。しかし、大学生のときにミナさんの父親と出会い、意図せず妊娠。大学院進学をあきらめて専業主婦として家庭に入った。そのためミナさんは母親に、「あなたが生まれなかったら、私は大学院にも行けたし、働けた」、「あなたのせいで私は今家庭に縛りつけられている」、「あなたは私から夢を奪った」と小学生の頃から言われ続けた。そんな母親は、夫の不倫や、親戚や友人への愚痴の相談相手として、しばしばミナさんを利用した。ミナさんにとってショックな話もあったが、傷ついて泣いている母親を心から可哀想だと感じていた。ミナさんは幼少期から母親に「お前はおかしい」と言われ続けていたので、自然とその言葉を内面化していった。ある時、彼女は母親に反抗的な態度を取った。すると母親は習いごとや学校の先生に相談した。先生たちは母親の言い分をすべて信じ、ミナさんに「あんな優しい母親に反抗的な態度をとるなんて、お前は本当に頭がおかしい。お前はこんなにも恵まれているのに」と言った。

ミナさんは地元の中学校に進学した。中学時代は常に学年一位をキープしたが、両親は褒めてくれることはなく、「一〇〇点以外意味がない」と言った。ミナさんは満点に固執するようになり、試験直前は数日徹夜して勉強した。一度だけ、全教科で満点を取ったことがあったが、「一回取れたくらいでいい気になるな」と言われた。いくら勉強しても褒められることのなかったミナさんと違って、弟は常に褒められていた。弟の成績はお世辞にもいいとは言えなかったが、父親は弟に対して「お前には才能がある。ちょっと努力すればお姉ちゃんよりいい成績は簡単に取れる」とミナさんの前でも日常的に言った。

ミナさんは自国内で最難関の高校に進学し、父親に強制された進路である医学部を目指して勉強していたが、高校三年生の春に急遽理系から文系に転身した。幼少期からレールにのせられ続けた人生に嫌気がさしたからである。志望学部も医学部から文学部に変更した。学校の合格実績に影響するため、それまで優しかった先生たちが急に冷たくなった。彼女は気にしないふりをしていたが、心の中では深く傷ついていたし、誰も信用できなくなった。文系への転身は、両親には内緒で行った。事後報告をすると、案の定ミナさんは折檻を受けた。それでもミナさんは決して折れなかった。それからというもの、進路を巡って幾度となく父親から折檻を受けた。

ミナさんは父親にその国でもっとも偏差値の高い大学の文学部に進むことを宣言し、一応は認めてもらう。それ以降は必死に努力した。しかし、その頃から身体が異常をきたしはじめた。夏に近づいて気温が上がっても、身体が寒いのだ。常に震えが止まらなくなり、真夏に冬用のダウンジャケットを着た。周りは「頭がおかしい」と馬鹿にするだけで、誰も彼女に病院を勧めてはくれなかった。それでも八月の模試では、全教科の総合点で念願だった全国一位を獲得した。これでやっと父親に認めてもらえると思ったミナさんは、急いで父親に模試結果を報告した。しかし父親はそれを見て、「はーすごいよ、すごい。これでいいだろ? 満足か?」と吐き捨てるように言った。優越感はなく、ただただ悲しかった。受験当日のその日まで、いよいよ勉強が手につかなくなった。そもそも合格することへのモチベーションもなかった。受験は失敗だった。

ミナさんは全寮制の予備校に無理やり入学させられ、朝から晩まで勉強する日々がはじまった。親と離れたこともあり、再度ミナさんは進路について考えるようになった。そして、日本への留学を決意する。アニメが大好きだったこともあり日本への憧れも強く、何よりこのままこの国にいたら最終的に自殺することになるだろうと本気で考えた。文字通り命をかけた挑戦だった。両親に反対されることは明らかだったので、ミナさんは手紙を書いた。「日本の留学試験を受けます。必ず一年以内に受かり、政府の奨学金も貰います。なので、予備校の代金だけは払ってください。もし上記の条件を認めてくれないのならば、あなた方の想像しうる最も悲惨な方法で自殺します」。ミナさんの言葉が脅しではないことを直感したのだろう。二つの条件のもと、両親はミナさんの挑戦を認めた。

一年で政府の奨学金を付与される留学生試験に合格することは困難を極めた。日本留学専門の予備校に通ったが、まわりにいるのは中学生から通うような子ばかりで、一年で受かろうとするような人はいなかった。そのため、生徒はもちろん、先生からも嘲笑の的だった。それでも、ミナさんは自身の命がかかっているため必死で勉強した。試験までの六カ月の間で、日本語を一から習う。それと同時に、小論文や、英語、数学の対策もする。あまりのストレスから、夜は毎日居酒屋で酒を飲んで、アルコール中毒のような状態だった。そして、奨学金をもらえる資格を得ることができ、日本の大学にも無事合格した。予備校の先生たちは過去に例のない快挙だと大いに喜んだ。しかし、彼らはつい一年前までミナさんを馬鹿にしていたのであり、ミナさんはまた人を信じられなくなった。

これまでの嫌なことを忘れ去るかのように、自国を離れ、来日する。ミナさんはそれまで日本というのは天国で、日本に行きさえすればすべてうまくいくと思っていた。しかし、日本での生活は思ったよりも楽しいものではなかった。誰一人知り合いのいない海外で、一人生活するのは孤独なことである。それでもミナさんはサークルなどに熱心に参加し、数人の友人ができた。

大学二年生の終わり頃、ミナさんはネットでACという言葉を知った。親元を離れていろいろな人と交流するうちに、大半の親はミナさんが受けてきたような身体的暴力も精神的な暴力も振るわないことを知り、親子関係の問題に興味をもつようになった。ミナさんは、ACの本を購入し、ACの心的特徴について読んだ。自分に当てはまっているような気もするし、いない気もする。当てはまっているか判断するためには自分を掘り下げないといけないと思ったけれど、ミナさんはそれを避けた。それに次いでミナさんは、毒親という言葉もネットで知ることになる。そして、友人の「あなたの親って普通じゃないよ、毒親じゃない?」という単純な言葉がきっかけとなり、自分の親が毒親ではないかと疑うようになった。ミナさんは、毒親の書籍を購入したが、そこに書かれた九つの親の特徴が、すべて自分の親に当てはまるものだった。それでも、自分の親が毒親であるのか、それともただ自分がおかしいだけなのか、どちらなのか分からずに両者の気持ちを行ったり来たりしていた。

大学三年生の夏休み頃からストレスフルな出来事が重なることで、精神的に不安定になりはじめた。その過程でミナさんは、自身の幼少期のトラウマを少しずつ思い出していった。両親からの折檻や精神的虐待を、ミナさんは驚くほど忘れており、思い出すたびに激しい精神的苦痛を感じた。幼少期のトラウマを再現するような悪夢を毎日見るようになり、その恐怖感から夜眠ることが怖くなった。その頃から毒親について再度ネットで検索するようになり、当事者のブログや体験談を集めたサイトなどを読みあさった。そのとき、ミナさんは強い衝撃を受けた。そこには親と絶縁した人の話や、親に対して「死んでほしい」と書き込んでいる人がたくさんいたのだ。「親をここまでストレートに責めている人がいるんだ、絶縁している人がこんなにもいるんだ」とミナさんにとっては目から鱗だった。自分の親は少なくとも自分にとっては毒親であるのではないかと思うようにもなった。それからというもの、さらに精神的に不安定になり、冬には心療内科でうつ病と診断され、通院するようになった。

自分の親を毒親だと確信したのはその年の年度末だった。数年ぶりに帰省したミナさんに、親は虐待的な行為をした。同様の行為を弟もされていた。それまでミナさんは自分の両親に、理想的な「愛情にあふれる両親」像を重ね合わせていた。ミナさんは両親に「ありのままの自分」を理解してほしいとどうしても願ってしまうし、ミナさんのやりたいことを尊重してほしいと思っていた。しかし、両親は自分たちが見たい「ミナさん」や、自分自身に都合のよい「ミナさん」しか見ていないと気がついた。そう認識して以降、さらにうつ症状が激しくなり、次第に大学に通えなくなった。一年間の休学生活がはじまった。その間、「親は私に酷いことをした毒親である」と思う一方で、「親を責めるな」といった考えが頭を占め、自罰的な感情に苦しめられ続けた。

大学に通えなくなっているあいだ、ミナさんは外にはほとんど出ず、ずっと家のなかで悩み続けていた。約九カ月間悩んだ結果、もはやミナさんは限界に達した。もう全部がどうでもよくなって、諦めに近い感情になった。こうしてミナさんは、「ありのままの自分」を受け入れてくれる愛情にあふれる両親という理想の両親像の喪失を受け入れられるようになった。その際には、毒親という言葉が強い支えとなり、親を責める自分を少し肯定できた。

ミナさんは翌年から復学した。心療内科でうつ病の薬は引きつづき処方してもらっている。憂鬱な症状はなくならないし、ときに強く落ち込むこともあるが、それでも何とか大学生活をこなせるようになった。両親の悪夢は時々見るし、時折トラウマのことを思い出して、強い精神的苦痛を感じることもある。「親を責めてはならない」という思いに駆られ、自罰的な感情に苦しめられることもある。しかし、彼女は自分の親が毒親であると、はっきりと断言している。そのことが彼女の支えであり、そのことに気がついてからは少しだけ心の痛みが除去された感覚がしている。

一方で、ミナさんは自分がACであるとは認めていない。理由のひとつがこれ以上トラウマを思い出したくないからだ。今は蓋をして忘れてしまっているが、もっと酷い虐待の記憶が存在していることを彼女は確信している。両親と会うと、どうしても昔のことを思い出してしまうし、また両親に強い怒りの気持ちをぶつけてしまうので、できるだけ会わないようにしている。彼女は、当分はこのままACというラベリングを拒否し続けていこうと考えている。一年間の休学を経て、ようやく得ることができた心の平穏を壊したくない。たとえこの平穏が一時的なものであったとしてもである。彼女は、毒親という言葉を支えに、できるだけ両親との接触を避け、両親や過去のトラウマを極力思い出さないように生活している。

1　AC概念の特徴

1-1　AC概念における「子ども」への着目とトラウマからの回復の推奨

AC概念の起源は、一九六〇年代末のアメリカにて使用されたアルコホリックの子どもを意味する“Children

of Alcoholics”という言葉であり、その後、大人になったアルコホリックの子どもを意味する“Adult Children of Alcoholics”という言葉が定着した。概念成立以後、アルコホリックの子どもだけでなく、機能不全家族で子ども時代を送った大人もＡＣ（Adult Children of Dysfunctional Family）と呼ばれるようになった。機能不全家族には、家族の問題を人に話してはいけないなどの強固なルールがあると論じられ、問題を強いられながらも誰にも相談できず、自分を責めながら孤立してしまうＡＣの姿が描かれてきた（Black 1999: 16）。その結果ＡＣは、正しいと思われることに疑いを持つ、ひとつのことをやり抜くことができない、本音を言えるようなときに嘘をつく、情け容赦なく自分を批判する、他人と親密な関係を持てない、常に承認と賞賛を求めているなど、独特の生きづらさを抱えることになると指摘されてきた（Woititz 1983）。このようなＡＣ特有の心的特徴があることは、多くの専門家が論じてきたところであり、ＡＣについての著書には多くの場合これに類する特徴が紹介されている。

　ＡＣが生存戦略として家族のなかで特徴的な役割を担うことを提示する「役割理論」も、ＡＣ関連の著書で頻繁に紹介されるものである。代表的な役割として、勉強やスポーツなどで好成績をあげることで家族をよく見えるようにする「ヒーロー」、非行などにより家族の問題を一身に背負う「スケープゴート」、存在しないことで心のバランスを保つ「ロストチャイルド」、家族を楽しませることで家族の葛藤を減少させる「ピエロ」、家族の仲介役や、悲しんでいる家族のカウンセリングを引き受ける「プラケイター」、家族の世話を引き受け、異性の親との（情緒的）近親姦を招きやすい「イネイブラー」があげられる（小西 二〇一七：一六九―一七二）。このようにＡＣ論では「ＡＣの親」ではなく、「ＡＣ自身（子ども）」に焦点が当てられることで、ＡＣの生存戦略やＡＣが抱えることになるトラウマ的症状としての心的特徴が注目されている。

　また、日本でＡＣ概念を広めた精神科医の斎藤学は、ＡＣとは「親との関係で何らかのトラウマを負ったと考えている成人」（斎藤 一九九六：八一）と定義している。このことから推察可能であるが、ＡＣの自助本やその概念には、トラウマ論の影響が随所に見られ、ＡＣ論ではそのトラウマからの回復のあり方が示されている。斎藤は

ＡＣの回復のプロセスを、①ＡＣの自覚の確保とそれに引き続く安全な場所の確保、②嘆きの仕事、③人間関係の再構築という三段階に分類している（同前：一五八）。第一段階で重要なことは、自身がＡＣであると認めることである。しかし、多くの人にはここで強い抵抗が生じる。このようなＡＣというラベルへの抵抗は「否認」と呼ばれ、このラベルの受容が求められる段階は「否認を解きほぐす」段階であるとされる。第二段階では、幼少期における人間関係の喪失や、健全な子ども時代の喪失、愛着していたものへの喪失に対する「嘆きの仕事（グリーフワーク）」が行われる。幼少期に喪失した自己は、インナーチャイルドや真の自己とも言われ、これらが外傷を受けてゆがんでしまった結果、自己は「偽りの自己」になってしまう。第三段階では、インナーチャイルドを癒やすことでインナーアダルトを育て、ひいては自らが自分自身の親となるような再養育が行われる。ＡＣは幼少期に両親から大切にされた記憶を内面に取り込んでいないため、このインナーアダルトを自ら育てる必要があると考えられている[3]。

ＡＣの回復のプロセスは、論者によって多少の差はあるが概ね共通している（Whitfield 1987; Zupanic 1994; Black 1999）。このようなプロセスを経て、ＡＣは現在の痛みやトラウマから自由になり、真の自己を取り戻すことができる。そのプロセスから離脱したり、そもそもこのような回復法と接点がなかったりすることは、結果として、回復の各段階で生じる痛み以上の苦痛を当事者に与えることになると主張される傾向がある[4]。さらに、ＡＣであると認めないことが「否認の病」であるという論理や、ＡＣから回復しなければ世代間連鎖が生じ、自分の子どももＡＣになってしまうという見解は、ＡＣたちに半ば脅迫的に回復論の実践を駆り立てることになる。

1-2　自らをＡＣとラベリングすることの困難性

ＡＣの回復論では、自らがＡＣであると認めることから回復がはじまるとされているが、そこには耐えがたい痛みや否認が生じる。それは、自らをＡＣと認めるためには、以下の四つの条件を受け入れなければならないからである。

第一条件は、「理想的な親の喪失」の受け入れである。「〔自身がACであることに対する〕否認を解きほぐすことは、同時に子ども時代や理想的な親の喪失を意味する」（緒方 一九九六：一七〇）。そのとき、親から「あなたのためよ」や「あなたを愛しているから」という何度も聞かされたメッセージが、決して文字通りの意味ではない可能性があることを知る。このことは非常に受け入れがたい。その理由のひとつはACが幼少期から「あなたのため」といった言葉を聞かされ続けた結果、その言葉を内面化しているからである。また、そもそも親に愛されていないこと（そこまで言えないとしても親の愛に限界があった）という事実は非常に残酷なものである。理想的でない親だったとしても、親に愛されたと実感できる些細な日常の体験（例えば、リンゴを切ってくれたり、遊びに連れて行ってくれたりしたこと）を否定することはできない。ACは親が自分を愛してくれたという事実と、その愛に限界があったという事実とのあいだで揺れ動きながら、複雑な思いを抱えることになる。

第二条件は、「トラウマと向き合うこと」の受け入れである。過去のトラウマと向き合うことはそう簡単な話ではない。自己の身体の防衛機能として蓋をしている記憶を無理やり掘り起こすことは、多大なエネルギーを必要とする。トラウマと向き合う際には、病的症状が現れることが多い。ミナさんも、蓋をしていた過去の記憶を思い出したことをきっかけとしてうつ病が深刻化した。しかし、ACの回復論にはトラウマと向き合うことが組み込まれており、そのサポートをすることは当人のためになると考えられている。

第三条件は、「偽りの自己というスティグマ」の受け入れである。ACが病理化された際、ACの自己のあり方も病理化されてしまった。つまり、ACは役割理論に見られるような「偽りの自己」を生きていると考えられている。今の自分が真の自己ではないというスティグマを受け入れる際には、大きな疑問が生まれるだろう。「私は健全ではないのか？」「私は私ではなかったの？」「私は誰だったの？」これらの疑問に対して、ブラックは「あなたは、今までのあなたです。……役割に縛られなくなるということは、その役割が持っている強みにまで別れを告げることではありません。いいところはそのままにして、もっとバランスある生き方を学んでいけばいいのです」（Black 1999: 190-191）と回答している。しかし、このような回答も、「ＡＣ＝偽りの自己」であることを前提としているのである。

第四条件は、「『親のせいにすること』と『親のせいにしないこと』」の受け入れである。幼少期に過剰な責任を負わされた子どもは、「あなたは悪くない」、「あなたが責任を負うことではない」という免責性を渇望してきた。しかし、そのような免責性を得ることは容易なことではない。典型的な当事者は幼少期に、何か問題があるとしたらそれは「親のせいではなく、自分の責任である」というメッセージを刷り込まれているからである（信田二〇一九：三五）。また「ここまで育ててくれた親を非難するとは何事だ」、「自立した大人が自己正当化のために人のせいにしてはならない」といった社会における規範意識も、免責性の受け入れを困難にする。そのような状況下で、ＡＣ概念を受容することは「親のせいにすること」の受け入れを可能にする。ＡＣ概念には「ＡＣには責任がない」という力強いメッセージがあるのだ。一方、一般的なＡＣ論では親のせいにし続けることは推奨されていない。免責性が与えられるのは一時的なものであり、最終的には自己責任のもと回復しなければならない。このようにＡＣ概念には、「親のせいにしてもよい」という考えと、「親のせいにばかりしてはならない」という矛盾した考えが、奇妙な同居をはかっている。

これらの条件の受け入れの必要性は、ＡＣ概念が回復論と不可分であることから生じている。ＡＣ概念では、当事者が抱えるただその痛みをもって当事者たちを名づけることが不可能なのである。

2　毒親概念を肯定する

2-1　日本における毒親概念

毒親概念の由来は、スーザン・フォワードの *Toxic Parents*（1989）の邦訳『毒になる親』（一九九九）であると言われている。二〇〇〇年一月二〇日の『毎日新聞』朝刊にて『毒になる親』は、「『毒になる親』とはどのような親かを分析し、『子供だった時に大人からされたことに対し、あなたに責任はない』と『毒親』の呪縛から本来の自己を解き放つ方法を示した」（毎日新聞社 二〇〇〇）著書として紹介されている。信田によれば、二〇一二年ごろから毒親・毒母がブームになり、そのきっかけは、田房永子『母がしんどい』（二〇一二）と小川雅代『ポイズン・ママ――母・小川真由美との四〇年戦争――』（二〇一二）である（信田 二〇一七）。「子どもの人生を支配するように関わる親を扱った書籍や映画が話題とな」り、「『毒親』あるいは『毒母』と呼ばれる人たち」について「子ども側が体験をつづった書籍の発売が続」いていることも『朝日新聞』で報道された（毎日新聞社 二〇一四）。この『毎日新聞』の記事では、ルーマニア映画の『私の、息子』や、当事者の田房永子、小川真由美、小島慶子、そして、専門家の信田さよ子らの著作が紹介されている。特筆すべきことは、日本における毒親概念のブームの火付け役・担い手は主に、カウンセラーや精神科医といった専門家ではなく、当事者だったということである。

日本における毒親概念の意味を確認するにあたって、まずはフォワードの『毒になる親』における記述を確認したい。

> この世に完全な親などというものは存在しない。どんな親にも欠陥があり、だれでも時にはそれをさらけ出すことはあるものだ。……ところが世の中には、子どもに対するネガティブな行動パターンが執拗に継続し、

それが子どもの人生を支配するようになってしまう親がたくさんいる。……さまざまなパターンはあるにせよ、そういうたぐいの親を一言で表現するのにぴったりな言葉はないものかと考えるたびに、頭をよぎったのは、「有毒な」とか「毒になる」（筆者注：いずれも原文はtoxic）という言葉だった（Forward 1989: 9-10）。

フォワードの著書からは、明らかなAC概念の影響が読み取れる。フォワードは「大人としてのあなたの責任とは、現在自分が抱えている問題に対していますぐ建設的な対策を講じ、問題を解決する努力をすること」（ibid.: 19）だと述べており、ACの回復論と言えるものの受容を促してもいる。

一方で、日本において毒親概念の普及に貢献した漫画家の田房の毒親概念は、フォワードを起点にしながらも別の道へと進んでいく（田房 二〇一二、二〇一四、二〇一五、二〇一八）。漫画や対談などにおいて田房は、「あなたが両親との関係をしんどいと感じているならば、あなたの両親は毒親である」という意味でその語を用いている。

お母さんと毎日電話しているような人も、私から見ると、それがその人の人生に大きく影響していると思うけれど、その人に対して「あなたのお母さん、毒母ですよ」なんて言うための言葉じゃないと思っているんです。自覚していない人は別に放っておいていい。そういう人が自発的に苦しいなと思ったときに、便利な言葉なだけです。それがテレビになると、お母さんに向かって、「あなたは毒母ですよ」とか、「毒母になってはいませんか」というふうになってしまうんですよね。私はそんなことをしても意味ないと思います（田房・斎藤 二〇一四：四二）。

このような「回復の道具としての言葉」という論理は、AC論でも見ることができる（斎藤 一九九六：八二）。しかし、ここで重要なことは、その名づけが「自己（子ども）」に対するものか、それとも「他者（親）」に対するものかという点で決定的な差異があるということである。AC論では「どのような子どもがACか」ということに焦点が当たっているが、それとは異なり、毒親論では「どのような親が毒親か」ということに焦点が当たっている。そのため毒親論では、当事者の生きづらさが具体化されることはあるが、それらがAC論のように類型化されない。

また、田房の毒親論においてはAC論のような確立された回復のための手法がない。田房の漫画では、田房自身が親から距離を取ろうとする試みや、いくつかのセラピーや専門家の講演、精神科に訪れる様子が描写されている。毒親論における当事者の回復は、主に個別具体的な体験と、その体験を通して得た当事者の「気づき」によって支えられており、どのような方法で回復するかは問われないし、どれだけ回復したかも重要な論点として浮かび上がってこない。田房自身、自分が完全に回復したと考えてはおらず、いまだに両親との距離感を測りかねている節がある。しかし、今まさに悩みながら格闘するその姿に、当事者たちは勇気をもらえるのである。

2-2 自らの親を毒親とラベリングすることの容易性

冒頭で紹介したミナさんは、自らをACとラベリングすることは拒否しているが、自身の親を毒親とラベリングすることは受け入れており、そのことがミナさんの生の支えになっている。ミナさんにとってAC概念よりも毒親概念の方が受け入れやすかった理由を明らかにするために、AC概念におけるラベリングの困難性の理由となる四つの条件を毒親概念に当てはめて検討する。

第一条件「理想的な親の喪失」は、毒親概念を受容する際も、自分の親が自分にとって有毒な親であるということを認めることで受け入れなければならない。第二条件「トラウマと向き合うこと」は、受け入れる必要がない。毒親論において幼少期のトラウマが語られることは少なくないが、その著作においてトラウマと向き合うことが必ずしも促されているわけではない。田房の漫画をはじめとする日本における毒親論では、「毒親」と名指された親が「どのような親」であるかということが重点的に描かれており、その際にその子どもが「どのような子ども」であるかは大して問題にならない。つまり、子どもがトラウマと向き合っているかどうかは、毒親のラベリングとまったく関係がない。もちろん、毒親論ではACの回復論を実践することも許容されている。毒親概念は、トラウマとのつき合い方を当事者に委ねることを可能にする。第三条件「偽りの自己というスティグマ」も受け入れる必要がない。毒親概念は、子どもの状況への言及を重視していないため、子ども自身が「偽りの自己」であるといった指摘を受け入れる必要を必ずしも促すものにはならない。第四条件「親のせいにし続けないこと」も受け入れる必要がない。毒親概念によっても、当事者は自分の生きづらさを「親のせいにすること」で免責性を獲得できる。そのうえ、毒親概念は一貫して子ども側の立場に立ち、「親を責めてはいけない」という社会一般の規範を批判し続けるものである。もちろん、それは「親のせいにし続けない」という選択を阻むものではない。

以上のように、毒親概念はAC概念と比較して、その概念をラベルとして付すときに受け入れるべき条件が圧倒的に少ない。自らの存在への罪責感などによって、時に生と死のあいだをさまようような苦しみを抱えている当事者が、最小限の負担をもって、彼らがもっとも渇望しているもののひとつである自己の存在に対する免責性を手にすることを可能にする力を、毒親概念はもっているのである。(5)

2-3　親を責め続ける子どもを肯定する

『日本一醜い親への手紙――そんな親なら捨てちゃえば?――』(二〇一七)には、幼少期に虐待を受けた子どもたちが親に向けて書いた(実際には親に送られない)手紙が一〇〇通掲載されている。その手紙の多くは、親からの被害を詳細に綴っており、性虐待や、暴力など、読むだけで気分が悪くなるようなものも多い。その手紙の内容を読めば、当事者らが非常に強い言葉で親を責める様子を見ることができる。

死ねば許されると思うなよ。死んでも許さないから（三四歳・女性、Create Media 二〇一七：四一）。

両親へ。できるなら、あなたたちを惨殺したい（五五歳・男性、同前：七〇）。

母が死んだだけで、どれだけ気持ちが楽か。空の青さが心に染み入ります。あなたも早く死んでください。私が殺してしまう前に（四九歳・女性、同前：七〇）。

これらの親への手紙には、非道徳的な言葉による親への罵りが見られ、人によっては不快感を覚えるかもしれない。中にはこの言葉だけを見て「親に対して攻撃的すぎる」と当事者らの発言を否定する人もいるだろう。しかしこれらの手紙の全文を、同じ立場に立って読むと、この強い表現の裏に幼少期の痛みや、現在も抱え続ける悲しみ、そして、本当は親に愛してほしかったという思いがひしひしと伝わってくる。

私の子ども時代は戻ってこない。私はあの頃のまま、ずっとさみしくて、かなしいんだよ。母さん！（三九歳・女性、同前：七四）

私は本物の愛を知らない人間に育ってしまっている。……ふつうの親の元に生まれたかったよ（三九歳・女性、同前：一一二）。

もういい年なのに、思い出すと、ときどき目の前が潤み、辛くなります（不明・女性、同前：一一三）。

そして、最後に親との訣別を宣言する手紙も多い。

絶対もう関わんないで。もう負けないから。何にもできなかった小学生の時と違って、負けない。あなたたちのどんな脅しにも暴力にも怯えないで生きていくから。絶対忘れないから。あの時の痛みも今の感情も。

まゆは、もう屈しない。自分を超えたい。まゆは今を生きているから。もっともっと強く生きるから（一六歳・女性、同前：九二）。

あなたたちが毎日笑って生きる今、私は長袖を着て、もう何千を超えてしまった自傷と共に笑ったふりをして、必死で生きていきます（二三歳・女性、同前：九六）。

『お母さん大好き』って言って抱きつきたかった。きっと一生叶わない願い。この手紙を書き終わる時がお別れ。あぁ、さみしい。でも、言わないといけない。じゃあね、お母さん（三一歳・ＦｔＸ、同前：一一三）。

もちろん、手紙を書いている全員が同じような人生を歩んできたわけではない。共通するようなストーリーを取り出すことはできない。しかし、どの手紙も単に親を責め立てるような単純なものではないのは明らかである。思い出すのも辛いトラウマを手紙という形で言葉にすることは生半可な思いではできない。そうやって書いた手紙が親に届くことはない。これからの自分の人生のために、自分の中での親との関係を消化するために、彼らは人生を賭して手紙を書いている。壮絶な痛みと苦しみを経て、なおも戦い続けるその人生の重みを考えると、表面的な言葉だけを見て「親に対して攻撃的すぎる」として一蹴することはできるはずもない。

こうした人たちのなかにはＡＣの回復論を実践している人たちもいる。しかし、回復への道のりを歩んでいるようには決して見えない人、すなわち、親を一方的に強い言葉で罵り続けているだけのように見える人もいる。こうした人たちは、一般的にＡＣの回復論では肯定されない。ミナさんは、今でも時折、親を責めることへの罪悪感に駆られたり、世間の「親を責めてはいけない」という支配的なメッセージによって自己否定的な気持ちになったりすることがある。そのときに毒親概念がもつ「親を責め続けること」への免責性は、彼女がかろうじて社会に抗いながら生きていくための指針となっている。

3 毒親概念批判への応答

3-1 斎藤による批判

ＡＣ概念の有用性を主張してきた斎藤は、毒親概念が多くの人を救っていることを認める一方で、毒親論を二つの観点から批判している。第一に、毒親論に独自の回復論（回復手法）がないことである。

毒親論のデメリットは「これからどうすればいいのか」が、おざなりにしか語られていないことである。テレビに終始出てくるような有名女優が書いた本の場合は、書き手の現状そのものが未来を語っているような錯覚を与えるが、読む側がそれを実行できるような普遍性がない。ＡＣ論のように専門家を排除して自助プログラム（具体的にはアノニマス・グループの一二ステップ）を徹底するという方法論もない（斎藤 二〇一八：二）。

第二に、斎藤は当事者が親を責め続けることに囚われることを批判している。斎藤は毒親論には「『この私のパーソナリティは変えようがない。だから我が人生の悲惨も変えようがない』という宿命論がある」（同前：一二）と指摘する。そして、本を書く理由を「親たちを罵るしかない気の毒な人びとに生き方を変えることは可能であることを知らせたかった」（同前：強調は筆者）と述べている。この批判点は、第一の批判点である毒親論に回復論がないことと関係しており、回復論がないゆえに、当事者に自己変容ないし回復が促されないことへの批判とも言える。

しかし、ここまで確認してきたように、斎藤の批判点こそが毒親概念のメリットであり、だからこそ毒親論はＡＣの回復論に適応できない人びとを救う。また、正確には、毒親論にはＡＣ論との連続性があり、その連続性においてＡＣの回復論と接合することもできるし、その連続性をあえて断つことで回復論と距離をとることもできる。毒親概念に内在するのは「ACの回復論を受け入れてもいいし、受け入れなくてもいい」という態度なのである。

3-2　信田による批判

信田は、『毒親』『毒母』という言葉を自分では使わない」と断言し、当事者がその語を使用することについても「親の加害性を毒という言葉を用いることで明るみにし、思いを投げつけるという意味以上のものはない」（信田 二〇二一a）と批判している。信田は、その理由として毒親概念に因果論的思考が内在していることをあげている。信田は九〇年代末から一貫して因果論的思考に対して批判的であり、「因果論に基づく犯人捜し、攻撃からは何も生まれ」（信田 一九九八：五五）ないと述べている。そして、それは信田がACを「現在の自分の生きづらさが、親との関係に起因すると認めた人」と定義していることに反映されている。「原因とすると結果があるわけで、結果を取り除くためには原因を直さなくてはならなくな」るので、「単純な因果関係におとしこまないためにも、あくまでも起因と考え」（信田 二〇二一b：五六）るべきということだ。

信田がこのように毒親概念を批判する背景には、信田の臨床心理士としての観点があると思われる。信田の運営するカウンセリングセンターでは、虐待された当事者だけでなく、その親にもカウンセリングを行う場合がしばしばある。その際に厄介なことは、親が自身の加害性をなかなか認めないことである。そのような状況を信田は、加害者が嘘をついているというよりも、「加害者は加害記憶を喪失する」（信田 二〇一七：一五七）と評している。そうであるならば、いくら当事者が「あなたは毒親だ」と親を糾弾したとしても、あるいは単に当時の気持ちを知ってほしい程度のことを訴えたとしても、その声は決して親には届かない。このような親子の記憶のすれ違いは頻繁に生じるため、信田は、親子両方のカウンセリングを行う際は、親と子でカウンセラーを分けるようにしている。カウンセラーがいくら中立的に両者の話を聞こうと思っていても、「どちらが正しいのだろうか」

という疑念が絶えなくなるからである。

虐待した親のカウンセリングで分かることは、その親も、自身の親に起因するトラウマを抱えていたり、配偶者との関係に悩まされていたりする「被害者」である場合が多いことである。重要なことは、ここで想定される「親」が多くの場合「母親」だと思われることである。

カウンセリングにおいても、因果論は有害になることがしばしばです。子どもに問題が生じると、周囲も夫も、そして子どもも「母親が悪い」と母親原因説の大合唱になりがちだからです。それが何を生み出すかと言えば、原因だとされた母親の傷つきや孤立感が「あなたが不登校にさえならなきゃよかったのに」とばかりに子どもに向かい、さらなる支配や締め付けにつながることです。まわりまわって子ども本人の状態を悪化させかねない事態になります（信田 二〇一九：二二）。

母親原因説がいかに神話的であり、有害かということは、これまでの精神医学史やフェミニズム、近代家族論が証明してきたことでもある。しかも、親を責めることは子どもへの締め付けへとつながるという。問題解決のためにも、母親への加害（の歴史）に抗うためにも、母親のケアは重要になってくる。

一方信田は、九〇年代より「親と縁を切る権利」を唱え、特に母娘問題において当事者が自分の人生を乗っ取るような支配的な母親から訣別するあり方を訴えてきた先駆者である（信田 一九九六、二〇〇八）。その信田が親へのケアについて言及したり、（たとえ因果論的であるとしても）毒親概念否定したりすることは、一見矛盾しているようにも思える。とりわけ近年の著作において、信田は明らかに母親に対して同情的だ。このような変化が生まれた転機は、信田の年齢が苦しむ娘たちの母親の年齢と重なるようになったことだという。「お母さんだって大変なんだ」という親擁護の言葉と一線を画してきたはずの信田ではあるが、「同世代の母親批判をしながら、いつのまにか『私は違う』的な客観的姿勢」を採っていないかと自問し、「『返す刀で自分を斬ることになる』という覚悟をしなければならない」（信田 二〇一七：一〇三）と述べる。この選択の根底には、一貫して母親批判があると読み取れる。それでも毒親概念の使用を避けるのは、毒親概念には、親を単純な原因と見なし、一方的に断罪するニュアンスがあるからだろう。「母娘関係にまつわる歴史、近代家族、ジェンダー、世代間の確執、息子と母といった膨大な問題系を、一気に単純化し『解毒』する」ような「毒母という名づけは、あくまで応急処置に過ぎないことを忘れてはならない」し、「あまりの単純化はむしろ危険ではないか」（同前：三九）ということである。

しかし、毒親概念が「応急処置」を超える積極的な意義があることはすでに確認した。さらに、毒親概念は確かに単純であるが、当事者の視点に立つならば、その単純さこそが免責性の獲得における鍵となっている。また、信田のような主張の背景にあるのは、子どもの生きづらさの問題を家族全体の問題として捉え、その全てを解決しようとする姿勢である。それは、子どもだけに対応するわけではない専門家たちに求められるものかもしれない。しかし、本章の目的は親子関係に基づく問題の全面解決ではなく、一貫して子どもの側に立つことでこそ見えてくる視点を提示することである。筆者らはカウンセラーでも精神科医でもない立場から、ACの回復論の外側にある生き方の肯定を目指している。親子関係の問題系についての議論は必要であるが、だからといってそれらの議論をもって毒親概念を最後の砦として生きるような当事者から、その言葉を奪ってはならない。

親子問題の解決のためには親のケアが必要だという議論や、家族問題を家族全体から捉える議論から導き出されるのは、「子どもがその親を毒親であると直接的に責めると問題が生じるので、できるだけ子どもは、その親が毒親であるということを口に出さないようにする」という態度に他ならない。「毒親」という言葉を差し控えるべきということは、場合によっては当事者である子どもに、間接的な仕方で親へのケアを促すことでもあるのだ。カウンセラーですら親と子のケアを分けるにも関わらず、子どもは自分と親を同時にケアしなければならない。回復論の外側の存在、つまり毒親概念にすがらざるを得ないような子どもには親のケアは難しく、むしろ誰よりもその仕事に向いていない。毒親概念は、親子問題解決のために生じざるを得ないようなダブルスタンダードを臨床家らが示すなかで、徹底して子ども側の視点に立ち、支えるものなのである。必要なことは、当事者にケア責任を負わせるような言説を生成することではなく、親子関係の専門家をはじめとする第三者こそが親と子を切り離し、それぞれ別の基準でケアすることなのではないだろうか。

おわりに

ＡＣ理論と親和性のある人びとによって、毒親概念は有害だと否定されることがある。しかし、毒親概念は、当事者がどのような子どもであるかということや、トラウマと向き合っているか否かにかかわらず、最小限の条件の受け入れを通じて、苦しむ子どもたちを支え、子どもの側に立ち続けるあり方を貫いている概念である。その点で、毒親概念を肯定することができ、そのことはミナさんのような回復論の外側の生を肯定することである。ミナさんは今でもトラウマを克服しておらず、トラウマと向き合うこともあえてせずに生きている。自分が主体的に生きているのかも、ミナさんには分からないという。学んだことといえば、誰かほかの人に頼って生きるということ。トラウマと向き合わなくても、後々困難が待ち受けているとは言い切れない。そうではない仕方でもって、生きていくための知恵を生み出すことは十分に可能なのである。

［謝辞］あの頃の絶望を真正面から受け止めてくれた『輪るピングドラム』への愛を込めて。生存戦略しましょうか。

注

1　本章は『臨床哲学ニューズレター』四号（二〇二二）に掲載した「毒親概念の倫理――自らをアダルトチルドレンと『認める』こ

との困難性に着目して――」を短縮修正したものである。

2 ミナさんへの聞き取り調査は二〇一九年四月から二〇二一年五月まで行った。匿名性を担保するために個人・家族情報の一部を変更しているが、過去の経験やそのときの感情は事実に即しており、論文全体の信頼性に影響はない。

3 信田はインナーチャイルドではなく、インナーペアレンツ概念を推奨し、内在化した支配的な親を切り離すあり方について論じている（信田 一九九六）。

4 たとえば、Whitfield（1987: 126, 144）や Black（1993: 74）を参照されたい。

5 ここで注意が必要なのは、これら四つの条件のなかで、「理想的な親の喪失の受け入れ」にもっとも苦痛を感じる当事者もいることである。そのような当事者にとっては、毒親概念はAC論よりも受け入れがたい場合がある。

参考文献

Black. C., 1993 [2002], *Changing Course: Healing from Loss, Abandonment, and Fear*, Hazelden [Second Edition]（水澤都加佐・武田裕子訳、二〇〇三『子どもを生きればおとなになれる〈インナーアダルト〉の育て方』アスク・ヒューマン・ケア）.

Create Media編、二〇一七『日本一醜い親への手紙――そんな親なら捨てちゃえば?――』dZERO。

Forward. S., 1989, *Toxic Parents: Overcoming Their Hurtful Legacy and Reclaiming Your Life*, Bantam books（玉置悟訳、一九九九『毒になる親』毎日新聞社）.

小西真理子、二〇一七『共依存の倫理――必要とされることを渇望する人びと――』晃洋書房。

毎日新聞社、二〇〇〇「生きのび体験、話す初の試み――二三日、東京でフォーラム――」『毎日新聞』（二〇〇〇年一月二〇日朝刊）。

――二〇一四「くらしナビ・ライフスタイル――過干渉『毒親』を逃れて――」『毎日新聞』（二〇一四年九月二三日朝刊）。

信田さよ子、一九九六『アダルト・チルドレン完全理解――一人ひとり楽にいこう――』三五館。

――一九九八『愛情という名の支配――家族を縛る共依存――』海竜社。

――二〇〇八『母が重くてたまらない――墓守娘の嘆き――』春秋社。

――二〇一七『母・娘・祖母が共存するために』朝日新聞出版。

――二〇一九『後悔しない子育て――世代間連鎖を防ぐために必要なこと――』講談社。

――二〇二一a「家族と厄災　連載第六回　母への罪悪感はなぜ生まれるか」生きのびるブックス（二〇二一年一〇月六日取得、https://ikinobirubooks.jp/series/nobuta-sayoko/310/）。

——二〇二一b『アダルト・チルドレン——自己責任の罠を抜けだし、私の人生を取り戻す——』学芸みらい社。

緒方明、一九九六『アダルトチルドレンと共依存』誠信書房。

斎藤学、一九九六『アダルトチルドレンと家族——心のなかの子どもを癒す——』学陽書房。

——二〇一八「毒親と子どもたち」日立財団Ｗｅｂマガジン『みらい』二巻（二〇二〇年七月二七日取得、https://www.hitAChi-zaidan.org/mirai/02/paper/pdf/saito_treatise.pdf）。

田房永子、二〇一二『母がしんどい』新人物往来社。

——二〇一四『うちの母ってヘンですか？』秋田書店。

——二〇一五『それでも親子でいなきゃいけないの？』秋田書店。

——二〇一八『お母さんみたいな母親にはなりたくないのに』河出書房新社。

田房永子・斎藤環、二〇一四「母と闘うということ」斎藤環編『母と娘はなぜこじれるのか』ＮＨＫ出版。

Whitfield, C. L., 1987, *Healing the Child Within: Discovery and Recovery for Adult Children of Dysfunctional Families*, Health Communications（斎藤学監訳、鈴木美保子訳、一九九七『内なる子どもを癒す——アダルトチルドレンの発見と回復——』誠信書房）.

Woititz, J. G., 1983, *Adult Children of Alcoholics*, Health Communications（斎藤学・白根伊登恵訳、一九九七『アダルトチルドレン——アルコール問題家族で育った子供たち——』金剛出版）.

Zupanic, C. E., 1994, "Adult Children of Dysfunctional Families: Treatment from a Disenfranchised Grief Perspective," *Death Studise*, vol. 18 (2).

第5章

生み捨てられる社会へ

貞岡美伸

はじめに

本章は、小泉義之の著書『生殖の哲学』（二〇〇三、河出書房新社）に書かれている「いかなる子どもであれ、子どもを生み落とすだけで放置したって、何の問題にもならない社会を構築する」（小泉 二〇〇三：一一〇―一一一）というコンセプトを引き受け、そのような社会の実現を目指す者としての一考察を記したものである。テーマとして掲げる「生み捨てられる社会」を模索するようなあり方に、狂気的なイメージをもつ人は多いだろう。なぜ人びとは、このような社会に狂気を見いだすのだろうか。おそらく多くの人は、子どもは「生み捨てる」ものでも、「生み落とす」ものでも、「放置する」ものでもなく、いうなれば「生み育てる」ものであり、子どもについて「捨てる・落とす・放置する」というような動詞を用いて言及するべきではないと考えているからではないだろうか。

しかし、実は「生み捨てられる社会」こそが、どのような状況にある女性であっても子どもを生むことができる社会である。そのような社会こそが、妊娠した女性や子どもの生を妨げることのない社会であり、すべての子どもが生まれることを歓待される社会である。では、このような社会を阻害するようなものはいったい何なのか。

本章では、女性が子どもを「生み落とせない」事態について、新生児遺棄、レイプ妊娠、不同意堕胎という人工妊娠中絶の実際の事例や事件を挙げて、「生み捨てられる社会」を妨害しているさまざまな問題について問題提起し、その問題を解決するための方策を提言する。

1　小泉義之著『生殖の哲学』から

まず、本章のテーゼである「いかなる子どもであれ、子どもを生み落とすだけで放置したって、何の問題にもならない社会を構築する」という言葉が意味するところのものについて確認したい。この言葉は、先述したように哲学者の小泉義之の著書『生殖の哲学』の第三章「未来と生殖をめぐって」（九八―一一三）から引用したものである。

昨今、出生前診断や遺伝子検査といったサービスや情報を行政的に提供することで、内なる優生思想をもつ各人が勝手に障害者を生まなくなることを期待するような新優生思想が批判されており、それを退けるために各種の診断技術や審議に対して慎重さを求めるような議論がなされている。しかし、小泉によるなら、このような議論は「まったくダメ」であり、（新）優生思想なるものを批判したいならば「まっすぐに、障害者を生むべきであると主張すべき」（同前：一一〇）である。しかし、このように主張することに対して、親の苦労を考慮するならば、躊躇が生じることがある。それを受けて、小泉は以下のように述べている。

だったら、どう進むべきか。方向は明らかです。親子関係と夫婦関係という概念を解体することです。……

> たかだか、戸籍制度をなくし、家族単位ではなく個人単位の住民登録だけにして、各人に生まれたときからベーシック・インカムを保障するだけのことです。ごく簡単な制度改革、たんなる改良主義です（同前）。

そして、この制度の先にあるものとして提示されているのが、本章のコンセプトになる「いかなる子どもであれ、子どもを生み落とすだけで放置したって、何の問題にもならない社会」である。

　小泉が新優生思想批判を批判する文脈から、このような社会の構想について述べたことから分かるように、このような構想を実現するために重要なことは「障害者を歓待する」（同前：一一二）という立場を取ることである。小泉は、以下のように述べている。

> ここでも、率直に言ってしまいます。各種の生殖技術にはリスクがある。障害をもたらすリスクがある。遺伝子改造技術にしても、通常の意味での優生を実現することなど不可能です。生殖細胞の遺伝子に介入すれば、確実に障害を発生させる。……優生社会を目指すかに見える技術は、**切り捨て淘汰を許しさえしなければ、確実に劣生社会を切り開く**。だからこそ、進めるべきなのです（同前：一一三　強調は筆者）。

　つまり、生存する人間にとって心身の障害が起こり得るリスクを誰しもがもっているということを否定することはできない、という話に留まらず、そのリスクがあるからこそよい、さらに障害をもった子どもが生まれるからこそよい、ということである。それがよいことであるならば、障害をもった子どもの誕生にあたって、生んだ人や生まれた子どもが安心することができる、すなわち幸福に暮らせるような社会を目指すこと、あるいは社会保障やある種の制度を整えることは無条件に必要なことであり、私はそのような社会を作っていきたいと考える。本章は、障害に特に焦点を当てているわけではないが、子どもを生むことが「親の苦労」と切り離される社会、すなわち、「生み捨てられる社会」の構築が必要だという点において、小泉と共通認識をもっている。

「生み捨てられる社会」の構築を考えるにあたって重要なことは、「何のために誰のために子どもを生むのか、子どもとは誰のものなのか」（同前：一〇九）という問いについてはっきりとした態度を示すことである。小泉は、多くの人がこれらの問いに対して何も考えていないことを指摘し、「生殖を直接に問わないようにさせながら生殖を選ばせるものこそが、生―権力であると見切るべき」（同前：一〇六―一〇七）と主張したうえで、以下のように述べている。

中絶するときには全人類を絶滅させるように行なうべきだし、生むときにはすべての子どもを歓待するように行なうべきです。……繰り返しますが、問われて考えられるべきは、何のために誰のために子どもを生むのか、子どもとは誰のものなのかということです。そこで立場を決めないから、支配や管理を呼び込み差別を放置することになる（同前：一〇八―一〇九）。

この言葉を引き取り、私は本章における自分の立場を明言しよう。私は本章で、全人類を絶滅させるような中絶を支持するのではなく、すべての子どもを歓待するような社会の構築を支持したい。そして、私は「そもそも何のために誰のために子どもを生むのか」という問いに対して、「私（彼女）は自分自身のために生んだとしても（背立としては私自身のために子どもを生まないこともあり得る）と答えよう。そして、たとえ女性が自分自身のために子どもを生むとしても、「子どもとは誰のものなのか」という問いに対して、「子どもとは、だれのものでもない」と答えよう。

以上から、本章は、女性が自分自身のために、すべての子どもを歓待するような態度で生むことを支持するものである。そして、生まれた子どもは誰にも属さない個人として社会に存在するような状態が想定される。このような社会の実現のために、積極的に社会を改革するためには、小泉が著書の中で述べている「子どもを生み落とすだけで放置したって、なんの問題にもならない社会を構築する」というコンセプトを掲げることが必要なのだと考える。

2 「生み落とせない」事態

2-1 「生み落とせない」社会の象徴としての新生児遺棄

子どもを宿した女性が、さまざまな理由から子どもを育てることに困難を感じ、中絶を選択したり、新生児を遺棄したりすることで、子どもの生命は絶たれてしまう。本章は、「すべての子どもを歓待する」立場を取るのだから、このような状態の改革を求めなければならない。もし子どもの養育に関するあらゆるイデオロギー的および経済的な義務も責任も、子どもを宿した女性に帰せられないという前提からなりたっている社会であれば――それでも女性の妊娠・出産の労を取り除くことはできないが――女性は出産した後、子どもを安心して捨て去ることができる。子どもを安心して捨て去ることができるのだから、子どもがどんな特性をもっていようがいまいが、女性がどんな状況に置かれていようが、子どもを生むことによって生んだ女性が苦労や不利益を被らない状態が用意されているはずである。だからこそ、もし子どもを生んだ女性が、子どもを育てたいと思うならば、相手がどんな子どもであろうと、自分がどんな女性であろうと、その女性の人生を左右することなく、ただ「生み育てたい」という意志のみによって子どもを育てることができる。

このような社会が実現していないために生じる最も象徴的な出来事が、新生児遺棄である。厚生労働省の第一七次報告（令和三年八月：調査期間は、平成三一年四月一日から令和二年三月三一日まで）によれば、〇歳児の心中以外の虐待死（遺棄を含む）の約四割が「生後〇日～生後一か月未満」で起きている（厚生労働省 二〇二一：九四）。また、同第一六次報告（令和二年九月：調査期間は平成三〇年四月一日から平成三一年三月三一日）および一七次報告によれば、遺棄は虐待の類型として「ネグレクト」に位置づけられている。ネグレクト事例の内、子どもの死亡時点〇日の場合が三割を占めるとしている（同前：八五）。全ネグレクトのうち、平成二九年度は五〇％（複数回答：具体的には一〇件）、平成三〇年度は四四・〇%（複数回答：具体的には一一件）（厚生労働省 二〇二〇：六四）、平成三一年度（令和元年度）は一五・四%（複数回答：具体的には二件）に当たると提示されている（厚生労働省 二〇二一：九六）。新生児遺棄の件数としては減少傾向にあるといえども、その一件一件の事件は重い。最近は〇歳児遺棄事件の問題が提起されている。

二〇二〇年六月二日、当時二〇歳学生だった女性が、西尾市の公園の公衆トイレで出産した男児（三七四〇グラム）に医療措置を受けさせず死なせ、遺体をポリ袋に入れて公園の植え込みに放置したという事件は記憶に新しい。なぜこのような事態が生じたのか。『中日新聞Ｗｅｂ』の報道によれば、女性が人工妊娠中絶をすることができなかった理由は、母体保護法の規定に基づき、産婦人科医師が人工中絶手術の実施にあたって父親男性の同意を求めたが、男性の同意が得られなかったことである。女性の妊娠を知った相手の男性との連絡が途絶え、女性はその男性から同意を得られない状況に置かれたまま、気づいたときには人工妊娠中絶手術を受けられる期間を過ぎてしまっていたのである。このような緊急下におかれながらも、女子学生は、心配させたくない、背景を詮索されたくないなどの理由から、母親にも、誰にも相談することができなかったという（中日新聞Ｗｅｂ 二〇二一）。こうした状況の結果として、新生児遺棄という犯罪が生じたのだ。

この事件を振り返ってみよう。相手男性の合意が必要という母体保護法という制度があったからこそ、まずは人工妊娠中絶されるという事態が避けられている。しかし、安心して「生み捨てられる社会」を考えるならば、女子学生が新生児遺棄をせざるをえなかった状況を改善する必要があると考える。民間団体の専門家によって指摘されていたように、中絶の同意が得られないという状態があるということは、その女性が何らかの問題下に置かれている可能性があるわけであり、まずはこのような状態が発覚した場合、医療と専門の支援機関とが連携することで、女性が今回のような状況に追いやられない状態を作ることが必要であると思われる。

しかし、女性が周りに相談することを躊躇したことからもわかるように、若年の女子学生が予期せぬ妊娠をしたということは、社会規範からはずれたことであり、したがって、現に妊娠してしまった状況を開示することそのものに抵抗感をもたせてしまうような社会状況がある。こういったことを考慮するならば、子どもを産んだ女子学生が、誰の目も気にすることなく妊娠した事実を開示することができることが求められる。さらには、誕生した子どもを分娩後に新生児遺棄とは違う形で「生み捨てられる」というような社会が理想であることがわかる。言い換えれば、女子学生が、堂々と新生児を生み捨てたとしても何の問題もなく子どもが育つことができる社会を構想しなければならない。あるいは、女子学生がどのような状況に置かれていたとしても子どもを育てたいのであれば育てることができるような社会的方策を提案することが必要である。

2-2 育てたくない女性が「生み落とせない」事態――レイプ妊娠の女性

「子どもを生み落とすだけで放置したって、なんの問題にもならない社会」とは、生むことと育てることがひと続きのものではなく、分離することが何の問題にもならない社会だと言い換えることもできる。このような生むことと育てることの分離について考えるために、レイプにより望まない強制妊娠をした女性の事例について検討したい。

女性の人権を研究している小宅理沙は、「第三者がレイプによる妊娠の中絶賛否を論じる際、常に、『レイプ被害者女性は中絶を希望することが当然』とされ前提となっている」ことを指摘する（小宅 二〇〇七：一四三）。この指摘は正しいだろう。つまり現代社会においては、レイプによって宿った胎児は、中絶されることが当たり前の存在であるということである。しかし、小宅は、たとえ見知らぬ人物からのレイプによる妊娠であったとしても、すべての対象女性が当然のように中絶を選択するわけではないことをインタビュー調査から明らかにしている。小宅は、二〇〇四年一月二二日と八月一九日の二日間にわたって、養子縁組斡旋団体「X」に勤める女性支援スタッフA氏に対してインタビュー調査をおこなっている。この調査によれば、養子縁組斡旋団体であるXにも、レイプで「望まない強制妊娠」をした被害者女性が、中絶するか生むかという相談の電話をかけてくるという。

そして、大半は生まれた子どもを里子に出すものの、「レイプによる妊娠であっても『けっこう産む』女性も多い」という。小宅はこのことから、レイプで妊娠した事例のすべてのケースにおいて、必ずしも解決策が中絶に直結するわけではないとする（同前：一五一）。そして、被害者女性のリプロダクティブ・チョイス、つまり生む・生まないの自己決定について再検討する必要性を述べている。さらに被害者女性の「性と生殖の自由」が尊重されるためにはどういった条件が必要なのか、どのような要因が女性の自己決定を困難にしているのか、これらについてより深く考える必要性を述べている。つまり、責任を持って生み育てるか、さもなければ中絶するという二者択一ではなく、生むだけでよい、という選択肢があれば、レイプによる妊娠であっても、女性は生むことをより選択するかもしれない。このような調査内容から示唆されるものは、先に述べたが生むことと育てることがひと続きのものではなく、分離することが何の問題にもならないという社会を実現していくことの必要性である。

2-3 産み育てたい女性が「産み落とせない」事態
――胎児の認知を求めた不同意堕胎という人工妊娠中絶事件

ここで、現状では、生み、かつ育てたいと考えている女性においても、生み落とせない事態が生じていることを確認するために、ある女性の妊娠継続の意思決定が不同意の堕胎により叶わぬ結果となった事件を検討したい。この事件は、二〇二〇年五月、男性医師が交際女性に無断で堕胎手術を行ない、不同意堕胎致傷罪に問われたというものである。以下が判例に記されていた事件概要の内容である。

本件は、外科医である被告人が、被害者である妊娠中の交際相手の嘱託を受けず、かつ、承諾を得ないで、被害者を堕胎させようと考え、病院内において、被害者に対し、全身麻酔薬等を投与して昏睡させ、その意識を消失させて、下腹部を穿刺針で刺した上、子宮の胎嚢内に無水エタノールを注入し、妊娠約九週の胎児を死亡させるとともに、被害者に治癒まで約九日間を要する腹部刺傷及び約三時間三〇分間にわたる意識障害等を伴う急性薬物中毒の傷害を負わせた不同意堕胎致傷の事案である（広島高岡山支判令和三年七月一四日公刊物未搭載：令和三年（う）二二号）[1]。

この事件の背景には、A氏（男性）が婚約者C氏と婚姻届を提出する前に、B氏（女性）がA氏に対して胎児を子どもとして認知することや養育費を支払うことを求めたということがあった。このとき、A氏はB氏に中絶するように懇願したが、B氏は拒絶した。つまり、B氏は胎児を出産しようと心に決めていたのであり、母子健康手帳の交付を受ける予定でいた。しかし、上記の経緯から胎児の存在を知ることになった胎児の父であるA氏から不同意堕胎が行われることで、大切な胎児の生命を奪われてしまったのである。B氏がA氏に対して「認知」と「養育費」の受けとりを求めたことや、「母子健康手帳の交付を受ける予定でいた」ことから、B氏が、シングルマザーとなってでも子どもを生んで育てたかったことが推察できる（岡山地判令和三年二月二四日公刊物未搭載：令和二年（わ）三三一号）。しかし、その望みは消えたのである。

現在の日本では、婚姻していない女性が妊娠すれば、父親に認知を求め父子関係を確定させることが推奨されている。認知によって、父親に子の扶養義務が発生し、子もしくは子の母親は養育費の請求権や相続権を主張することができるようになるからである。このような日本の状況を考えれば、本事件において、B氏が一人で子どもを育てるつもりであったとしても、A氏に認知を要求したことはごく自然な流れといえる。しかし、その認知の要求こそが、本事件を引き起こしたといえる。そもそも認知は、必要なことなのだろうか。養育費の請求も必要なことなのだろうか。

現在、民法の扶養（扶養義務者）第八七七条は、直系血族及び兄弟姉妹は、互いに扶養をする義務があるとしている。確かに父親が不認知によってその義務から免れることには批判が想定されよう。しかし、この扶養義務こそが、生むことを阻んでいる社会のシステムとも捉えることができるのではないか。そもそも日本では、養育費を支払わない父親は全体の八割に上っている。仮に子を認知させ、養育費の請求権を持ったとしても、実際に養育費を受給することは困難な現状がある。もちろん、養育費の強制徴収が行なえるようにしようとする動きはある。しかし、強制徴収できたとしても、現行の基準額は決して十分な額ではない上、そもそも父親に十分な収入が無い場合にはどうすることもできないという問題がある。父親にきちんと養育費を支払わせ、これを以てシングルマザーとその子どもの生活を安定させようとする方向の制度改革では、すべての女性と子どもを救済することはできないのである。

このような事例の女性も妊娠を継続し、出産後もシングルマザーとして生活できること、単に生活するだけでなく、困窮することなく子育てができるような制度を考えたい。これらの点から別の仕方で方策を整備する必要がある。

生むことの課題のひとつとして、日本の経済格差がある（吉沢 二〇二〇：六八）。現状として、多くの女性が、労働市場で不安定な非正規雇用につくことになり、女性の貧困が深刻化していると指摘されている（元橋 二〇二一：三）。女性の貧困に対して、経済的な支援が必要であり、この役割を担うのが公的な福祉である。例えば新生児遺棄や中絶の背景には、妊娠した女性がシングルマザーにならざるを得ないような状況のつきつけがあることが、ここまで参照してきた事例や事件からも明らかである。実際に、中絶する機会を逃して出産したシングルマザーや、離婚してシングルマザーになった女性の多くが、貧困状態の生活を送っている。配偶者の男性がいようがいまいが、生んで子どもを育てることの経済的な支援——衣食住という生活費、育児する費用、将来の子どもの教育費用、オンラインの整備経費・オンラインを活用するための教育経費、自由に使える小遣い的金銭など——が支援されるのであれば、シングルマザーは経済的な弱者になる必要はない。養育費という非常に不確かなものであることが明らかになっているものの制度化や、その整備に力を注ぐよりも、このような状況が約束されていた方が、よほど子の福祉につながるのではないだろうか。こういう状況があれば、B氏はA氏に対して養育費を要求する必要はなく、不同意堕胎の事件は起こらなかったと考えられる。

また、優生思想批判を批判した文脈の中ではあるが、小泉は『生殖の哲学』で、まっすぐに、障害者を生むべきであると主張すべきであると言い切る。すると、たしかに躊躇が湧きおこることや、諸々の不利益を被ることなどが語られることを承知している。その上で、戸籍制度をなくし、家族単位ではなく個人単位の住民登録だけにして、各人に生まれたときからベーシック・インカムを保障すべきことを制度改革として提案している（小泉 二〇〇三：一一〇）。そうすればインカムの額にもよるが、子どもの養育に際して、養育費という不確かなものに頼る必要がない状況がうまれるだろう。さらに小泉は、著書『小泉義之政治論集成II　闘争と統治』で、近年、特に諸制度の隙間が問題視されてきたが、必ずやセーフティーネットには隙間が生じることになることを指摘し、その一例として、母子世帯や若年低所得者などをあげている。小泉は、福祉国家的な視線が無効になっていることについて述べているのだ（小泉 二〇二一：二六二―二六三）。こうしたことを総合的に考えると、社会福祉的な社会防衛としてベーシック・インカムの構想が求められるのではないかと考える。前に述べた事態の女性達が妊娠を継続し、出産できる、加えて、出産に続く育児を実践できる社会が望ましい。このため妊娠・出産・育児においてもベーシック・インカムを保障するという政策提言が方策として考えられる。

3　生むことへの方策

第二節で紹介した事例や事件は、女性が生むことを困難にする社会規範を浮き彫りにしているといえる。すなわち、私たちは、婚姻中の男女における生殖を特権化することで婚外子の出生が許されざるものと思い込まされたのである。規範的ではない妊娠と出産が、その後の親の人生を激変させることが非常に大きな困難になっていることが考えられる。社会の不寛容や異化に抗するために子どもは父親と母親が育てるものだという規範を解体することが必要である。すなわち、本章が意味するような生み捨てることを肯定し、推奨することが全く正しい方策となるのではないかと考える。このような生むことの問題から方策の実現へ向けて積極的に考えてみよう。

一つに、女性の個別相談を実践する。また非正規労働者と貧困状態にある女性が一般市民運動を認識し、関わることができるようにする。つまり一般市民の側から社会の現状を改革する。

生む女性のフェミニズムにも色々あるため女性が個別相談を受けることができるようにすることは必要だろう。現代は自己責任・自己決定という新自由主義からなる時代であり、なおかつ、女性のフェミニズムは一枚岩ではないため問題が複雑化しているとされる（菊地 二〇一九）。女性同士であっても悩みの共有が難しい。たとえば、正規労働者と非正規労働者という経済的格差がある女性のあいだには別々のニーズが想定され得る。特に特権階級層に属する人が、そうでない人たちの置かれている状況をかえりみることが難しいという問題があることは、何度も指摘されてきたことである。

また、非正規労働者で貧困状態にあるシングルマザーの女性らが、一般市民運動を認識すること、さらに関わることを進めることによって、フェミニズム思想ならびに運動の目的を明確に分類し、背景の近い当事者達が関わることができるように仕組みを再構築することが望まれるだろう。

二つに、従事している労働の内容や、雇用労働を行っているかいないかによって経済的格差が生じないよう、その補整をする制度が必要である。妊娠と出産、さらに子育ては、人の経済力や地位が上昇するという競争原理とは別の次元に目標を置く必要があると考える。すなわち社会保障をするということである。反面で子どもができる、子どもが欲しい、ということの当たり前さに対する居心地の悪さを主張する人々が不公平感を抱く可能性があり得る。このような状況も忘れてはならない現実である。だからこそ家族や夫婦単位ではなく、個人単位でベーシック・インカムを保障することをあげておきたい。なぜなら生み捨てられる社会の前提は、家父長制や婚姻制度を解体して社会を個人単位にすることで、女性だけが妊娠・出産で苦労する社会構造も変えることにあるからである。加えて人間が個人単位になることは、人間をバラバラにするものではなく、逆に家族をゆるやかで多様な結びつきにかえることができるという可能性を宿している。

おわりに

本章では、社会を積極的に改革するとするならば、先述したが小泉の言説である「子どもを生み落とすだけで放置したって、なんの問題にもならない社会を構築する」というようなコンセプトを掲げることが必要であると主張してきた。これは、ひいては障害をもった女性が妊娠を継続し子どもを産んで育てる場合においても同様である。

男性の存在を疎外するわけではないが、いうなれば妊娠という現象が女性の体内で発生するため妊娠継続の意思決定を女性自身に委ねる必要が生じると考える。女性だけが妊娠・出産で苦労する社会構造を変える必要があるのだ。このために家族や夫婦単位ではなく、個人単位におけるベーシック・インカムを保障するという政策提言を方策とすることを述べてきた。

最後に、今後の展望を記しておきたい。そもそも、育児が出産や夫婦、家族と結びつかない社会においては、義務教育を受け、場合によっては高等教育に進み、その後結婚、出産するというライフコースもまた解体されることを意味する。このような社会では、子どもの幸せもまた、「手厚い教育を受けあたたかい父母のもと育てられる」といった現在規範的な形を超え、多様な形をとるようになるはずである。教育が必ずしも、父母によって与えられるものではないとすれば、誰もが自らの選択として学業から子育てへ、さらに子育て後から学業へもどるようなことが、現在よりも容易に行えるようになるかもしれない。多様な選択肢を積極的に肯定できる社会の道筋をつけることについても考えていきたい。

注

1　判例ID28292729、判示事項、第一法規「D1-Law. com. 判例体系」から引用する。現在、二審が最終結果である。なお、一審では懲役二年の実刑判決が下されたが、二審では被告人が原判決後に医師免許を自主返納したことなどを考慮して、懲役二年六カ月、執行猶予五年に判決が変更された。ただし、一審と二審の判決文を読み比べれば、裁判官の事件に対する見解は、医師免許の自主返納以外の部分においても相当に見られることが容易にわかるだろう。この点については本章では深入りしない。しかし、特に二審判決文に内在するような見解を批判的に読み解くならば、「生み捨てられる社会」、あるいは、「生み育てたい女性がその意志のみによって生み育てることができる社会」を阻むものについてさらに多くの示唆を得ることができるだろう。なお、一審と二審判決の見解の差は、担当裁判官のジェンダー構成が影響しているようにも思われる（岡山地判令和三年二月二四日公刊物未搭載：令和二年（わ）三三一号、および、広島高岡山支判令和三年七月一四日公刊物未搭載：令和三年（う）二二号）。

参考文献

菊地夏野、二〇一九『日本のポストフェミニズム――「女子力」とネオリベラリズム――』大月書店。

小泉義之、二〇〇三『(Bio) 生殖の哲学』河出書房新社。

――――二〇二一「残余から隙間へ――ベーシックインカムの社会福祉的社会防衛――」『小泉義之政治論集成Ⅱ闘争と統治』月曜社。

小宅理沙、二〇〇七「『望まない強制妊娠』をした性被害女性への支援活動と被害者女性の人権――産む・産まないの二項対立を超えて――」『Core Ethics』三巻。

厚生労働省、二〇二〇「子ども虐待による死亡事例等の検証結果等について、社会保障審議会児童部会児童虐待等要保護事例の検証に関する専門委員会、第一六次報告、令和二年九月」（二〇二二年三月一二日取得、https://www.mhlw.go.jp/content/11900000/000533868.

pdf)。

――――二〇二一「子ども虐待による死亡事例等の検証結果等について、社会保障審議会児童部会児童虐待等要保護事例の検証に関する専門委員会、第一七次報告、令和三年八月」(二〇二二年三月一二日取得、https://www.mhlw.go.jp/content/11900000/000825392.pdf)。

元橋利恵、二〇二一『母性の抑圧と抵抗――ケアの倫理を通して考える戦略的母性主義――』晃洋書房。

吉沢豊予子、二〇二〇「助産師のためのウィメンズヘルス入門　ウィメンズヘルスの再定義――女性を取り巻く環境から見えてくるもの――」『臨床助産ケア3・4月』一二巻二号。

新聞引用

「〈法廷の窓〉予期しなかった妊娠、孤立を深めた末に…」『中日新聞Web』二〇二一年六月二七日（二〇二二年二月一四日取得、https://www.chunichi.co.jp/article/276654)。

判　例

岡山地方裁判所（第一審）令和三年二月二四日判決（令和二年（わ）第三三一号）不同意堕胎致傷被告事件。

広島高等裁判所岡山支部令和三年七月一四日判決（令和三年（う）第二二号）不同意堕胎致傷被告事件。

第Ⅱ部

「不可解」な生を肯定する

──周縁からのまなざし

第6章

狂気、あるいはマゾヒストの愛について

――一九五〇年代『奇譚クラブ』における「女性のマゾヒズム」論を読む

河原梓水

はじめに

米国におけるSM論争の検討を通じて女性のマゾヒズムを再考した日合あかねは、マゾヒズムの男女における非対称性について述べている。曰く、男性が性生活においてマゾヒストであった場合、日常生活では権力者であるといった見方がしばしば許容されるのに対し、女性が性生活においてマゾヒストであるとされる場合、日常生活でもマゾヒストだとみなされる。その背景には、マゾヒズムを女性の本性とみなすフロイト以来の考え方があり、この性生活と日常生活の分離不可能性が、女性のマゾヒズムを擁護することを困難にしてきたという（日合二〇〇五）。

確かに、女性の本性とマゾヒズムの結びつきは、女性は本質的に男よりも受動的であり、しばしば支配されたがっているという思い込みを広め、男性の加害を免責する機能を果たしてきた。これに対してフェミニストは、支配や暴力を求めるとされるマゾヒスト女性という存在自体が、家父長制的支配から発生した虚構であると批判してきた（Linden 1982; Caplan［1985］1993）。もし仮に、支配や暴力への欲望が現に女性に抱かれることがあったとして、性的領域と日常がこのように連続的である女性にとっては、日常における抑圧支配がその性的欲望に影響しているはずである、即ちそれは家父長制を内面化した正しくない欲望であって、容認することはできない、と主張してきた。

このような女性のマゾヒズムの否定にはフェミニストからも反論があり、日常生活と性生活の分離および、暴力・支配自体とその模倣との相違が強調されてきた（Califia 1994＝1998; Hart 1998）。近年、個人の自由意思と同意に基づく限りにおいては、マゾヒスティックな実践の自由も尊重されるべきという考えが、欧米を中心に支持を広げつつある。いずれの議論にせよ、日合が指摘するような性生活と日常生活の分離および同意の有効性は、最も大きな争点を形成してきたといえる。

日本では、具体的な実践を念頭において女性のマゾヒズムを論ずる研究は乏しいが、当事者の議論であれば存在する。戦後日本では、雑誌『奇譚クラブ』において、民主的で近代的な「良き」サディズム・マゾヒズムのあり方が愛好者たちによって盛んに論じられていた（河原 二〇一五）。これらの議論は米国を中心に一九八〇年代に活発化するＳＭ擁護論を先取るだけでなく独自の論点を含み、今なお参照する価値がある。

したがって本章では、一九五〇年代に『奇譚クラブ』で活躍した古川裕子という匿名のマゾヒストと、吾妻新（あづましん）という男性サディストの対話に着目し、そこでたたかわされた「女性のマゾヒズム」論を抽出する。吾妻は異性愛のサディストであったが、その正体は女性史・服装史研究者の村上信彦であり、戦後民主主義に立脚した、対等な関係性に基づく同意の上のいわゆる「ＳＭ」[1]を提唱した。本章では、まず吾妻のサディズム論を確認した上で、古川と吾妻が相互に影響を受け合いながら、それぞれのサディズム論、マゾヒズム論を深めていく様を抽出する。続いて、吾妻が古川と自身をモデルに執筆した小説「夜光島」と、本作をめぐる両者の誌上での対話を分析する。最後に、女性解放論者であった村上＝吾妻が女性のマゾヒズムをフェミニズムの文脈でいかに捉えていたのかにもふれながら、古川が、吾妻のサディズム擁護論と決別することで最終的に導き出すことになる「マゾヒストの愛」について検討したい。(2)

1　吾妻新と古川裕子

吾妻のサディズム論については既に何度も論じているが、行論上必要であるため、簡単に確認しておく。吾妻は第一作目となる「サディズムの精髄――古川裕子氏の「囚衣」を読んで――」（一九五三年三月号）において、一九五二年一二月号掲載の古川裕子「囚衣」を絶賛し、本作を読まなければ、自身の性癖を告白することなど生涯なかっただろうと述べている（吾妻 一九五三）。吾妻によれば「囚衣」はヨーロッパの文献にもない完全な「サディズムの精髄」を描いており、彼の提唱する「新しいサディズム」の理想が描かれているのであった。

新しいサディズムとは、同意と安全性、日常生活における男女の対等性を必須とした上で、日常生活とは分離される性生活においてのみ、サディズムを行使するというものである。吾妻は、猟奇殺人やファシズムから、同意の上の「遊戯」までがすべてサディズムというカテゴリーに入れられている状況に抗議し、これらを区別することを主張した。そして、後者を「近代化されたサディズム」と名付け脱病理化しようとした（河原 二〇一五）。

近代化されたサディズムは、現在ＳＭと呼ばれる、脱病理化された性的実践に相当する。(3) さらに言えば彼の主張は、一九八三年に米国で提唱され、その後英語圏で定着することになるＳＳＣ（安全、正気、同意）というＳＭ

プレイにおけるスローガンと類似する。ＳＳＣとは、暴力ではなく遊戯として認められる実践に必要な条件として、安全性の確保、プレイ内容に関する同意、そして同意の有効性を保証する正気さを挙げるものである。日本では全く普及していないが、英語圏における認知度は非常に高い（河原 二〇一二）。

吾妻のサディズム論は、ＳＳＣと同様、ＳＭが暴力ではなく遊戯として成立するための最低限の穏当な条件を提示しているかのようであり、異論の余地はないかに見える。しかしながら、当時ただひとり、これを真っ向から批判した人物がいた。その人物こそが、吾妻が絶賛した古川裕子だったのである。

古川裕子は、情感たっぷりの一人称の「告白」で人気を博した投稿作家である。初登場作である「囚衣」[4]は、サディストであった夫との性生活の記録という体裁であったが、二作目の「続・囚衣」では、夫が事故で他界したことが記され、パートナーの不在と満たされない性欲を嘆き、過去の夫との遊戯を回想するか、新たに巡り合ったサディストとの逢瀬を語る内容に変わる。以後これが古川の作品の基本的形式となり、一九五五年一一月号までの約三年間にわたり、計一四作が発表された。古川は明らかに創作されたキャラクターであり、その作品も記録や告白という体裁を取ってはいたが明らかにフィクションを含むものだった[5]。

一九五三年末から『奇譚クラブ』に寄稿を始めた濡木痴夢男は、『奇譚クラブ』初期に活躍した女性名の寄稿家のうち、本当に女性だったのは一名だけだったと述べている（濡木 二〇〇四）。濡木は『奇譚クラブ』の一寄稿家にすぎず編集部の人間ではないため、作家の正体に精通していた人物とはいえないが、時代背景を踏まえれば、古川が女性ではなく男性マゾヒストであった可能性は否定できない。古川の正体が明らかになる可能性は低く、性別を確定させることは困難である。男性の可能性がある作家の作品から女性のマゾヒズムの論理を抽出することには様々な問題があることは論をまたない。

しかしながら、本章はあくまでも言説を分析するものであり、さらに、女性のマゾヒズム論に着目するものの、支配を受け入れる主体自体は、女性に限られるものではない。そして戦後という、とりわけ女性の自立や男女対等が強調された時代において、支配されることへの欲望が議論されたというそのこと自体もまた注目に値すると考えている。古川は管見の限り、SSCや吾妻のサディズム論のような同意と対等性のロジックを用いずにマゾヒズムを擁護しようとした日本で最初の存在である。この点は重要であるし、そして古川の主張をあくまで言説として扱う限りにおいて、女性の欲望を語る者が必ず生得的な女性である必要はない。したがって本章では、古川裕子というマゾヒストが架空の存在であることは十分に認識しつつも、男性中心的な主張を含む可能性があるからといってこれらを一律に否定することはせず、その論理に着目して検討することとしたい。

2　「夜光島」という思考実験

吾妻と古川は、当初はお互いを称賛しあう関係にあった。「サディズムの精髄」以後、古川もすぐに吾妻に対する称賛を表明するようになる。以後およそ三年にわたって彼らは親密な対話を続けた。その関係は次第に恋愛的な様相を帯びてゆき、一九五四年一〇月、吾妻は自身と古川をモデルとした小説「夜光島」の連載を開始する。本作は、妻に先立たれた主人公・健次郎が、雑誌上で知り合ったマゾヒスト・登枝とサドマゾヒスティックな夫婦生活を営むというもので、二人が吾妻と古川の分身であることは誰の目にも明らかであった。

「夜光島」は単なる誌上の恋の産物ではなく、吾妻のサディズム論を検証・補強するための実験小説だった。吾妻は執筆の動機を、「自由の極限状況におかれたサディストとマゾヒストが、どこまで解放されるか、されないかを描きたかった」、「この空想小説は実験小説でもあったのです。サディストとマゾヒストが二人だけの世界でどんな生活を営むことができるかという設定です」と述べている（吾妻 一九六一：八一）。

吾妻のサディズム論は基本的に片方が「ノーマル」なカップルを想定していた。なぜなら彼は欲望の一致よりさきに、性格や人格的相性を重視していたからである。愛し合うようになった男女がたまたまサディストとマゾヒストであったという偶然は滅多に起こりそうにない。ましてや、欲望の内容までもが一致するサディストとマゾヒストの夫婦を想定することは彼にとって非現実的であった。かかる考えにもとづき、彼は一作目の連載小説「感情教育」において、マゾヒスティックな欲望を全く持たない妻との間における、幸福で持続的なサディズムの実践を描いてみせた。

しかしながら、たとえ非常にまれな確率だとしても、欲望がぴたりと嚙み合うカップルが誕生する可能性はゼロではない。そしてこの場合、同意や対等関係を基礎としてもなお凄惨な暴力が発生する可能性がある。吾妻によるなら、近代的主体が暴力の抑止を保証するはずであるが、それは到底確実とは言えなかった。そのためこの組み合わせの可能性は、彼のサディズム論の隠れた、しかし大きな懸念材料だったのである。

おそらく吾妻は古川との交流が深まるにつれこの点を考え始めた。というのも、二人は猿轡への愛着など、多くの点で欲望を同じくしており、吾妻は二人の関係を「鍵と鍵穴」に喩えてもいる。つまりあくまで誌上における関係上ではあるが、彼らは奇跡のように理想的なカップルだったのである。このようなマゾヒストとの出会いは、彼が棚上げにしていたサディストとマゾヒストの危険な出会いを否応なく想起させたに違いない。

吾妻は、既存の社会規範や道徳が欲望の推移を妨げることのないよう、「夜光島」の舞台を孤島に設定した。外界の影響なく、サディストとマゾヒストが欲望のまま愛し合った場合、どのようなことが起こるのかを実験しようとしたのである。彼らは持続的な幸福を手に入れることができるのか、それとも次第に暴力的となり破綻を迎えるのか、この点を検証しようとしたのが「夜光島」であった。

誌上の評価からみて、本作はかなりの人気を博したようである。しかし評価とは裏腹に、吾妻は「あの小説は失敗した」、「なんとなく気がさして、もう少し続ける予定を切り上げてしまった」と述べている（吾妻 一九五五b：一二一）。吾妻は失敗の原因を、自分が次第に登枝を愛し始めてしまったためとも説明している（吾妻 一九五五

c：二八八）。

健次郎と登枝は、一旦は過度な遊戯に耽溺するものの、次第に遊戯を「薄く引き伸ばし」、「生活に密着」させることによって持続的なものとする。毎夜激しい遊戯に耽るのではなく、日常生活の中にちょっとした拘束や「折檻」を持ち込むという方法によって。これはサディストとマゾヒストの幸福なユートピアとして描かれる。しかし、島を訪れた新聞記者に遊戯を目撃されたことで事態は急変する。健次郎は妻を虐待する犯罪者として警察の取り調べを受け、登枝は健次郎を守るためマゾヒストであることを告白する。健次郎は憤激するがどうすることもできず、新聞は大々的に二人の「歪んだ関係」を報道する。このような展開は、村上がサディズムを公表した際に自身に起こる事として、何度も想像していたものであろう。健次郎が島外で友人と面会している間、発端となった目撃者の新聞記者がひそかに島に渡り、登枝を襲う。そのことを知った健次郎は嵐の夜にボートで海へ漕ぎ出すが、波にのまれる。新聞記者が立ち去った後、島に独り取り残されるであろう登枝の死を予感させて、この小説は終わる。

このように、「夜光島」はサディストとマゾヒストの幸福な夫婦生活の成立を描く一方で、それを悲劇的な結末で終わらせている。ただし、二人の関係を破綻させたものは外在的要因であり、サドマゾヒズムそのものではない。吾妻は最初から島を完全な孤島として設定していない。島は国有地であったため買い取ることができないとされ、これがもとで彼らは訪問者を拒むことができず遊戯を目撃されてしまうのだが、つまりこの結末はあらかじめ用意されていた。吾妻は執筆開始当初、おそらく健次郎と登枝の関係そのものは成功させるつもりで、幕引き役を潜ませておいたのである。したがって「夜光島」の結末は予定調和の範囲内であり、二人の関係そのものはうまく展開したと解せる余地もある。事実吾妻は後に、「夜光島」ではサディストとマゾヒスト同士でも幸福な夫婦生活が可能であることが示されたとし、実験が成功したかのように振舞っている（吾妻 一九六二）。しかし既述の通り、連載終了直後、彼はこの小説は失敗したと述べているのである。その理由を次節にて検討したい。

3　ユートピアの成立

「夜光島」に出現した幸福な夫婦生活は、吾妻のサディズム論に照らせば、いくつかの深刻な問題を含んだ上で成立していた。それは第一に、吾妻が主張した日常と性生活の分離が、実際には成立しているとは言い難いことである。吾妻はしばしば、サディズムの行使は性生活に限られるべきであり日常生活では完全な対等関係の構築が不可欠だと主張してきた。マゾヒストは寝室においてはサディストの奴隷となっても、それ以外ではサディストと対等の人間として尊重されなければならない。そのため登枝は、日常生活では男と対等にふるまう近代的女性として造型され、初登場時には短髪に鳥打帽、そして女性解放の象徴であったズボンを穿いた姿で健次郎の前に現れる。

しかしながら、「夜光島」後半部では、サディズムとマゾヒズムを「生活に密着」させた結果、登枝は猿轡を一日中はめられ、両足を短い紐でくくられ続けることになる。

彼女が返事をしないのは、できないからである。汚れて変色した布が鼻と口を掩っていた。それは息苦しいほどではないにしても、完全な猿轡であることに相違はなかった。（…）ズボンの裾と裾とがみじかい紐でつながれているので、立ち上って茶の支度をするに小刻みに歩かねばならなかった（吾妻 一九五五ａ：二九七）。

登枝は食事時以外はこの状態に置かれ、健次郎の気の向くままさらに両手を縛られたり「折檻」されたりする。吾妻は登枝が近代的な女性であり、本当に嫌なのであればいつでも拒否することができる、孤島の生活では寝室の枠がないだけだと主張したが、健次郎はこの行為を、サディズムを「ふだんの生活に変えてしまう」とも表現している。対等性を保証するはずの日常が寝室と一致してしまっているのである。

筆者の見る限り、作中において両者の対等性を保証する唯一のものは、「鳥打帽とズボンを穿いた」登枝の近代性である。彼女が「新しい女性」であり、暴力と遊戯を区別できるという前提によって、健次郎の行為は免罪されている。しかしながら、実はこの登枝像は、モデルである古川とはかけ離れていた。古川は、しばしば自身が着物を愛し、古風な考えを持つ非知性的な女性であると書いている。古川は登枝の造型に違和感を表明し、小説前半部には冷ややかな気持ちと反発とを感じたと述べている。このような人物像の変更は、健次郎の行為が、極めて限定された条件でしか免罪されないことを示すものである。

第二の問題は愛の起源を巡るものである。吾妻はまず人格的な結合＝（精神的な）愛が成立した上で、初めて欲望のすり合わせ問題が浮上すると主張した。これは、サディズムが野蛮な本能・衝動であるのに対し、愛は人間の社会的活動の中で形成されるという当事の社会通念を土台としている。吾妻はサディズムを愛と理性によって馴致・統御できるとしてサディズムを擁護したが、それは両者の起源を完全に分離させるこの考えに立脚している。人格的結合に基づく愛はサディズムの安全弁であり、男女の対等性と並んで、吾妻のサディズム擁護に不可欠の要素であった。しかしながら、健次郎と登枝は欲望で結びついた夫婦である。欲望に先行しなければならないはずの愛が二人には存在しない。

「夜光島」には、二人の間にいかに人格的結合を成立させるかという課題に吾妻が苦心した形跡が現れている。健次郎は登枝に、興奮したときだけの道具になるのではなくまず愛し合う基礎を築く必要があると説く。そのために健次郎がとった方法は「ノーマル」な性交で初夜を始めることだった。健次郎の驚くべきこの「愚かさ」は登枝の怒りを買い、健次郎は挑発され結果的に欲望のままサディズムを行使する。すべてが終わった後、健次郎は登枝との関係が欲望に支配された動物的関係になることを覚悟するが、登枝は逆に彼に心を開き、彼を愛し始める。「なぜだかわからない。しかし登枝は変っていた」（吾妻 一九五四c：九七）。そんな登枝を健次郎は「（死別した前）妻に似てきた」と評し、登枝に対する愛情の芽生えを暗示させるが、登枝豹変の理由は不明のまま残される。二人の関係を愛情関係に移行させたのは事実上彼の「動物的な」サディズムであったが、この点について全く説明はなされない。以上、「夜光島」には吾妻が必要だと主張した、日常生活と性生活の分離と、人格的結合に基づく愛がどちらも欠けていると評価できる。

しかしながら、この点が直ちに本作の失敗を意味するのではない。興味深いことに、「夜光島」前半部に反発を覚えたという古川は、小説が展開してゆくに従い『夜光島』の生活に陶酔し始め」、「一日猿ぐつわを嵌められている生活が始まってから、私は何ど作者に愛の言葉を囁いたか知れません」と述べている（古川 一九五五b：二〇—二一）。「一日中猿ぐつわを嵌められている生活」が始まったときとは、夫婦の日常生活と性生活が混ざり合い、彼らの対等性が失われ始めたときである。つまり古川は、吾妻の理論が崩壊し始めたその瞬間に、皮肉にも作者・吾妻を愛し始めたのである。

さらに古川は、連載が進むにつれ吾妻も登枝を、そして古川自身を愛し始めたと確信したという。これは吾妻の「登枝を愛し始めた」という発言と対応するものである。吾妻が愛したのは古川という架空のマゾヒストであるが、これを受け、古川は吾妻に向けて執筆した「告別」（一九五五年一一月号）において、「古川裕子というペンネームを使う女」として、熱烈な愛の告白を行なう。そしてこの告白を最後に古川は雑誌から姿を消し、吾妻もまた古川に応えることなくほぼ同時に姿を消した。ただし吾妻は五年後の一九六一年六月号に「古川裕子への手紙」を寄せ、古川の告白を「よろこんで一〇〇パーセント受けいれます」と述べたが、「この誌上で、お互いの仮面の下に」として古川を事実上拒絶した。古川からの反応はなく、誌上の恋はここで完全に終わりを迎えた[6]。

健次郎と登枝、そして吾妻と古川は、対等性も人格的結合も存在しない「夜光島」を通じて互いに愛を抱くに至る。「夜光島」が吾妻の思惑を離れて示したのは、あくまで特定の過激なサディスト・マゾヒストに限ってのことではあるが、不平等な男女関係も、人格的結合に先行する欲望も、幸福な夫婦生活を妨げないことがあるかもしれないという可能性である。「夜光島」は、客観的に見て吾妻のサディズム論を裏切っているが、この孤島は、当事者である吾妻・古川双方に「愛」を感じさせ、陶酔させる確かなユートピアでもあった。この事実は、吾妻の理論を根本から破壊するものであり、したがってこの可能性を見出したことこそが、吾妻に本作を失敗と感じさせた原因であろう。古川の愛の告白は、他ならぬマゾヒストから突き付けられた、吾妻のサディズム論の否定であった。そして連載終了後、古川はあらためて吾妻に、彼が「夜光島」で向き合うことを避けたこの問題をつきつける。

4　マゾヒストの愛

古川は「告別」において、自身の愛に対する解釈を語っている。愛は吾妻にとっても重要なテーマであり、彼は古川の「囚衣」に相互の愛と信頼に基づいた夫婦関係をみた。古川もまた、愛のある関係性を望んでいると確かに書いている。しかし古川は、次第に愛について、吾妻とは異なった考えを抱くようになる。吾妻が小説執筆を通じて、自らのサディズム論を深めていったように、古川も執筆を通じて、そして「夜光島」を通じて様々な思考実験を行っていたと言い得よう。そして古川は、自身の考える愛が、吾妻の定義するものとは最初から全く異なっていたことに気づくのである。以下、古川の主張を分析し、両者の立場の深刻な相違を抽出したい。

古川は、確かに「人間の愛情が欲しい」と何度か作品内で述べている（古川 一九五四a）。しかしそれは、必ずしも人格と結合した愛ではなかった。実は吾妻が絶賛した「囚衣」の内容からして、それは吾妻がよしとする人格と結びついた愛や、それを基盤とする「近代化されたサディズム」とは似てもつかないものだった。

口の中はカラカラに乾き、すぐにはものも云えない有様でした。しかし心の中には今まで感じたことのない夫への限りない愛情に溢れてきたことに気ずき（ママ）ました。（…）縛られた身のまゝ夫の胸ににじりよりながら「嬉しかったわ、私は貴方のもの、あなたの好きなようにしていいの」と思いをこめて申しました。男に心からの愛情を感じたのは、これが生れてから最初でした（古川　一九五二：一一九）。

これは、古川が結婚後初めて夫に緊縛、猿轡、鞭打ちを強要された際の描写である。古川夫婦は、これ以前にサディズムやマゾヒズムについて話しあったことはなかった。つまりこの行為は突然で同意もなく、つまりは現代の定義に照らせば明確に暴力と認められるものであったが、古川はこれによって「夫への限りない愛情」が溢れ、生まれて初めて男に心からの愛情を感じたと述べている。ここには、古川の夫への愛が、人格的結合とは無関係に、支配と暴力を通じて形成され、同意すらも不要であったことが示されている。

マゾヒズムという欲望から生じる愛を、古川はその後も作品として描き続ける。その愛は時に、自身の欲望の尊重すら必要としないものである。誌上で知り合ったサディスト・Ｔとの逢瀬を綴った「夕暮の窓辺にて」には以下のようにある。

マゾヒズムというものは「肉体の愛情」なのだろうか。又精神の愛情なのだろうか。私はＴ氏に対し初対面の時から悪感情を持たなかった。（…）でも裕子はＴ氏からどれ程の「意見」をきいたろう。（…）私の知ったのはＴ氏の一〇％にも満たない、いわば彼の性癖の面だけではないか。それなのに私はこんなに女性らしく優しくなっている。（…）私が求めたのは要するに「男」の行為だけだったのだ（古川　一九五四ｄ：二一〇）。

古川は、Ｔとの行為のあとに芽生えた「女性らしく、優し」い感情が彼の「性癖」のみに起因していることから、マゾヒズムとは「肉体の愛情」なのか「精神の愛情」なのかと自問する。そして自分が求めたのはＴの精神、すなわち人格とは無関係の『男』の行為だけだった」と考える。このような自問自答は、吾妻の一連の主張を受けてなされたものであろう。古川は、吾妻の主張に一度は合流しようとし、人格的結びつきの重要性に賛同した。しかし、ここではっきりと、吾妻のいう近代化されたマゾヒズムの要件が、自身に当てはまらないことを認識したのだ。

古川はそれまで、性欲の充足のみを求めてさまよった経験を「生殖器の旅遍歴」（古川 一九五五ａ：一三六）と呼び、自身の人間性を損なう動物的行為だと卑下していた。しかし古川はこの結論に達したのち、絶望するのではなく「何年にも感じたこと（のない）不思議な充足感のうちに」（（　）内は筆者が補った）、『やすらか』に寝た」という。

古川はその後、『男』の行為」から発したこの感情が、恋であり、愛であると結論付ける。そして古川はついに「彼のために必要ならば私の本能の満足を――即ち私のマゾヒズムさえ捨てゝも、いゝと思い始めた」（古川 一九五四ｅ：二六〇）。このように古川は、マゾヒズムから発した愛を強く肯定し、「その日から奇怪なマゾヒズムの女の恋が真の意味で始った」（同前：二六二）と高らかに宣言するに至る。

古川の「告白」は、どこまでが真実なのか判別することは難しい。Ｔとの逢瀬が実際の出来事であるのかは全く不明であるものの、全作品を通じて古川の「愛」をめぐる思索の経過は明瞭である。『やすらかに』寝た」という表現から、吾妻のサディズム論に基づけば「生殖器の旅遍歴」にしかならない自身の欲望の軌跡を「マゾヒストの愛」として認めてやることで安息を得た、と理解することができる。

さらに古川は「告別」のなかで、性生活を離れてなお、古川自身は「骨の髄までマゾヒスト」であり、マゾヒズムこそが自身の本質であるとし、日常生活の様々な出来事を挙げながら、それらにマゾヒストとしていかに感じたか、対応したかを述べていく。この記述は、マゾヒズムがいかに古川のすべてを規定しているかの説明であり、吾妻の主張した、欲望と人格の分離についての反論であると解せる。その上でさらに、古川が恋うのは「人格や学問や教養」ではなく、「裸の、すべての肩書を剝ぎとった一人の『男』」（古川 一九五五ｂ：二二）であると述べ、吾妻が人格から切り離し、人類普遍の本能と位置づけようとしたサディズムこそを、吾妻そのものとして愛していると強調する。(7) そして、「吾妻というペンネームの男」＝村上に、「古川というペンネームの女」＝「現実の私」から以下のように訴える。

　裕子は――いいえ現実の私は、マゾヒストです。異常性欲者です。私にはほこるべき何物も、自分では見つけることが出来ません、でもマゾヒストにも愛することが出来ます。私は今、その哀れな愛を、おろかな愛を貫きたいと思っているのです（同前：二二）。

「彼女」は自己を「異常性欲者」、即ち病者であり、狂人であると規定する。このような「彼女」は「正常」な判断力を持たず、近代化されたマゾヒズムの担い手たり得ない人物である。しかしそんな異常者にも、愛することはできる、そしてこの愛は、吾妻が劣位に置いた欲望から発する愛、マゾヒストとして見出した愛、即ち、マゾヒストの愛と言うことができる。この愛は哀れでおろかな愛かもしれないが、しかしこれを肯定し貫きたいと「彼女」は村上に訴えたのである。

「現実の私」が「異常性欲者」、マゾヒストであるという主張は、実は「彼女」にとって非常に大きな転換である。なぜなら古川は、自らの半身に「古川裕子」という名を付けたと述べており（古川 一九五五ａ：一三四）、「現実の私」は、ときに「知性的」・「理性的」とも評される普通の女だと述べていたからである。吾妻の言葉でいえば、「現実の私」はマゾヒズムを統御する理性であり、近代的主体に連なる日常生活の人格、「古川裕子」はマゾヒストとしての人格であり、寝室の人格だと言い換えられる。古川作品において、この二つの人格は決して相いれないものとされ、「このように全く相反した二面を持つ女を妻とする人は、結局二人の女を妻にするようなものだ」と述べられている（古川 一九五四ｃ：二一二―二一三）。「現実の私」は、欲望に支配された「獣のような」マゾヒスト・古川裕子と対立する、「彼女」の人間性を守る砦、美点として位置づけられてきた。つまり、「現実の私」がマゾヒストであるという主張は、分離していなければならない理性と欲望を統合し、日常生活と寝室を一致させることを意味する。

ここで主張されたマゾヒストの愛は、日常生活と性生活の分離という、SM擁護において疑われたことのない前提を破棄するという点で、現代においても寛容されることがほとんどないものである。[8] 分離を放棄するということは、日常における抑圧支配の影響を否定せず、マゾヒズムが正しくない欲望である可能性を否定しないということである。そのようなマゾヒストの愛は、吾妻の女性解放論と真っ向から対立しただろう。しかしだからこそ、吾妻が悩み、馴致しようとした彼のサディズムごと彼を肯定することを可能にしたともいえ、この点は吾妻にとって救いにもなり得たはずである。そもそもなぜ古川が吾妻と、「吾妻というペンネームの男」を愛したのかと言えば、彼が「夜光島」において、まさに暴力から健次郎を愛し始めた登枝を描き、その登枝を愛する健次郎を描いたからに他ならないだろう。吾妻の信念とは明らかに齟齬するこの展開を描いたことは、彼が極めて誠実に思考実験に向き合ったことを示すものである。女性解放論者として、サディストとして、彼はこの愛をどのように受け止めたのだろうか。

5　近代性の要求と免罪

五年の熟考の末、吾妻は「古川裕子への手紙」において、古川の告白が「マゾヒストであるあなたが、この私に、生涯、すべてを捧げ」、「甘んじて私の意志に一切をゆだねることを望」むものであること、すなわち日常生活と性生活双方に及ぶ支配を欲望するものである可能性を正確に指摘した上で（吾妻 一九六一：七八）、しかしそれを「遊戯」に矮小化しようとする。「あなたもそうだと信じたいが、私も性だけに生きる人間ではない」として、古川のマゾヒズムを同意の上での性生活に限定し、「異常性欲者」だという古川の自認を否定しノーマライズしようとする。そして、我々は「特殊な性心理の一断面」しか知らない間柄であり、そんな二人が運命を共にすることは不誠実だと述べ、再び日常生活と性生活の分離と人格的結合の優位を説き、マゾヒストの愛を否定する。さらに、以下のように述べる。

現実の問題としては、その表現は遊戯のかたちで現れざるをえないのです。(…)ノーマルに見えなければ見えないほど、それが実際の憎悪や怒りとは無関係なのだということを理解させなければならないのです。これが実際です。それ以外のものは「暴力」であって、たとえ一つのおなじ原始本能から生れたにしても現在の文明社会ではゆるされないし、持続もしません(同前:八〇)。

吾妻は、古川が望む日常生活にも及ぶ支配と服従は、現実には「遊戯のかたちで現れざるをえない」とし、マゾヒストの愛をみとめた際の、社会における持続可能性を持ち出す。マゾヒストの愛自体が、民主的な男女平等社会と対立するものであるとみているのである。

このように吾妻は五年後も、「夜光島」で破綻したはずの近代化されたサディズム論に、とりわけ人格的結合の優位にこだわっているように見える。それは実は吾妻もまた、単なる対等性と同意だけでは、愛と暴力を区別することができないことに自覚的であったことに基づくと思われる。このテーマは何度も吾妻の作品に登場する。「感情教育」には、暴力的な男とその暴力を甘受する女性と、夫を誘導して暴力を振るわせ快感を得る妻が登場し、彼らと自身との違いについて主人公・章三郎が悩む場面がある。

もし彼等がそれで満足しているなら(…)たとえ男の平手打ちが容赦なく、つねりかたが血の出るほど痛かろうと、女がそれを望んで歓喜を感ずるならいいではないか。それがお前の持論だつたではないか。（…）お前の眼の前で演じられた不愉快な姿はお前自身なのだ。（…）抹殺したいのはお前のサデイステイックな性格だつた。心の底のふかくでは、お前はそれを恥じている！（吾妻 一九五四ａ：一二三）

これは、電車で遭遇した男女に関する章三郎の独白である。その男は女を平手打ちし、膝を思いきりつねるなどの行為を「猫が鼠を弄ぶように」行っていた。章三郎は怒りに燃え男を殴り倒すが、その後、彼らは同意の上で楽しんでいたのではないかという疑念に囚われる。そして、同意と愛だけを基準にするなら、いくら理論武装しても自身と彼らとの違いは何もないと考える。「性格」という表現から、理論において章三郎が切り離そうとしたサディズムと人格が、彼自身においてもしばしば感情的に癒着していたことが知れる。この主題は「感情教育」に繰り返し登場し、「夜光島」にも表れる。章三郎のこの独白は、吾妻自身の偽らざる心境であったとみなせよう。つまり吾妻にとってのサディズムの近代化とは、このように暴力と区別のつかない愛と同意の真偽を検討し、それを腑分けすることとであった。

村上の女性論を考える上で興味深いことは、「感情教育」における章三郎が、最終的に自身と彼らを明確に異なる存在と結論付けるその論理である。彼は、「度重なる遊戯の結果が、愛する妻を伊東京子のような女性に追いこんでゆくとしたら、一切の夢は破れるだろう」として、作中に登場させた、暴力をふるうよう夫を誘導する妻・伊東京子のあり方をおぞましいもの、病的なものとする（吾妻 一九五四ｂ：一五七）。そして、「豚のような無頼漢」である、暴力的な夫と夫婦生活を続けているのは、「愛や信頼や、感じたり考えたりすることに共通の地盤をもたない」あり方であり、それが成立するのは、「彼女性が性のよろこびをひろい生活から切りはなし、単なる刺激、単なるテクニックとして求めているからだ」とし、それを悲劇だと位置づける（同前：一五七）。

章三郎が、彼らと自身を異なる存在だと結論付ける直接の根拠は、妻・由紀の発言である。章三郎は由紀に、電車で遭遇した男と自身の違いを問いかける。そして由紀がなんのためらいもなく前者を「気狂い」、章三郎を「やさしい夫」と評したことで「何もかもが保証されているような気持ち」になり、「彼の抑圧は一度に消えてしまった」（吾妻 一九五四a：一二三）。由紀は登枝と同様に、章三郎のサディズムを裁定する役割を担う。

このように、吾妻の作品においては、男のサディズムを腑分けし、愛と名付けるのは一貫して女性の役割であり、だからこそ彼は女性解放を求めたことが明らかとなる。現代においてもしばしば主張されることであるが、封建道徳に飼いならされた女性は、愛と暴力を適切に区別することはできない。彼女がそれを肯定したとしても、彼女は単にそう思い込まされているだけかもしれないからである。近代的主体を獲得した新しい女性のみが、愛と暴力を適切に区別することができる。つまり、女性に近代的主体が獲得されない限り、男のサディズムは決して愛に連なることができないわけである。吾妻には、自身の行為が暴力か愛かを裁定するために、どうしてもこのような女性が必要だった。

以上をふまえれば、吾妻がなぜ「囚衣」を誤読し、さらにはあれほど感銘を受けたのかを理解することができる。吾妻は、「囚衣」はマゾヒスト・古川の筆によるものであるにもかかわらず、一貫してそこには「サディズムの精髄」が描かれていると称賛した。吾妻の視点は常にサディスト側、つまり古川の夫側にあったことは、彼が「この夫の知性と洗練された趣味」、「もし妻がいやだと言つたらおそらく二度と暴力に訴えたりしないでしょう」などと、夫側の行為を常に称賛していることから明らかである（吾妻 一九五三：二二）。即ち「囚衣」は、男性のサディズムを女性側から愛へと変換する救済の物語として、吾妻に読まれたのである。

このように古川と吾妻のやりとりからは、同意のない暴力を容認・肯定する古川の主張よりも、リベラルな民主的平等論者である吾妻の主張の内部にこそ利己的な動機が抽出できる。しかし言いかえれば、吾妻はサディズムを肯定する方法を女性による免罪以外に見出すことができなかったし、それすらも彼にとっては確実ではなかった。吾妻の作品にこのテーマが繰り返されることは、吾妻がこの免罪を疑いなく信じていたわけではなかったことを意味しよう。「感情教育」の結末が、吾妻自身が「私はサディストです、畜生です……」と妻子に土下座して慟哭するシーンで終わることも示唆的である。彼は常に自分が「豚のような無頼漢」ではないかと自問し恐れていた。村上の妻が村上家の女中であったことも、現実世界で彼の行為を正当化することをほとんど不可能にしただろう。

おわりに

女性に近代性を要求し愛の裁定者として育てようとすることは姑息である。しかし、およそ七〇年前に既に吾妻が露呈させたこの構造は、現代に至ってもほとんど変化していない。現在、サディストの行為を暴力や病から切り離すシステムは、必ず相手となるマゾヒスト（女性とは限らないが）の同意と正気さに依存しており、だからこそ同意が最大の論点となるのである。この構造はサドマゾヒズムの実践に留まらず、同意が必要とされるありとあらゆる性的実践の文脈で機能していると見ることができる。例えば近年、性的同意は非常に重視されており、とりわけ、性被害の防止のためというロジックで推進されている。しかし江口聡が指摘するように、同意が、「通常では許されないような行為、あるいは危険で有害な行為を道徳的・法的に許容されるものにする力をもつ」（江口 二〇一六：六九）ものである以上、同意を焦点化する議論は、近代的主体による「加害者」の免罪という仕組みから逃れることはできない。現代においても、吾妻＝村上が悩み苦しんだ問題の解決策は提起されていないというべきだろう。かかる問題に古川のマゾヒストの愛がいかなる示唆を与えるのかを最後に述べたい。

吾妻が「感情教育」で示した、「猫が鼠を弄ぶように」女性をつねり、平手打ちする「気狂い」と、「優しい夫」との区別について再び考えてみたい。重要なことは、作中で章三郎は、近代化されたサディズム論では、両者を区別することができないと結論付けることである。章三郎は、仮に電車で遭遇した男女に同意があったとしても、「自分とあの男との類似をぜったいに拒否する」として、直感的に両者が違うものだと確信している。しかし、妻の由紀の裁定以外に、その違いを確たるものとして説明することができない。現代的に言うなら、SMと性暴力の違いを確信していても、それを説明することができないのである。

ところが古川は良く似た状況において、いとも簡単に両者を区別する。古川は、「わが心の記」（一九五四年六月号）において、偶然見た映画のなかのサディスト男性について述べている。それは、「女性に煙草の火を押し付けて、女が悲鳴をあげて泣き叫ぶのを喜ぶサディスト」である（古川 一九五四b：七五）。このサディストはさらに、「煮えたぎった、コーヒーを女の顔にぶっ掛けて、女の半面をおそろしい瘢痕にしてしまう」。古川はこれらの行為に不愉快さを感じ、そこに女への愛がないと判断する。古川はこの判断を「マゾヒストとしての『感』」によって行う。

「愛がないSMはただの暴力である」とは現代のクリシェであるため、古川の語り口は一見陳腐なものともうつるが、クリシェにおける「愛」とは多くの場合、マゾヒストの身体への配慮を暗に含んでいる。吾妻と同様に、持続可能性を考慮に入れている。しかし、古川は、このサディストの行為が行き過ぎているから愛がないと判断したわけではない。「愛するが故に女を虐めるということは十分あり得る。愛情の表現として、そのような行為をする場合」もあり得るとしたうえで（同前：七五）、そこにマゾヒストとして、愛があるかどうかを感じ取ろうとするのである。そして、このサディストが残虐な悪人として描かれているという映画自体の構造にも触れながら、「それから切り離しても、この男性の女に対しての愛情は信じられない」と判断する（同前：七五）。おそらく古川は、コーヒーを顔に注ぐような実践であったとしても、そこに愛が見出せるなら肯定するのだ。このようなマゾヒストは、穏当なクリシェの信奉者どころか、極めて病的な存在として浮上するだろう。しかしこのような病的な人物が、愛と暴力を適切に区別できるとしたら、どうだろうか。

古川による愛の判断基準そのものはわからない。おそらく、暴力や支配を「絶対悪」の言い換えとして理解する限り、決して理解することはできないだろう。しかし、同意・対等性・安全性という、現代において規範的な価値基準で臨んだ吾妻が区別することのできなかったものを、古川がマゾヒストとしてかるがると区別したことは注目されてよい。古川が規範を吟味した上で決別し、マゾヒストの愛を選び取ったことを踏まえればなおさらである。おそらく、愛と暴力を切り分ける現代の規範は、なにかを取りこぼしているのである。それをマゾヒストの愛は捉えている。ここには、同意や対等性を超えた、マゾヒストの倫理があるのではないだろうか。その倫理に基づき、マゾヒストたちは既に、暴力と愛を適切に区別している可能性があるのではないか。

古川の倫理、古川の生は、現在サドマゾヒズムが許容される条件を全く満たしていない。このようなあり方は、現実のSM実践において深刻な事態を招きかねない上、性暴力を法的に免罪する方向に働きかねない危険なものである。決して主流にはなり得ず、また古川が望み通りの愛を得たとしても、それは持続可能性もなく、誰を成長させることもないだろう。しかし、「マゾヒストにだって愛することはできる」と、「古川裕子というペンネームを使う女」が主張するとき、その意味と重みを、我々は引き受ける必要があるのである。

[付記]　本稿は科研費・21K17987の助成を受けている。

注

1　本章では、SMの語を、同意に基づく遊戯としての具体的実践を指して用い、サディズム・マゾヒズムの語を、SMに加えて、犯罪行為を含む同意のない具体的実践をさらに含むものとして用いる。

2　『奇譚クラブ』には同性間におけるサドマゾヒズム論や、女性サディストと男マゾヒストのカップリング論ももちろん多数存在するが、吾妻にとって性別は入れ替え不可能なもので、一貫して男から女性へのサディズムのみを問題視していることから、本章ではこれらについてのみ扱う。

3　英語圏では、病理概念であるサディズム、マゾヒズムの語の利用を避け、ＳＭ（Sadism & Masochism）、あるいはさらにより広く多様な性的実践を含意し得るＢＤＳＭ（Bondage & Discipline, Domination & Submission, Sadism & Masochism）の語が普及している。しかし日本におけるＳＭの語はＢ／Ｄ／Ｓ／Ｍより広い範囲を含む。ＢＤＳＭを用いることで、日本のＳＭの語が包摂するさらに多様な実践や欲望が不可視化される可能性もあるため、本章では原則として日本の用法としてのＳＭを用い、先行研究の参照時以外ではＢＤＳＭを用いない。

4　古川は最初期には「大野咲子」名で読者通信欄に登場するが、本章ではこれを検討対象に含めていない。

5　当該期の『奇譚クラブ』における告白のフィクション性が持った意味については（河原 二〇二二）にて論じた。

6　本章では、誌面に現れた彼らの交流のみを検討材料としているが、（吾妻 一九六一）によれば、吾妻は偶然の事情で古川の肉筆原稿を入手したとあり、彼らの間に誌面を介さない交流があった可能性は残る。

7　古川は「告別」において「夜光島」の主人公・健次郎を一貫して「感情教育」の主人公であり吾妻のもう一人の分身・章三郎と呼んでいる。ほとんどの箇所が章三郎に置きかえられているため、誤記ではなく故意だとみなせる。

8　古川の主張したマゾヒストの愛のうち、具体実践をＳＭとみなすならば、このプレイは現代のＢＤＳＭコミュニティにおいては「同意のある不同意」（Consensual non-consent）という論理を用いることで一見許容され得るもののようにも見える。しかし、この論理においても、マゾヒストが正気であることは必要不可欠の条件である。したがって古川は「同意のある不同意」を実行する主体たり得ず、許容され得ぬものとなる。

参考文献

吾妻新、一九五三「サディズムの精髄——古川裕子氏の「囚衣」を読んで」『奇譚クラブ』一九五三年三月号。

——一九五四ａ「感情教育㈤」『奇譚クラブ』一九五四年三月号。

——一九五四ｂ「感情教育㈧」『奇譚クラブ』一九五四年六月号。

——一九五四ｃ「夜光島㈢」『奇譚クラブ』一九五四年一二月号。

——一九五五ａ「夜光島㈤」『奇譚クラブ』一九五五年二月号。

——一九五五ｂ「きいたふう」『奇譚クラブ』一九五五年五月号。

——一九五五ｃ「孤独の広場——古川裕子さんへ——」『奇譚クラブ』一九五五年五月号。

——一九六一「古川裕子への手紙」『奇譚クラブ』一九六一年五月号。

Caplan, P. J., [1985] 1993, *The Myth of Women's Masochism*, Toronto: University of Toronto Press.

Califia, P., 1994, *Public Sex: The Culture of Radical Sex*, California: Cleis Press（東玲子訳、一九九八『パブリック・セックス――挑発するラディカルな性――』青土社）.

江口聡、二〇一六「「ノーはノー」から「イエスがイエス」へ――なぜ性的同意の哲学的分析が必要か――」『現代社会研究』一九。

Hart, L., 1998, *Between the Body and the Flesh: Performing Sadomasochism*, New York: Columbia University Press.

日合あかね、二〇〇五「「女性のマゾヒズム」再考――アメリカにおけるSM論争を中心に――」『女性学年報』二六。

古川裕子、一九五二「囚衣」『奇譚クラブ』一九五二年一二月号。

――一九五四a「裕子とお仕置」『奇譚クラブ』一九五四年二月号。

――一九五四b「わが心の記――あるマゾヒストの女の日記」『奇譚クラブ』一九五四年六月号。

――一九五四c「美しい五月に」『奇譚クラブ』一九五四年八月号。

――一九五四d「夕暮の窓辺にて」『奇譚クラブ』一九五四年一〇月号。

――一九五四e「愛恋の日に」『奇譚クラブ』一九五四年一二月号。

――一九五五a「孤独」『奇譚クラブ』一九五五年四月号。

――一九五五b「告別」『奇譚クラブ』一九五五年一一月号。

河原梓水、二〇一五「病から遊戯へ――吾妻新の新しいサディズム論――」井上章一・三橋順子編『性欲の研究――東京のエロ地理篇――』平凡社。

――二〇二一「現代日本のSMクラブにおける「暴力的」な実践――女王様とマゾヒストの完全奴隷プレイをめぐって――」『臨床哲学ニューズレター』三。

――二〇二二「セクシュアリティの生活記録運動――戦後日本における「変態性欲」と近代的夫婦生活――」『Antitled』一。

Linden, R. R. et al., 1982, *Against Sadomasochism: A Radical Feminist Analysis*, San Francisco: Frog in the Well.

濡木痴夢男、二〇〇四『「奇譚クラブ」の絵師たち』河出書房新社。

第7章 戦後釜ヶ崎の周縁的セクシュアリティ

鹿野由行・石田仁

はじめに

大阪市西成区にある元遊郭「飛田」と労働者の街「釜ヶ崎」は、人びとの関心の的であり続けてきた。近年に限ってもルポルタージュは数多く出されており、いくつかは文庫化もされている（橋爪 2007，井上 2011→2015，生田 2007→2016，杉坂 2012→2014，原口 2016，白波瀬 2017など）。

中でも、井上理津子の『さいごの色街　飛田』は、飛田に関わる人々から貴重な言質を拾うだけでなく、男性をその顧客とする色街を女性が取材することの難しさについて自己洞察が繰り返しなされ、主題、聞く者、聞かれる者の三角形の関係において生じるジェンダーの問題を鋭く提示する渾身の作と言える。

とはいえこうしたルポルタージュにおいてセクシュアリティ（性）は、触れられたとしても男女間の関係である異性愛に多くの記述がとどまっている。釜ヶ崎を福祉や労働など多面的に取り上げた『釜ヶ崎のススメ』(原口他 2011) もまた、きわめてすぐれた導きの書であるが、セクシュアリティに関してはほとんど触れられていない。

すなわち、多くの「飛田」「釜ヶ崎」の既刊書の中においては、セクシュアリティは触れられないか、触れられたとしても異性愛的な内容にとどまっていた。周縁的なセクシュアリティ——たとえば異性装・同性愛など——は、文字通り周縁に留め置かれて隠され、十分に論じてこられなかったのである。

もちろんかの地は、周縁的なセクシュアリティの人々やその生業が存在しなかったわけではない。よく知られている武田麟太郎の自伝風短篇「釜ヶ崎」(1933→2003) には男娼が登場する。主人公の「小説家」が「十二年もゐた」生家を訪れてみた所、「淫売婦の仕事場になつて」おり、「女でない」者が「をなごとして」住み、商売していたという。

> 急に彼は自分の観察が誤つてゐるか如何かをためしたくなつて、何の悪い気もなく、「あんたは、女とちがふな」と云つたのである。(中略) 暫くの間、女は彼の顔を見つめてゐた。それから、両手を揉むやうにして、下うつむいて、嘆息した。「やつぱり——分りまつか」(中略)「ええ、ちやんと、そいで商売してますねん、をなごとしてな」と奇妙な陳述をするのであつた。(中略) 女でないと云ふことが明白になつてから今までと著しく態度を変へた。すぼめるやうにしてゐた肩も張り、「ほんなら、一本いただきまつさ」と、遠慮を打捨て、手を出して煙草の箱を取つたが、その指も骨ばつて来たやうにさへ思へたのである。

また、次の例もある。酒井隆史の『通天閣　新・日本資本主義発達史』は、明治から昭和にかけての比較的長期におよぶ資料をもとに新世界・飛田一帯を緻密に調べあげ、かつ男娼のような周縁的なセクシュアリティについても触れた数少ない研究の一つである。たとえばこの書では、『新世界興隆史』(一九三四年) を引き、飛田遊郭が設置された一九一八年以降、新世界へ通じる石見町には「漂客相手の法界屋が盛んに出入」し「男娼的雰囲気を醸し出」していたという記述を見つけている（酒井 2011：121）。他にも酒井は、岸本水府らによる『三都盛り場風景』の飛田遊郭付近の情景を引用し、遊郭付近に出没する「変態性欲者」が「顔へベツタリ白粉をつけ、中には眉を引き口紅までさして」いる様を紹介する。さらに、平井蒼太「大阪賤娼史」における「被男色常習者」の記述などにも触れている（同前：639-340）。『三都盛り場風景』や「大阪賤娼史」の文献では、一九三〇年代初頭に警察権力が男娼の人数を調査していたことが記されており、警察権力が周縁的なセクシュアリティを把握し管理しようとしていた点において、非常に興味深いものである。

本章では、「釜ヶ崎」と「飛田」に加え、「飛田」の北側からJR環状線の南側までの――すなわち、現在の町名で言う「萩之茶屋」「天下茶屋北」に「太子」「山王」を加えた――広い領域を含めて、以降、釜ヶ崎と称することとする。歴史学者の三橋順子「昭和期、大阪における女装文化の展開」（2010）の研究では、この地が男娼のいる地域として戦前に栄えたことが明らかとされている。例えば空襲で「焼けてなくなった」ものの、阿倍野三大名物として、「スラム釜ヶ崎の五十銭淫売」、「ショウトウ、ヒデンと歌われた飛田の姐さん」そして「女装変態男『おかま』」が数え上げられていたという。

では戦後についてはどうだったのだろうか。戦後の周縁的なセクシュアリティについては、さきの酒井や三橋の研究以外、存在しない。三橋の別の研究「大阪の「男娼道場」主、上田笑子」（2007）では、釜ヶ崎の女装男娼とその後発生した阿倍野やミナミの女装スナックとの関連を考察しているほか、男娼の「総元締め」とされた上田笑子（えみこ）の実態に迫っている。このように、男娼については研究成果があるものの、いわゆる男性同性愛については全く研究が進んでいない現状がある。

だが、一九七〇―九〇年代に刊行された男性同性愛者向け各種情報誌（『全国プレイゾーンマップ』『男街マップ』）を見ると、この地域に、いくつかの男性同性愛者向け店舗（バーやマッサージ、旅館）が開業していたことが分かっている。ならばそれ以前の時代にも――規範的性からみれば「不可解」と思われるかもしれないような――異性装・同性愛に関する豊かな試みが存在したのではないだろうか。

そこで筆者たちは、この地における周縁的セクシュアリティの痕跡を整理し、戦後から一九八〇年代までの釜ヶ崎の人々の生業と生き様を提示しようと考えた。そのために、二〇一五年に雑誌記事や住宅地図で下調べをし、聞き取り調査を行った。また記事・地図・口述で得られた内容を裏付けるために、数度にわたって釜ヶ崎の巡見を行った。結果的に、周縁的セクシュアリティの試みは、筆者たちの予想をはるかに超えて多数みとめられた。しかし開発による都市の「洗練」――ジェントリフィケーション（Smith 1996＝2014）――は、それまでの地域の生や生業を変えてしまう力を持つ。ジェントリフィケーションに抗する様々な取り組みがなされてきた釜ヶ崎も例外ではなく、こと周縁的セクシュアリティに関する有り様が大きく漂白されてしまったことも、本章の最後で確認しておきたい。

本章では周縁的セクシュアリティの痕跡を地理的に再編成したうえで、提示する。まず

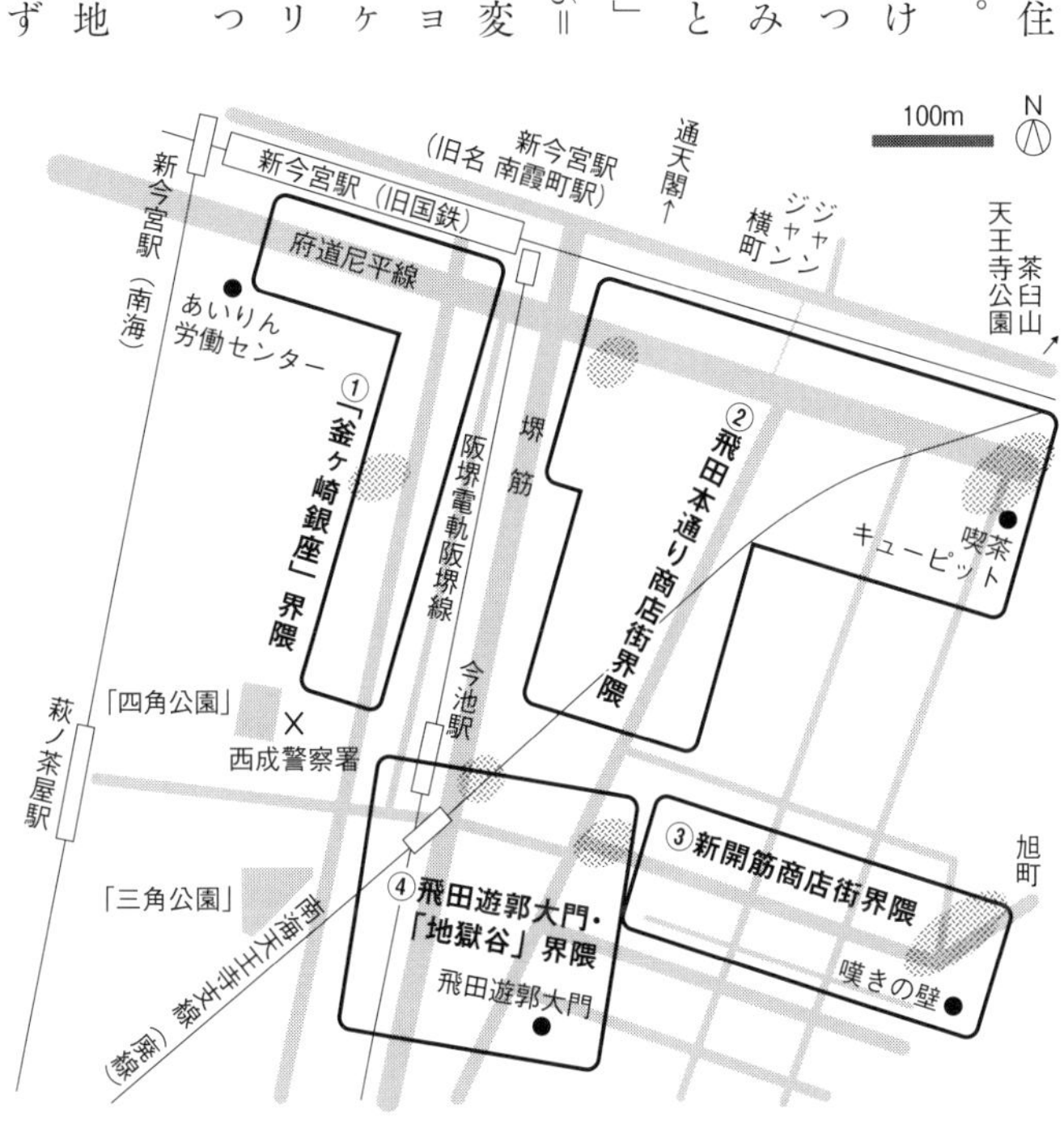

図７－１　本章の各節が取り扱う領域（筆者作成）

「釜ヶ崎銀座」界隈を、次に飛田本通り商店街界隈を、続いて新開筋商店街界を、そして飛田遊郭大門・「地獄谷」界隈を扱った（図7-1）。この分け方は、旧国鉄（JR）新今宮駅を起点として、おおむね時計回りに並べたものであり、巡見で追証を容易にするための便宜も兼ねている。

なお本章では、現在差別的ととらえられうる言葉も使っている（「変態」「淫売婦」「土方」「労務」「おかま」など）。しかし、この地に生きる／かかわる人々の価値観を照らし出す、あるいは考え方を尊重する目的から、歴史的な言葉遣いをそのまま用いることとする。また、「飛田遊郭」の語は、本来は堀や壁で区切っていた時代の「郭（くるわ）」に限定して用いるべきかもしれないが、戦後も使用されている通称を踏襲した。

1 「釜ヶ崎銀座」界隈

1-1 米ちゃん・山ちゃん

かつて国鉄新今宮駅の南側の一角には、食堂やスタンド酒場がひしめいていた。東口に近いこの一角に、お好み焼き屋の「米ちゃん」と「山ちゃん」がある。「お好み焼き屋」と「性」は現在では唐突な組み合わせかもしれないが、井上章一の『愛の空間』によれば、愛し合う男女に場所を提供していた東京の飲食店として、蕎麦屋・うどん屋、汁粉屋などとともにお好み焼き屋が文芸作品に登場していた（井上 1999：152）。池田弥三郎（1965→1980：211）も同種の述懐をしている。

「米ちゃん」と「山ちゃん」はいずれも、一九六九、七五、七七年の住宅地図と男性同性愛者のための頒布冊子『GREEN LETTER』一九七六年版、第16号（以下GL16号と表記）に掲載されている。いずれの店名も、店主の苗字である米田氏、山田氏からとられている。「米ちゃん」の店には「吉田御殿」の字も併記されている（図7-

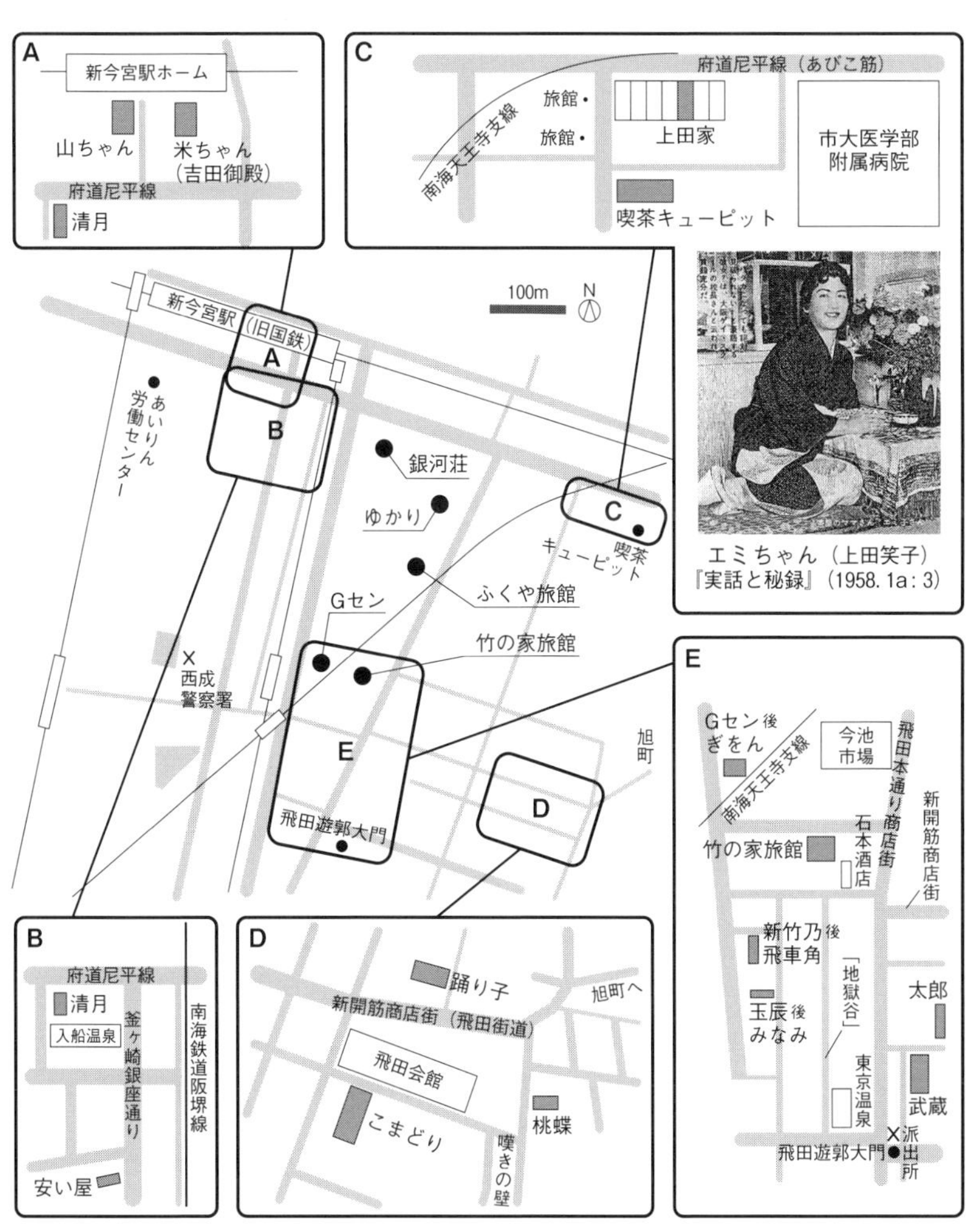

図7-2　各場所の詳細図（筆者作成）

2のA)。

本研究で重要な調査協力者のひとりであるお好み焼き屋の「千両」経営のヒロちゃん（元男娼・故人）によれば、この二軒はいずれも「ウリ専」（男性客向けに男性が売春をする業態）であり、「米ちゃん」が「マッチョ」のボーイ、「山ちゃん」が「普通っぽい」ボーイを揃えていたらしい。

「山ちゃん」に関しては、男性同性愛誌『アドン』（1975年11月）で編集長の南定四郎が赴いた取材がある。取材時、店主の山ちゃんは五三歳であったので、一九二二年か二三年の生まれ。記事によると、山ちゃんはサラリーマン時代、タクシーの運転手に入れあげてしまう。その運転手は競輪マニアで、女に好かれる男だったという。山ちゃんは一日の稼ぎにあたる分をその運転手に前払いして朝から「借り出し」、カー・セックスを楽しんで帰ってくる。これを繰り返しているうちに給料を使い果たし、家を売りに出す始末となった。山ちゃんは次長の地位でサラリーマンを辞め、土方になって働くことになる。ただし土方からお好み焼き屋へ転身した理由等は明らかでない。

『アドン』には、「山ちゃん」の店内が描かれている。「お好み焼き屋」と言うには少し変わった内装だったらしい。

お好み焼き「山ちゃんの店」は、新今宮の駅のホームが屋根の上にあたる。（中略）山ちゃんの店は大きくはない。戸をあけると、入口にむかって扇風機の風が吹きつけてくる。壁の隙間風をさえぎるのに、花柄のカーテンがひいてある。入口の左側の壁板にはさまざまなポーズの男の写真が天井から床まで貼ってある（アドン 1975.11：16）。

南がこの店を知ったのは、東京のバーで噂を小耳に挟んだためである。「ノンケの土方やヤクザが、金ですぐ寝るんだってよ」「連れてきた男を見て、四人まではキャンセルできるが、五人めになったら、いやとはいえない」。果たしてその噂は本当だったのか。

南は二日間の取材で、ある光景を観察している。「社長」と呼ばれる客が入ってきた後、すこしたって二人の若い男が入店した。一人は「すらりと背が高くて角刈り」の若者、もう一人は「ちぢれ毛の髪を、こんもりともりあげた」若者である。「社長」は二人にビールをご馳走する。ちぢれ毛の若者に山ちゃんは「あんたな、店に出たら、酔って商売したら、あかんでぇ」とたしなめ、「あんた、先に帰りなさい」と帰している。すらりとした男はその後、社長の隣でビールを飲み、一本あけると帰って行った。

「私の目の前で、二人の若者が金も払わずにビールを飲」み「帰らされた」状景に対し、「社長」は山ちゃんに目くばせで「『ノー』のサインを送っていた」のではないかと南は推測する。

なお体をさしだそうとするのは、若い男性だけとは限らなかったようである。「刑務所で男の味を覚えた」男たちは「女はあかん、女はあかん、いうてな。ビールを一本だけ飲んで、男のあそこをな、ねぶって、ねぶっていいますのや」と、山ちゃんは客のことを語るのである。

「米ちゃん」「山ちゃん」は、寺島珠雄が編集した『釜ヶ崎語彙集』(1972-1973)[1]にも、取りあげられている。寺島は「バラック」という項目のもとにこれらの店を取りあげる。語彙集が執筆された七二、七三年当時は、釜ヶ崎においてもバラックはすでに姿を消しつつあったようで、当時「様相からいってもっともバラック街的」と言えるのは「あいりん総合センター」とこの節で取りあげている場所、つまり「府道尼平線を隔てて向かい合う国鉄高架沿いの裏通りではないだろうか」と限定する。

〔国鉄新今宮駅の〕鉄道用地への侵入よけに高いフェンスが張ってある。用地はゴミ棄て場同様、まっ昼間に馴れた筆者が入って行っても何となく気持ちの波立ってくる雰囲気だ。そこにもお好み焼き屋がある。山ちゃんの店、というのと米ちゃんの店というので、米ちゃんの店の看板には、なぜか吉田御殿とも書いてある。

千姫のような女が、逞しき労働者を招き入れる意味だろうか。（中略）釜ヶ崎にわずかに残存するカスバ的な光景（寺島編 2013：119）。

ここにヒロちゃんの談話を重ねれば、千姫ならぬ「マッチョ」な男が相席していたことになる。しかも仮に「米ちゃん」が南の言う「山ちゃん」と同じシステムだとすれば、「マッチョ」な男たちは釜ヶ崎の逞しき労働者「の」相手になるべく相席したのではない。釜ヶ崎の外から男を求めにやって来る男の供物になるために、釜ヶ崎の逞しき労働者「が」この特別なお好み焼き屋で性行為の懇願をしたということになる。

「米ちゃん」「山ちゃん」とも、GL16号（1976）に載っており、一九七七年までの住宅地図では二店とも確認できる。一九八二年には「山ちゃん」のみが確認できたが、両店舗が正確にいつまであったのかは明らかではない。家屋はすでに解体されている。二〇二二年現在は養護施設とホテルが建設されている。

1-2 清月

上述の二店の住所は萩之茶屋一丁目である。この町名は大阪市告示第一五二号の変更によるもので、それ以前は東入船町であった（寺島編 2013：53）。「清月」もGL16号に載っている店舗のひとつで、東入船町にあると記されている。住宅地図で所在を確かめたところ、一九六九年の住宅地図の府道尼平線に面した東入船町に「軽食清月 寿山」という飲食店があり、比定できた（図7-2のA）。ただしこの店は一九七七年の住宅地図にすでになく、「生駒屋」という店に変わっていた。巡見当時は「焼肉・ホルモンの店 大虎食堂」という店舗になっていた。

1-3 安い屋

新今宮駅の東側には、南北に阪堺電軌阪堺線が通っている。その一本左側に南北に延びる通りが釜ヶ崎のメインストリート、通称「釜ヶ崎銀座」である。この通りを入ってすぐに「入船温泉」がある（図7－2のB）。「アンコ（［日雇い］労働者）のつくるアンコの雑誌」として刊行された雑誌に『労務者渡世』がある。その雑誌への投稿に、「入船温泉」には「いやらしい男（オカマ）がいるのでいやだ」という言質（1980. 12：27）が確認できる。だが、嫌悪の感情ばかりではない。「オカマのヌード」を見られる銭湯は時折取り上げられており（労務者渡世 1976. 2：16、寺島編 2013：152）、興味を惹いていたといえる。

入船温泉を南に進むとまもなく、食堂や喫茶店が狭く連なる場所にたどり着く。この中に「食堂　安い屋」という居酒屋があった。現在の、居酒屋「春香」の場所だと思われる。先ほどの『労務者渡世』第14号では特集名がそのままズバリの「おかま」であるが、この号で、「『安い屋』は名門。古参連中がよく姿を見せている」と紹介されている。

さて、「安い屋」は『労務者渡世』の特集がうたうように、「名門」であったのだろうか。『労務者渡世』とは少し異なった評価をしている資料も掲げたい。先も引用した『語彙集』である。『語彙集』では竹島昌威知（しょういち）が「安い屋」なる項目をわざわざ立てていて、そこでは『労務者渡世』の評価とは異なる描き方をしている。

> 名乗りは大衆食堂だが実質は一杯呑み屋。銀座通りのほぼ中央西側にある。この店の特色は、店と雇用関係のない**男娼**が、あたかも接客係のようにまとわりつくところ。ただ、この店に集まる男娼はたとえば飛田本通りや山王界隈のそれよりもランクが低く、というのは老いて容姿も衰えており、それが女衣装の流し目をつかい、シナを作る光景は正気の眼には全然サマにならない。しかし、承知で寄ってくる客もいるのだから不思議だ。（中略）泥酔者（キスグレ）がけんかしているそばで、ヒゲの剃りあとのあざやかな男娼が裾を乱してしなだれかかったりもする。妖しげな、他では絶対ない店だ。終夜営業（寺島編 2013：131-132）（太字原文）。

『労務者渡世』の発行に携わっていた水野阿修羅氏によれば、「安い屋」のそばの「ナカヨシ」という簡易宿泊所（ドヤ）にもオカマが住んでおり、昼は土方、夜は女装をしていたという。『演劇評論』の第五号（演劇評論 1956.3a：2）[2]にも「入船町あたりへ行けば、同性を求め職業化した男娼がいる。この人達の殆どがW化よりもM化に近しく何となくぎこちなく感じる」という記述がある。「W」は女性、「M」は「男性」を指しており、この一帯の男娼は女性らしさにやや欠け「ぎこちな」かったという印象が『労務者渡世』のそれと符合する。このことから、少なくとも一九五〇年代には「安い屋」や「入船町」周辺、あいりん総合センターにほど近い、労働としての「釜ヶ崎」の中心地にも、女装男性や男娼の姿がみとめられたと考えられる。なお「安い屋」は、住宅地図では一九五六年が初出。六九年には道を挟んで東南側に二号店が作られるが、八八年以降は地図に掲載されていない。本店は二〇〇九年を最後に地図から消えるが、少なくとも五三年以上営業していたことになる。二一世紀の「安い屋」にも男娼はいたのだろうか。

2 飛田本通り商店街界隈

2-1 銀河荘

東渕（淵）修（一九三〇—二〇〇八）は、釜ヶ崎に住み、釜ヶ崎をとらえつづけてきた詩人である。彼は詩集『釜ヶ崎』（1971）や『釜ヶ崎ノ土』（1973）を発行、一九七四年には「銀河書房」を興し、季刊誌『銀河地帯』を創刊する（東淵 1979：奥付）。その東淵が管理していたアパートがある。地下鉄動物園駅四番出口からすぐ、東田町（現在は太子一丁目）にあった「銀河荘」である。経営は東淵、大家は先述の竹島昌威知である。住宅地図で調べたところ、このアパートになる前は、「太陽」という名の旅館であったことが分かっている。地図から察するに、銀河荘の立地は太子交差点にほど近く、地の利はかなり良いものの、このアパートが道路へ接している箇所は南西側の一部分のみであり、他の建物に囲まれるようにして建っていたため一階二階の陽当たりはあまりよくなかったものと思われる。なお、東淵の別の本（1985：25-26）によれば、銀河荘の裏にある大衆浴場「明治湯」には、「オカマ」が朝ぶろに来ていたらしい。明治湯に、〃俺が一番に入浴した〃と思ったら、すでに「オカマ」が入っていた。だからこの土地の名は「カマが先」と言うのだというオチがつく。

東淵いわく、このアパート[3]には一五の家族が住んでいたが、その一階と二階は「たいがい夫婦もん」だったと言う。しかもここでいう「夫婦」とは、男性同士を指す。東淵の最初の事務所は、このアパートの入口付近の部屋であった。交通事情から心斎橋の方に新たに事務所を借りることにしたが、家賃が高額だったため空いた元事務所の方を賃貸に出した。すると、「おカマちゃん」が「貸してえ」とやって来た。この「おカマちゃん」に東淵は「部屋に客を呼んできてやったらアカン」と牽制するが、最上の得意客は隣の警察署の署長だからパクられようがないと逆に説得される。

この銀河荘のことは、一九八八年から一年ほどの間、家族揃って釜ヶ崎に住んだ齋藤俊輔も著作『釜ヶ崎風土記』（1995）に書き著している。当時のアパートの居住者は全部で一五、六人ほどだったという。

　このアパートがまずまず良心的なのはこの家主の詩人的良心が反映しているからだろうか。残念なことに経営状態はあまりよくなかったようだ。（中略）驚いたことにその三分の一近くはいわゆるオカマであった。（中略）四階のオカマは夫婦者である。引っ越しの挨拶に石鹸を持っていったらそのオバさん、あんた方のように挨拶をできる人間はこの辺りにいない。この辺は泥棒ばかりだから気をつけなさい、と、しつこく言う。造成した乳房の上半分を見せ髪を梳きながら、ニシナリは怖い怖い、と縷々説明する。私の子供が「おばちゃん」と呼んだのがなにより気に入ったみたいで、飲みさしの牛乳をコップに入れてくれた（齋藤 1995：14-16）。

翌年は平成となる一九八八年当時の様子である。昭和の末までこうした光景が見られたのだ。

2-2 ふくや旅館

銀河荘から飛田本通り商店街に向かい、すこし南進すると、比較的小さなホテルが立ち並ぶ場所がある。そのあたりに「ふくや旅館」という旅館があった。同館は同性愛誌『薔薇族』一九七九年一月号に広告を載せている。「ふくや旅館」では、「みなさまのおすすめにより」「扮装芸術クラブ」を開設したとある。当館では、衣装、用具において利用客が満足できるようなものを用意し、「一般女装」や「芸者姿」など「お好みに合った衣装、かつら、化粧品等、ご購入のお世話もしている」と謳っている。旅館と同好会の機能を兼ねていた点と、男娼や同性愛者が蝟集していた天王寺公園（茶臼山）から飛田遊郭にむけての動線に位置していた点から、人的交流の上で重要な役割を果たしていたのではないかと思われる。しかし広告以上の詳しいことは分かっていない。

2-3 ゆかり

酒井隆史が北尾鐐之助の『近代大阪』を引くに、新世界に開園されたルナパーク（一九一二年）が失敗に終わると、新世界の繁華街は「今宮線の鉄道を踏み切って、大門通りを飛田遊郭に至る約五〇〇メートルばかりの道を中心として、楕円形に膨らんで行」き、新世界の人の足は、飛田―新世界という南北線に動くようになったという（酒井 2011：124, 638）。つまり少なくとも一九一〇年代からしばらくは、この大門通り（飛田商店街本通り）が飛田遊郭への北からの大動脈であった。先に挙げた一九五六年の『演劇評論』第五号では、動物園前駅で降りた書き手が「ポン引の小母さんに女らしい美人の男娼の案内を乞い、裏通りの細長い家に連れて行かれ」る一部始終を書いている。一九五六年時点では簡易旅館が建ち並んでいるが、当時（一九四九年一一月）は、「バラック建築が殆どであった」という。駅前のみならず、この商店街にも男娼が立っていたことが記録されている。

> 飛田遊郭へ通ずる本通りを漫歩していた私は、前方より人混みを縫って、急ぎ足でくる女に注意を惹かされた。（中略）女かと思ったがどうも臭いので物かげに誘い話しかけたところ、案の定、男娼であったから直ちに彼女の部屋に同行した。／これが私にとって最も忘れ得ない人である『敏子』であった。彼女は丁度『おさく』と呼ぶ男娼に難くせをつけられ、苛められた直後だったと語っていた（演劇評論 1956. 3b：6）。

この商店街のすぐ脇に、「ゆかり」という店があった。かつて『実話と秘録』という雑誌が創刊されていたが、その一九五八年一月増刊号は、当時の「蔭間茶屋」と言える店舗を特集として取りあげていた（実話と秘録 1958. 1a, b）。紹介された店舗の一つに「ゆかり」がある。

店内はコの字型のカウンターのある小意気な店で、二階が座敷になっているお茶屋形式である。客がくると店側が娼妓を呼びに行くシステムだったという。五〇過ぎの女性の女将がとりしきっていたようだ。ホステスとしては看板娘の「順子」、衣装道楽の麗人「マリコ」、女装を初めて一カ月の「トン子」が紹介されている。

飛田本通り商店街を北から入ってまもなく、二筋目を西に入った路地を進むと、立ち並ぶ家々の中に少し古い民家がある。それが「ゆかり」である。銀河荘とは徒歩三分と離れていない。バルコニーのレトロ感と、黒いビニールに覆われた看板はもしかすると当時のままなのかもしれず、とても気になるところではある。しかし筆者たちを拒むような雰囲気を持つその路地に長く留まることはできず、場所を確認しただけで退散した。

『実話と秘録』には「ゆかり」のほかに、「順子」という店も紹介されている。「順子」のママは、前年まで「健ちゃん」の名で男装してキャバレーで働いており、外国人（おそらく米兵）にオンリーとして囲われていたこともあったようだ。女装が板についてからも、昼間は背広姿で出かけ、素顔もハンサムらしいが「男子専科童貞」なのだという。ホテルから必死に逃げたことも多数あるのだとか。「ゆかり」にはその他にも複数の人物が在籍していたようである。

2-4　キューピット（一般の喫茶店）

先にとりあげた『労務者渡世』の14号「特集 おかま」では、「おかまに逢えるところ」という地図が掲載されており、当時の状況を一望におさめることのできる貴重な資料である。

天王寺駅から新今宮方面に府道尼平線を西進すると、まもなく大阪市立大学病院（当時名称）が見えてくる。病院をこえて南海鉄道天王寺支線（現在は廃線）と交わる路地を南に折れてすぐのところに、「逢えるところ」として「Qピット」という表示がある。この「Qピット」は、二〇一五年の巡見当時営業を続けていた喫茶店「キューピット」のことであった（再び図7-1）。

巡見当時、六〇歳前後のご夫婦が二〇年以上続けている店で、親子二代にわたりこの場所で様々なお店を経営されてきたという。「おかまさんがこの辺りには多かったと聞いたのですが」と尋ねると、当時は店の前や幹線道路沿いに多数の男娼が立っており、休憩時には店にきてコーヒーを飲みに来てくれたというのである。

この喫茶「キューピット」へ飛田本通り商店街の中から行こうとすれば、尼平線から飛田本通りを南に入ってしばらくしてから左（東）に折れ、カーブを描く天王寺支線を越えること三分程度で到達する。口述と文献の二つが符合する記録として、『演劇評論』の12号を取りあげたい。主人公の「英二」は動物園駅を降りてすぐに男娼に出遭うが、振り払う。その一部始終を見ていた別の男娼があとを尾け、追い越していく場面である。

英二は本通りを避けて行こうと、四五軒目から左〔東〕の暗い横町に折れてガード下の方え（ママ）急いだ。電車が長く線路をきしませて通過して行った。ガードをくぐり抜けようとした時、軽い足取りで後から来た女が追い抜きながら英二の手の甲を軽く握り、「ウフフフ……」と笑いすてて前に出た。すらりとした長身の和服の腰辺りが妙に色っぽい。呆気に取られた英二を振り返りもせず先え急ごうとする。「ちょっと待った。（中略）尾けられていたとは気がつかなかったな。すると君もあれかい。」英二は、にやにやし乍らわざと質問してみた。「嫌な方ね。判ってらっしゃるくせに。」「ハハハ……。怒るなよ、冗談だ。」（演劇評論 1956. 10：10–12）。

また『奇譚クラブ』（1948. 1）にも、「地下鉄天王寺駅と地下鉄動物園前とをつなぐアスファルトの坂道を西へ下ると丁度その中程『旅館一つ家』の前付近。ここに六、七人」の男娼が立っていたというくだりがある。「旅館一つ家」は地図で確認できていないが、坂道を西へ下った辺りとは、まさに「キューピット」の店の前だと思われる。

子どもの頃からここで育ったというキューピットのマスターは、ゲイバーや男娼についても詳しく語ってくださった。その中の一人に「エミちゃん」と呼ばれる「おかまさん」の名が出てきた。その人物こそ、「はじめに」で取り上げた、大阪はおろか全国にその名を轟かせた男娼の「総元締め」、上田笑子その人であった。

2-5　エミちゃんの家

上田笑子――「エミちゃん」「エミ子さん」（図7-2のC）――は本名を上田鹿造といい、明治四三年、奈良県生まれの長男で、一二歳の時に家出して釜ヶ崎に辿りついた。最初は「新世界の一座の芸人」に拾われ、一年ほど過ごすが、そのうち下駄屋の店主に〝水揚げ〟される。その後下駄屋の店主とは別れ、その後男娼一本の筋金入りのプロとして人生を送る。彼女は大阪・飛田の男娼の草分け的存在として一九五〇年代から七〇年代の様々な雑誌に登場する（三橋 2007）。

さてこの「エミちゃん」は、どこに住んでいたのか。一九五八年の雑誌『実話と秘録　増刊』一月号「ゲイの

本場 大阪の美人男娼ベストテン」によれば、「通称『エミちゃんの家』は動物園前からアベノへ幹線道路を抜ける途中、ずらりと西側に並んだ商店街の地下にある」（実話と秘録 増刊 1958. 1b：106）。

キューピットのマスターに出会うまでは、これが場所の手がかりのすべてであった。この唯一の情報をもとに、「商店街」ならば釜ヶ崎銀座か飛田本通り商店街のことではないかとあたりをつけ、住宅地図でその近辺をくまなく探した。「上田」姓の家はたくさんあり、絞りきれなかった上に、そもそも釜ヶ崎に「商店街の地下」に相当する場所がなさそうであった。ビルの地階に店舗があったという可能性も考えられるが、水野阿修羅氏にうかがってもそうした地階に女装の店があると聞いたことはないという答えであった。

しかし、キューピットのマスターが「エミちゃん」をご存じであったことから筆者たちの胸は高まった。はやる気持ちを抑えて尋ねたところ、「エミちゃんの家」はキューピットの「すぐ裏」にあり、店舗は地階ではなく一階に玄関を構えていたという。筆者たちはいそいで喫茶キューピットの近隣を住宅地図で確かめ、たしかにすぐ裏手に、上田鹿造が住んでいたと思われる場所を比定することができた。資料に書かれた「西側」はおそらく「南側」のあやまりと思われる。では、「商店街の地下」という謎の表現は何を指していたのだろう。

おそらくこういうことである。新今宮駅は低地（沖積層）にある。ひとつ東の天王寺駅は上町台地（洪積層）にある。新今宮駅から天王寺駅に向かう幹線道路には自然の勾配が存在する上、一定の傾斜角度を保つために道路には盛り土がしてある。これらにより幹線道路は、山王一丁目の低地に広がる商家のつらなりの、二階相当の高さを持つ。幹線道路に降り立った不慣れな記者には、道路の南側に櫛の歯状につらなる商家が「商店街」に見え、一階は地階に見える。「商店街の地下」という謎の表現は、そうした高低差に関する取り違えではないだろうか。

山王一丁目の「エミちゃんの家」は『実話と秘録』や『週刊現代』（1971）『週刊ポスト』（1970. 12. 25）の雑誌報道によると、「おかまスクール」や「男娼道場」と呼ばれた店舗兼養成所でもあった。多くの男娼が彼女のもとで修行を積み、街に立ち巣立っていった。エミちゃんは、道場を開いてからの二十余年で、四〇〇〇人を超える門下生が全国にいる、と豪語する。人数については確かめようがないが、当時の記事を見ると弟子は全国にいることが伺える。男娼の世界は厳しく、エミちゃんの許可なしに大阪の街に立つことは難しい。掟をやぶると「髪をザックリ」切られるなどの制裁が待ち構えている。後に銀座のゲイ・バア「青江」で働く「美代子」もそんな制裁を受けたひとりだったようだ。

少し時間の針を昔に戻してみる。一九五八年の『演劇評論』(23＝24合併号)には、島崎恵子という人物の関西の女形についての回想があり、若き日の上田笑子が現れるので引用する。引用文にあらわれる「お梅さん」が女形として活躍していた時期を考えると、一九三三(昭和八)年から終戦頃までの時代と思われる。

大阪釜ヶ崎の男娼の元締格で笑子さんと云うのをご存じの方もあろうかと思いますが、此の人は元来、衣装屋さんで、当時、お梅さん(注　新派の女形俳優　梅野井秀男)の衣装を扱っていたことがあり、わたしとは楽屋でよく顔を会(ママ)わせていましたので、よく知った間柄です。粉浜〔筆者注　大阪市住之江区〕の笑子さんの自宅には、いつも七、八人の姐さんたちがいて、夕方になると念入りなお化粧に盛装をこらして、大阪の南や北の盛り場へ稼ぎに出かけるんです。個人的に知ってみると、思ったよりいい人ばかりで利口な人が多いのには関(ママ)心いたしました。飛田界隈や、釜ヶ崎を根城にしている男娼たちは、北や南の男娼よりも数段格下で、大して目立つ容姿の人はいませんでしたが、笑子さんの家の人たちは自負するだけのことはって、小奇麗に装い、何れも令嬢風や奥様然とした美人揃いで、蘭子さんという男娼など、洋装で昼間の市電に乗っても、訝しむ者がなかったほどです(演劇評論 1957. 11：14)。

さて、中の様子についてだが、一九室もの部屋があり二階には畳の間の〝道場〟と師匠であるエミちゃんの私室がある。数人の弟子が住み込みで炊事、洗濯、縫い物などの家事全般から、踊りや三味線、そして〝尺八〟などのテクニックまで男娼としてのイロハを叩き込まれる。生活についてエミちゃんは「うちに入門してくる弟子たちは、みな無料で、住まわしてます。無料どころか、着物や洋服貸したうえに、一日千円の小づかいまでやるんやで。いまどき、こんな道場はどこへ行ってもおまへんやろ」と語っている。

弟子の〝卒業試験〟は「女風呂に入って無事出てくること」であった。警察行きにでもなればそこで「落第」である。審査員は見ず知らずの女性という、すさまじい試験である。許可をもらった弟子たちは、晴れて一人前として街に立ち客を掴まえて部屋に連れて行くのである。

なお、『週刊現代』（1969.9）によると、エミちゃんの歯には時価五〇〇〇万円以上のダイヤが埋め込まれていた。キューピットのマスターいわく、彼女はいつも大きな指輪を光らせ、例の「ダイヤ」もあり、金払いがよく面倒見のよい姉御肌な人物であったようである。しかしエミちゃんの老年は幸せだったとは言いがたい。商売が傾き出すと関西の地方都市や行楽地を転々とし、みずから営業をしていたという。亡くなった時、ダイヤは無かったそうである。

3　新開筋商店街界隈

3-1　こまどり

上田笑子が経営するバーに、「こまどり」という店があった。喫茶店「キューピット」のある山王町一丁目の通りを南下し三丁目方面へと進むと、左手に飛田新地料理組合が入る「飛田会館」が見えてくる。飛田会館は飛田遊郭のおおむね北東端に位置する。ヒロちゃんによると、女装ホステスバーの「こまどり」は「飛田の中」にあったという。住宅地図で確かめたところ、飛田会館のすぐ南向かい、つまり遊郭の内側に「こまどり」を見つけることができた（図7-2のD）。常に八人くらいのホステスがおり、ほぼ全員が女装しているが、〝卒業試験〟

を合格していない者も複数いたようである。

その中のひとり、一九歳の弟子、「みどり」が『週刊ポスト』（1970. 12. 25）で以下のような不満を漏らしている。「本当は『こまどり』に出るのあまり好きやないの。だって、あれでけへんもん。わたし、あれなしでは一晩もしんぼうでけへん」。「あれ」とはおそらくセックスだと思われるが、「こまどり」は飛田遊郭の中にあるがあくまでバーであって、性的サービスは行われなかったようである。このあと、彼女は姉弟子から師匠に謝るよう促されるのだが、そのやり取りからすると、親分であるエミちゃんの許可を得ずに客を取ることは破門や制裁の対象となっていたようだ。

弟子たちは、昼は〝道場〟で仕込まれ、夜は「こまどり」でホステスとして働きながら「女らしさ」を日々磨いていたのかもしれない。男娼の修行において性交を禁じることはむしろ修行を難しくしていると思えるが、女風呂に入って違和感を持たれることなく出てくるという〝卒業試験〟が示しているように、男娼であることは性交の技術以上に、「女性」として見られること（＝「女らしさ」）に比重が置かれていたと見るべきだろう。

3-2　踊り子

この「こまどり」のすぐ北東に「踊り子」（おどり子、踊子）という店があった。そこには赤茶色のタイルを一階にあしらえた家が建っていることを、巡見では確認している。もしかしたら当時の「踊り子」の様子を伝えるものかもしれない。

この辺りは山王一丁目と二丁目、そして阿倍野区旭町一丁目・二丁目・三丁目が交わる箇所であり、天王寺方面と飛田遊郭との人の流れをつなぐ要所として栄えた。竹島はこの道が「飛田街道」の愛称を持っていたと書き残している。また、寺島珠雄は、「北門の階段両側」にあたるこの辺り一帯を「鳩の巣箱のような小料理店」が立ち並ぶ場所と表現していた（寺島編 2013：36, 41）。

「キューピット」のマスターいわく、「おどり子はクラブ形式で、上等だった」という。クラブとはホステスが相手をする高級クラブ形式のことを指すのだろう。また『労務者渡世』14号にも「メンバーは豊富、でも大分とられそうな感じ。美人は?・」と書かれている。ホステスの人数は多く、料金も高めに設定されていたことが分かる。

『釜ヶ崎語彙集 1972-1973』にも「踊子」は言及されている(「オカマ(男娼)」の項目。項目執筆者は寺島)。『語彙集』には、店先の角にはいつも「シナを作った数人が佇んで」おり、彼女たちの服装は和装やミニスカートの洋装など様々だが、衣装などの営業経費を貸し出し、客扱いのテクニックを教える「姉御格、親分格」の人物が存在すると書かれている。姉御格とは先述の上田笑子と思われるが、彼女についての他の記事では「おどり子」を取りあげていないことが少々引っかかる。土地の人の話によると、上田笑子本人が経営していたわけではなく、上田笑子の弟が経営していたのではないか、とも言われている。彼も男娼であったというが、真偽は定かではない。

3-3 桃蝶

遊郭の頃の飛田は、かつて壁によって遊女たちを閉じ込めていた。壁は「嘆きの壁」と呼ばれ、今も上町(うえまち)台地と隣接する一部分で残存する。飛田遊郭と壁を南西に見下ろす位置にある高台には、現在、高層マンションやビルが立ち並んでいる。しかしかつてそこは、居酒屋やスナックが所狭しと立ち並び、飛田に入る客、出る客で賑わっていた。現在の旭町三丁目、嘆きの壁を面前として、上町台地の崖の突端に「スタンド 桃蝶」という店があった。

筆者たちが最初にこの店の名前を知ったのはGL16号であった。大づかみな住所すらも書かれていないこの店、その所在を探しあぐねたが、新世界の貴重な語り手の元男娼・ヒロちゃんが「旭町にあった女装の店だった」という記憶をうっすらと残していた。その言質を頼って阿倍野区の住宅地図を精査したところ、確かに一九六八

（昭和四三）年版の地図にのみ、「桃蝶」を見つけることができた（図7－2のD）。

ほとんど手がかりも何も残されていないその店の名前を、筆者はどこかで聞いたことがあった。それは大正から昭和にかけて活躍した名女形、曽我廼家桃蝶（そがのやももちょう）である。

桃蝶は自伝（曽我廼家 1966）やインタビューのなかで、男性と自認しつつ「女に生まれるはずの者が、男に生まれたんだろう」と語り、数多くの男性との関係を披瀝するなど、自身の女性性や性関係を大胆に明かしている。かつて江戸時代に見習いの歌舞伎役者は陰間と呼ばれ、しばしば客と同衾したことは知られているが、彼はまさにこうした近世の女形の流れを汲む最後の一人と呼ぶことができるかもしれない。彼は関西の劇団で活躍し、引退とともにその自伝を出版する。その後は「肝っ玉かあさん」で知られる女優・京塚昌子のマネージャーをしていたことが永六輔（1971→1984）との対談から、また、晩年は、京塚昌子の経営する銀座の高級てんぷら屋「京弥」の手伝いをしていたことが女装者・美島弥生のライフヒストリーから分かっている（美島・三橋ほか 2006：145, 191）。これは一つの可能性にすぎないが、曽我廼家桃蝶は、関西に移り住んで芸の世界を引退してからの数年間、京塚の付き人を始めるまでは、この旭町で店を開いていたのかもしれない。

4　飛田遊郭大門・「地獄谷」界隈

4－1　旅館　武蔵、バー　太郎

近代国家は売春に対し、「赤線」策定による「集娼」制度で応じた。つまり区画を朱引きし、娼婦を集めて管理するスタイルを採った。そのためその正面にはたいてい交番が設置された。飛田遊郭大門も同様で、西を正面とする大門の際に交番がある。「淫乱旅館」——見知らぬ男性同士が性交渉を果たすことができる旅館——「武蔵」は、この交番から一歩東に入った所にある。つまり「武蔵」は、まぎれもなく遊郭の中にあった淫乱旅館であった（図7－2のE）。現在、「武蔵」の場所は駐車場になっており当時の面影はないが、男性同性愛者向けの旅館であることは、九五年版という比較的最近の『男街マップ』（海鳴館）から筆者は知っていた。一九六〇年代の住宅地図で確かめると、近隣に立ち並ぶ「料亭」とともに用地が大きくとられていることが分かる。「料亭」から「淫乱旅館」に転業した東京の例としては、新宿区荒木町の「たま井」があるものの（石田 2015：135）、荒木町はもと花街であっても赤線ではなかった。「旅館 武蔵」のそばには「料亭 花影」「料亭 新河津」「料亭 富久味」といったいかにも趣を感じさせる名前の店舗が建ち並ぶ。そんな中、無骨な名前の店舗は異性愛の客にどのように映ったのだろうか。

ところで、釜ヶ崎の著名な「淫乱旅館」は「武蔵」ではなく、後述する「竹の家旅館」である。この「竹の家旅館」を男性同性愛誌の『薔薇族』で読者に知らしめた志賀淳は、「いかめしい名」の「男色宿」たる「武蔵」のことも語っている。「武蔵」はその名の割に「清潔でシックでわりに豪華な」旅館であり、「部屋の天井近くにランマを取りつけたり廊下の随所に花を生けたりなど、お客へのサービスを心がけ」る宿の熱意が伝わってきたと言う。しかし「あんまり行儀がよすぎてあぐらもかけないといった窮屈なムード」を醸し出していたため、「まるで火の消えたように人気がない」（薔薇族 1975. 4：41）。「料亭」の趣が、必ずしも居心地の良い空間を提供していなかったところがおもしろい。

「武蔵」の北側のはすむかいには「太郎」というバーがあった。「太郎」は、GL16号に「西成区山王町四―六」と住所があり、また『アドン』発行の砦出版が作成していた『全国プレイゾーンマップ』にも載っている。年配のマスターと、年配の従業員の二人がやっていて、客も年配の人が多いと書かれていた（七八年版）。八一年版の『マップ』では、新世界にも店舗を増やしたことが記されている（ずっと後になって釜ヶ崎の店の方を閉じている）。つまり、支店を出すほど儲かっていたということであるが、これはこののちに詳述するように、近辺に女装・男性同性愛向けの店舗が建ち並んでいたことと無縁ではない。ある時期まで、この地域は周縁的セクシュアリティに関する集客力をたしかに持っていて、客は回遊していたと推察できる。

4-2　Gセン、ぎおん

阪堺線今池駅を降りた東側に、三角形の角地がみえる。三角形である所以は、南北を走る幹線道路である堺筋と、北東方向に斜めに走る南海天王寺支線（現在は廃線）が交差するためである。太子二丁目（旧今池町）のその場所には、かつて「Gセン（ジーセン、G線）」と名乗るウリ専バーがあった。

『風俗奇譚』一九六五年六月号（図7-3）の広告で「ジーセン」は「純朴な青年」や「美青年ボーイ」のいる「軽食スナック・レストラン」と掲載されている。また、その数年前の『風俗奇譚』の「大阪ゲイ・バー案内」によると、『Gゲイセン』は喫茶店で、若いボーイの置き屋として有名。二十前後のボーイが常時八人くらいいて、客の希望で同伴外出もするとか。ボーイは純タチ（ホモ気のないもの）のものが多いとのことだ」（風俗奇譚 1961. 11：146）とある。

現在のゲイバーでは通常の営業において、店子(ミセコ)が女装をしたり、体を売ったりすることはない。しかし当時のゲイバーでは、女装をして接客する店や、ボーイと外出が可能な店も少なくなかったようだ。そ

関西男性バーのエースジーセン
庶民的な店・憩いのオアシスとして純朴な青年が
心から皆様のお越しをお待ちしております
また、新しく軽食スナック・レストランとして夜
半の食事の友にご利用ください
〈美青年ボーイ募集中〉
大阪市西成区今池町八　TEL(631)二
南海今池駅東国道踏切横

図7-3　Gセン広告
（左）『風俗奇譚』（1965. 6：72）.
（右）『アドン』（1978. 10：87）.

の中で「Gセン」は女装をしないボーイと性的な関係を結ぶことのできるゲイバーの、最初期の部類に入るだろう。料金などについては書かれていない。「純タチ」が強調されている箇所から、「ホモ気」の指すものが非男性的な（非女性的な）あり方であると推測することができる。男性同性愛者間において女性的な雰囲気が性的な魅力として価値が低く見積もられることがあるのは、現在のゲイ男性間における性的魅力についての価値観とあまり変わらないようである。

だがこの店、一九七六年のGL16号には浪速区の店舗として掲載されていたため、広告を再度精査したところ七〇年代前半の移転が確認された。「Gセン」の跡には、「ぎおん」[4]というバーが入っていたことが六九年住宅地図から判明している。「ぎおん」は、GL16号に「今池踏切際」にあるとされる。

移転後の「Gセン」の場所は、ヒロちゃんに教えてもらい、釜ヶ崎に出入りしていた土井信吾氏も同行して実際に歩いて確かめた。地下鉄恵美須町四番出口すぐの阪堺線恵美須町駅を左手にして、線路沿いに五分ほど歩くとその場所にたどり着いた。そこには、真っ黒に塗りつぶされた看板を掲げるスナック風の建物があったが、営業している気配はない。

しかしグーグル社のバーチャル地球儀サービス「グーグル・アース」で調べると、看板が置き換わる前に撮影されたのだろうか、「スナック　ニュージーセン」とうっすら書かれている建物が表示された。詳しくはわからないものの、一九八〇年頃までは営業を続けていたようだ。この時期になると各都市にゲイバーやウリ専バーが増えだした頃である。時代の波に圧されひっそりと幕を下ろしたのかもしれない。

4-3　竹の家旅館

淫乱旅館の西の始祖ともいえる「竹の家旅館」に関しては、伏見憲明（1997→2002）の貴重な聞き取り調査があり、開業が一九五七年から五八年にかけてであることが判明している。この旅館に関する資料は豊富に存在する。

詳しくは石田（2019）にまとめたが、同館は遊客の貴重品を番号札との交換で預かり、旅館内のスナックも番号札の「つけ」で飲め、退館時に清算できる仕組みを持っていた「システム」を早くに導入していたこと、大阪万博の頃は「バンブーハウス」の通り名で外国人の間に知られ、にぎわっていたことなどが分かっている。

4-4　新竹乃、スタンド飛車角、玉辰、みなみ

動物園駅から南に伸びる大通りは「天下茶屋東一丁目ロータリー跡」の交差点で終わる。その手前を左（東）に折れると、旧飛田遊郭の正門に着く。正門のすぐ手前の西側には「東京温泉」（現「ふろやさんわ」）があり、遊郭で遊ぶ前に、男性たちはここで身をきれいにしてから行ったとも言われている。この東京温泉の角から北の石本酒店につきあたるまでの小さな一角は、「地獄谷」とも呼ばれていたことが、竹島の『釜ヶ崎天国：石島秀松伝』から判っている。「地獄谷」の所以は、古くにはこの地一帯が「内ヶ墓」と呼ばれていたことと関係があるのかもしれない。竹島はこの辺りのことを「昔、この一角にカフェーが肩を寄せ合うようにあり、北門通りと同じく遊郭へやらせまいとする女で犇めいていた」（竹島 1994：14-15）と描写する。現在、「地獄谷」周辺を歩くと、張り店風や飾り窓の一階や二階に目隠しの意匠のある仕舞屋がみとめられ、かつては非公認の売春地区（青線）であったろうことが推察される。

石本酒店から東京温泉までの一〇〇メートルに満たない「地獄谷」の本通りには、女装もしくは男性同性愛向けの店舗はなかったものと思われる。しかしこの通りより一本西側にあるそれよりはさびれた通りには数軒が存在していた。

先述の『風俗奇譚』一九六一年一一月号には、飛田近辺の南海・堺筋線今池駅周辺にゲイバーが三軒集まっていると書かれ、そのうちの一つは「Gセン」であるが、あとの二つの店を「新竹乃」「玉辰」と言う。「いずれも泊まる室が設けてあり、いずれも客は年配者が大半である」とある。「玉辰」は地図で見る限り、それほど大き

な建物が立っていたとは思えないため、宿泊施設と呼べるほどのものではなく、店舗の二階を利用した程度と考えられる。

「新竹乃」と「玉辰」は、時代から考えて老舗のゲイバーであったのだろうが資料に乏しい。「玉辰」については現在確認できる住宅地図のうち、もっとも古い一九六〇年版には既に存在していた。六九年版の地図にもみとめられるので、その頃までは営業していたと思われる。他方で「新竹乃」は、六三年版住宅地図から確認できるが、一九六九年版地図には「飛車角」という名の店に変わっている。GL16号をみると、この「飛車角」もゲイバーであり、また「玉辰」の跡地にできた「サウナミナミ」も同号に「みなみ（あんまとサウナ（飛田））」として記載されているので、同性愛者向けの施設であるといえる。「みなみ」はその後難波に移転し、釜ヶ崎のこの店を閉じている。

「地獄谷」界隈の店舗の変遷をまとめると、「Gセン」跡が「ぎおん」となり、「新竹乃」跡が「飛車角」になり、「玉辰」跡が「みなみ」になっている。それぞれの店には、何らかの関係性があるのだろう。名前を変えたか、マスターが代替わりをしたか、あるいは別のマスターが譲り受けたかであろうか。いずれにせよ周縁的セクシュアリティの店舗の継承が偶然の結果である可能性は低く、異性装・同性愛の双方を含む人的ネットワークによって、人から人へと店が渡り、置き換わっていったのだと考えられる。

おわりに

1 課題と意義

以上が大阪・釜ヶ崎における周縁的セクシュアリティの見取り図である。今回は釜ヶ崎を限定的に調べたため、その隣接地域は未踏査となった。例えば隣の浪速区の状況については「Gセン」で触れたにとどまる。しかしながら、天王寺公園の茶臼山が重要な出会いのスポットとなっていたことは一九七〇・八〇年代の同性愛誌でよく知られていることである。また、同性愛誌『アドン』の前身となる『アドニスボーイ』第10号（1973. 9：4）の記事「ホモ人口一万人の釜ヶ崎」には、大国町の「Kホテル」で同棲して三年になる男同士の話があったり、「ときたまドヤ（旅館）でカモって（誘って）ドヤの便所で遊ぶこともある」という恵美須町H旅館に住まう「男には不自由しない」別の男の話が登場する。よって浪速区でも、公園のみならずホテルや旅館（それもよく知られてきたゲイ・ホテルではない宿）が、男性同士の周縁的セクシュアリティを成り立たせてきたであろうことが分かっている。

では、なぜ釜ヶ崎が周縁的セクシュアリティの営みが豊かにあったのか、その若干の考察を行いたい。戦前には上田笑子が大阪のミナミ（旧南区、現在の中央区）を活動の中心としていたように、かつては大阪のミナミにも男娼の一大勢力が存在していたと考えられる。にもかかわらず、なぜ「釜ヶ崎」が「おかま」の語の由来であると言われるほどになったのだろうか。

その理由として、男娼の可視性が挙げられるだろう。上田笑子についての回想のなかで、島崎恵子は釜ヶ崎界隈の男娼の容姿は「北や南の男娼よりも数段格下」であると述べていた。さらに釜ヶ崎では例外的な存在である「蘭子さん」という男娼など、（女装の）洋装で昼間の市電に乗っても、訝しむ者がなかった」とする語りからは、「蘭子さん」の場合は社会から「訝し」まれずに女性として生活していたであろうことがうかがえる。このことは、裏返してみると、釜ヶ崎では男娼として「訝し」まれる容姿を持つ者が多く、男娼は認識可能な、可視的な存在であったがゆえに、「北や南」以上に釜ヶ崎は男娼の集う地として人々に想起されていたのではないだろうか。

一九五〇年代になると、「Gセン」など非女装のゲイバーや「淫乱旅館」なども登場するようになり、釜ヶ崎一帯はより多様な周縁的セクシュアリティが集う空間となった。しかし、かつて隆盛を極めた上田笑子は、晩年に斜陽化したように、釜ヶ崎も周縁的セクシュアリティの集う盛り場としての空間を保持し続けたわけではない。筆者・鹿野の別の研究では、一九六〇年代以降の新世界の復興以降、複数の要因からゲイバーや女装者による飲食店は新世界という新しい盛り場に移ったことを明らかにしている（鹿野 2018）。二〇一八年現在、大ミナミのゲイバーのほとんどは釜ヶ崎や飛田ではなく、新世界に集中している。

一九五八年の売春防止法施行による飛田遊廓の「廃止」は、性産業を含む異性間の盛り場の不振を直接的に引き起こしたが、周縁的セクシュアリティの盛り場も、ひと波遅れる形で影響を受けたと考えられる。売春防止法によって、かつての売春宿は余儀なく転業・廃業（金 2012：12）するなか、物件は供給過多となり、うちいくつかは、異性装や男性同性愛に関する店を開業したいと思う者にとって、手の届く範囲となる。しかし異性愛の盛り場全体の勢いがなくなると場としての求心力に欠けるようになり、周縁的セクシュアリティの場も衰退に向かう。たとえば「サウナみなみ」がミナミに支店を出したのちに釜ヶ崎の本店を閉じるように。「バー　太郎」もまた同じである。新世界の支店は現存するが、釜ヶ崎の本店を閉じている。周縁的セクシュアリティは、「周縁」に対する「中心」である規範的・異性愛的な性の構造的変化に影響を受けながら、その形を変えざるをえなかったのだろう。

また、モータリゼーションにともなう市内交通網の再編、とりわけ市電の廃止は新世界の繁華街の衰退と商圏縮小を加速させた。市内各地の商店街や繁華街が発展する一方で、新世界は繁華街としての地位を相対的に落としている（じ木 2015）。釜ヶ崎では、一九六〇年代から七〇年代初頭にかけて、男性の単身労働者が多数流入したことも周辺社会の地域構造に大きな変化を与えたと考えられる。

釜ヶ崎の盛り場の栄枯盛衰について、新世界や難波、そして堂山との差異や関係性を調べるには、より多くの時間と研究を投入せねばならない。とはいえ、書誌・地図・口述といった物証・語りから「まだ見ぬ」事象へ多角的に迫ろうとする本研究は、ファクト・ファインディングのレベルでいくつか成果をあげたと言うこともできる。まず、異なる資料（雑誌記事、『GREEN LETTER』、住宅地図など）を重合させ、住宅地図に関しては経年的に調べることにより、例えば「地獄谷」近辺の周縁的セクシュアリティの店舗の置換を明らかにすることができた。また、周縁的なセクシュアリティを担う者の口述を検討に含めた結果、「こまどり」や「桃蝶」の位置をはじめて明らかにすることができた。最大の成果と呼べるものは、「エミちゃんの家」の所在が判り、そのことによって上田笑子は実際に釜ヶ崎で住居を構えて活躍していたことが跡付けられた点である。この第三点目は、周縁的なセクシュアリティを担う者以外の言質によって事実が補完されたという点で、質的研究の奥深さをつくづく感じることになった。

2　実証と思想のただなかで

本研究は、鹿野と石田の二人の共同作業による。二人は、「周縁的セクシュアリティ」と地域に根ざす「小商売」に関心を寄せてきた者であり、多角的な物証や口述から事実へと接近していこうとする点で志を同じくする。こうした研究スタンスと、「釜ヶ崎」と呼ばれてきたエリアのおおむね「東側」を今回とらえていったこととは無関係ではない。このことについて最後に論じておきたい。

一般的に、労働の文脈における「釜ヶ崎」といえば、それよりは「西側」を指す。すなわち、その範囲とは、JRと南海電鉄の交差する新今宮駅の南、あいりん総合センターを北西の起点とし、そこから西成警察署、三角公園に至る、西成区萩之茶屋一丁目から三丁目までの地区のことである。だが本章は、結果的にそれよりやや右（東）側を、資料と足とで歩いてきた。具体的に言えば、南北に走る「釜ヶ崎銀座」を西端とし、同区太子一丁目—二丁目、天下茶屋北一丁目、山王一丁目—三丁目、そして阿倍野区の旭町を東端とするエリアを見てきた。重要なことは、これは結果論であり、意図したものではないということである。私たちは結果として、このエリアに周縁的なセクシュアリティが栄えていたことを見いだした。

なぜこのエリアだったのか。それはもちろん旧・飛田遊郭（山王三丁目）の存在も大きいだろうが、加えて、第二次世界大戦も一つの要因となっていたと言える。というのも、広い意味での釜ヶ崎一帯を写した一九四二年の航空写真を見ると、現在でいう萩之茶屋から山王に至る地域には、隙間なく長屋が建ち並んでいたことが分かっている。しかし空襲によって、萩之茶屋全域と太子一丁目の左肩、山王三丁目の南側は焼け落ちてしまう（原口ほか編 2012：152-153）。たとえば木賃宿街としても栄えた東西の入船町は、七軒の木賃宿を残すのみとなる。そして空襲で焼失した地にはビル型の、一軒当たり三百室以上を擁する「マンモスドヤ」が立ち並ぶことになるが、これに対して戦火を免れた地区では道路の拡幅も難しく、木造の家屋が残り、残った家屋は改築されて使われていった（同前、および平川隆啓氏からの教示による）。このように釜ヶ崎の東側には、大きめの資本の介入が阻まれる条件が残っていたために、飛田遊郭を取り巻く形のこの地において、小さな経済規模にとどまりがちな周縁的なセクシュアリティのなりわいが、戦後も、部分的には八〇年代末までも見ることができたと思われる。

だが、かの地を歩いていると、資料も口述も、歴史とともに風化していくさまを痛感する。とりわけ阿倍野地区再開発の波を受けた旭町は、昔の住宅地図が全く役に立たなくなるほどの急速な変貌を遂げてしまった。都市の「洗練」（ジェントリフィケーション）[5]は、その文字通りの作用により、いかがわしいとか、規範的でないとされてきた性のありようを、大きな資本の動きによって――たしかに存在したにもかかわらず――無かったことにしてしまう。「鳩の巣箱」のようと評された小商売の店々は、もう見ることができない。旭町の再開発によって、かの地での周縁的なセクシュアリティはおそらく根絶やしにされてしまったのだろう。われわれはこうしてかろうじて文字にとどめたが、大小の再開発は旭町だけでなく、すでに工事塀で囲まれた元「山ちゃん」「米ちゃん」の新今宮駅前でも、元「新竹乃」「玉辰」の「地獄谷」周辺でも実際に起こっていることである。そのような資本主義が進む社会において、小資本に着目した周縁的なセクシュアリティの生業を掘り起こす実証的研究は、規範にあらがう性・生を肯定するうえで、一層重要であることを改めて思うのである。

「エミちゃんの家」からみて「二階」にあたる幹線道路にあがり、「エミちゃんの家」があったであろう場所に正対すると、夕暮れの風が頬をなでつける。その風を受けながら、暮れゆく街のことを考えるのである。

［謝辞］本研究を進めるに際しては、様々な方々のご助力を賜りました。研究のスタート時期には、資料の提供や人物の紹介を含め、土井信吾氏に大変お世話になりました。石川貴一氏からは貴重な資料を写させていただきました。釜ヶ崎の地理的な把握と変遷については前田年昭氏から手ほどきを受けました。釜ヶ崎の位置づけについては、労働としてのではなく、住まいとしての釜ヶ崎を学究し続けている平川隆啓氏から多くの示唆を受けるとともに、巡見に同行してほしいというずうずうしいお願いを快諾してくださいました。釜ヶ崎にかかわりのある表現者や男娼については水野阿修羅氏からインタビューを通して教えていただきました。そして上田笑子をはじめとする男娼の実情については、喫茶「キューピット」のマスター、ママ、おばあ様の口述がなければ明らかにならなかったことです。脱稿直前には関西性慾研の皆さまからも有益なコメントをいただきました。そして店舗や男娼については、お好み焼き屋「千両」を営んでいたヒロちゃんの助けがなければ分からなかったことです。ヒロちゃんがお亡くなりになったことに、謹んで哀悼の意を表します。以上の多くの方々に対し、ここに記して深い謝意を表します。ありがとうございました。なお、本章は、『薔薇窗』26号（書肆菫礼荘、二〇一五年）掲載の同名論文を改稿したものです。

注

1　原本は確認できなかったので、筆者たちは前田年昭氏が編纂した書籍（二〇一三年、新宿書房刊）を参照した。

2　『演劇評論』は一九五〇年代に「演劇研究会」という名で活動していた女装結社が刊行していた会員誌である。第5号の刊行年月は明記されておらず、三橋順子の年代特定による。

3　東淵はこのアパートを「霞町」にあったと語っている。たしかに霞町には（最終的な）銀河書房の事務所があったが、その物件は一五家族が住める大きさではないため、この語りは東田町のアパートのことを指していると思われる。

4　『GREEN LETTER』には、女装と非女装の同性愛の店舗が区別なく掲載されている。筆者たちはヒロちゃんに『GREEN LETTER』のリストを見てもらい、「この店は女装」「これは半女装」「これは非女装」と教えてもらった。「ぎおん」は分からなかったものの、「祇園」の連想から、和装の女装男性が接待する店ではないかと推察される。

5 どのような現象が都市の「ジェントリフィケーション」と言えるかは、論者によって様々な立場があるだろう。近年行われているアートによる釜ヶ崎の都市再開発では、高齢化するこの地域を「灰色の街」と捉え、そこに含まれた人・モノ・風景を排除して「普通の町」を作ることが目指されていると中村葉子（2014）は指摘し、中村は、そうした再開発のあり方をジェントリフィケーションとして批判している。

参考文献

永六輔 1971『極道まんだら』→1984 文春文庫.
伏見憲明 1997「ゲイの考古学 インラン旅館篇(1)」『バディ』3月号→伏見憲明 2002『ゲイという［経験］』ポット出版.
原口剛・稲田七海・白波瀬達也・平川隆啓編著 2011『釜ヶ崎のススメ』洛北出版.
原口剛 2016『叫びの都市——寄せ場、釜ヶ崎、流動的下層労働者——』洛北出版.
橋爪節也編 2007『大大阪イメージ——増殖するマンモス／モダン都市の幻像——』創元社.
池田弥三郎 1965→1980『私の食物誌』新潮文庫.
生田武志 2007『ルポ最底辺——不安定就労と野宿——』ちくま新書→2016『釜ヶ崎から——貧困と野宿の日本——』ちくま文庫.
井上理津子 2011『さいごの色街 飛田』筑摩書房→2015 新潮文庫.
井上章一 1999『愛の空間』角川書店.
石田仁 2014「全国にあった70・80年代の同性愛者向け宿泊施設」『薔薇窗』25.
———2015「いわゆる淫乱旅館について」井上章一・三橋順子編『性欲の研究——東京のエロ地理編——』平凡社.
———2019「ハッテン場」綾部六郎・池田弘乃編『クィアと法——性規範の解放／開放のために——』日本評論社.
金益見 2012『性愛空間の文化史——「連れ込み宿」から「ラブホ」まで——』ミネルヴァ書房.
三橋順子 2007「大阪の「男娼道場」主、上田笑子（1950～1970年代）（日本女装昔話 第34回）」『ニューハーフ倶楽部』8月号＝57号.
———2010「昭和期、大阪における女装文化の展開」国際日本文化研究センター「性欲の社会史」共同研究会9月4日発表レジュメ.
———2011「大阪釜ヶ崎の男娼についての新収集資料」性欲研6月25日発表レジュメ.
美島弥生・三橋順子・杉浦郁子ほか 2006「美島弥生のライフヒストリー」矢島正見編『戦後日本女装・同性愛研究』中央大学出版部.
永井良和 2002『風俗営業取締り』講談社.
中村葉子 2014「なぜアートはカラフルでなければいけないのか——西成特区構想とアートプロジェクト批判——」『インパクション』

195号：70-76.
齋藤俊輔 1995『釜ヶ崎風土記』斉藤編集事務所.
酒井隆史 2011『通天閣――新・日本資本主義発達史――』青土社.
鹿野由行 2015「男娼のセクシュアリティの再考察――近代大阪における男娼像の形成とコミュニティの変遷――」『待兼山論叢』49号, 大阪大学大学院文学研究科.
――― 2018「繁華街における周縁的セクシュアリティの受容過程――近現代大阪の『ゲイタウン』形成史――」大阪大学大学院博士論文.
白波瀬達也 2017『貧困と地域――あいりん地区から見る高齢化と孤立死――』中公新書.
Smith, Neil, 1996, *The new urban frontier: gentrification and the revanchist city,* Routledge.（＝2014 原口剛訳『ジェントリフィケーションと報復都市――新たなる都市のフロンティア――』ミネルヴァ書房）.
曽我廼家桃蝶 1966『芸に生き，愛に生き』六芸書房.
杉坂圭介 2012『飛田で生きる――遊郭経営10年、現在、スカウトマンの告白――』徳間書店→2014 徳間文庫カレッジ.
武田麟太郎 1933→2003「釜ヶ崎」『武田麟太郎全集 第3巻』日本図書センター.
竹島昌威知 1994『釜ヶ崎天国――石島秀松伝――』三一書房.
寺島珠雄編 2013『釜ヶ崎語彙集 1972-1973』新宿書房（編集・前田年昭）.
東淵修 1979『釜ヶ崎と俺――カンカン人生――』彌生書房.
――― 1985『東淵修の「人情釜ヶ崎」』銀河書房.
八木寛之 2015「都心繁華街における商店街活動の都市社会学的研究――大阪『新世界』地域における商店会組織と地域イメージの変容――」大阪市立大学大学院博士論文.

雑誌記事（年代順）

『奇譚クラブ』1948. 1「男娼を衝く――南大阪のおかま案内――」『奇譚クラブ』第3号（南里弘）.
『演劇評論』1956. 3a（年月推定），5号「手記 変った人 第一篇」（七尾一星）：2-5.
『演劇評論』1956. 3b（年月推定），5号「手記 私の女装者遍歴：第2部 男娼篇」（M. T. 会員23号）.
『演劇評論』1956. 10（年月推定），12号「美しき装 第一部」（田代雅人）：8-12.

『演劇評論』1957. 11，23＝24合併号「「古い日記より（１）」（島崎恵子）：8-14.
『実話と秘録 増刊』1958. 1a「大阪の特殊女性 美人ベスト・テン」：1-4.
『実話と秘録 増刊』1958. 1b「ゲイの本場 大阪の美人男娼ベストテン」：102-113.
『風俗奇譚』1961. 11「ホモの窓」より「大阪ゲイ・バー案内」：146-147.
『風俗奇譚』1965. 6「（広告）関西男性バーのエース ジーセン」：72.
『週刊現代』1969. 9「61歳でなお稼ぎまくる関西男娼の女王ぶり」：146-147.
『週刊現代』1971（年代推定）「61歳でなお稼ぎまくる関西男娼の女王ぶり」：146-147.
『アドニスボーイ』1973. 9「ホモ人口一万人の釜ヶ崎」：4.
『薔薇族』1975. 4「竹の家物語」（志賀淳）：36-44.
『アドン』1975. 11「人間ドキュメント 笑って暮らす男たちの街」（南定四郎）：16-21.
『週刊ポスト』1975. 12. 25「衝撃の告白(44) 大阪・釜ヶ崎，上田笑子の陽気なゲイ人生――私の“オカマ道場”の卒業生は四千人よ」：164-168.
『労務者渡世』1976. 2，14号「特集 おかま」.
『アドン』1978. 10「（広告）すなっくＧ線」：87.
『労務者渡世』1980. 12，33号「ぶらり瓢簞 わしの住む町――鶴見橋商店街――」：27.
『全国プレイゾーンマップ』（1977年版，1978年版，1981年版，1982年版）砦出版.
『男街マップ』（89-90年版，90-91年版，95年版）海鳴館.

第8章

ひきこもりから無縁の倫理、あるいは野生の倫理へ

小田切建太郎

はじめに

本章で筆者は、ひきこもりを治療目的で定義したり（斎藤 二〇二〇：三九）、当事者を〈ひきこもり経験者・当事者と自己定義する者〉と規定したりはせず（関水 二〇一六：一一）、誰でも誰かをひきこもりと呼ぶことができる、という立場を取る。これでは、どういう状態がひきこもりで、誰が当事者かということの理解が拡散すると言われればその通りである。しかしここでは視野を限定することなく、ひきこもりという言葉を介して見えてくるものを大切にしたいというのが筆者の立場である。

現在ひきこもりは「社会問題」とされ、これに対する様々な方策が論じられている。筆者は、ひきこもりを「問題」として論じたいのではない。しかしひきこもりに何も「問題」がなければ、そもそも論じる必要もない。

ひきこもりにも（他のあらゆる行動や状態と同様に！）様々な困難や問題が含まれている。しかし、ひきこもりに見られる「問題」をひきこもりと同一視し、ひきこもりそのものを「問題」とすることと、ひきこもり（当事者）が直面している「問題」、別言すれば、ひきこもることにとっての「問題」とは、区別しなければならない。前者の立場からは、ひきこもりは解消すべき（社会的、病理的）「問題」としか見えてこないが、後者の立場を取るなら、ひきこもりに関して、そこで当事者のみならず、周囲の人びと、社会が意識的・無意識的に直面している「問題」を論じることができる。

今のひきこもり理解は、孤立的か社会的か、閉鎖的か開放的か、他者との断絶かつながりか等々の二者択一に囚われている。これの問題点として、ひとまず、他者との関係性が一括りにされることで、そこに含まれるはずの様々な異なりが見えづらくなり、ひきこもりが関係性の拒絶、あるいは逆に関係性からの排除と同一視されること、加えて、他者ということで人間ばかり考えがちになり、環境的・場所的条件が軽視されることがある。

有縁／無縁の図式もこの囚われの内にある。二〇一〇年一月三一日放送「NHKスペシャル　無縁社会〜〝無縁死〟三万二千人の衝撃〜」では、社会との絆を失った人びとが誰にも看取られることなく孤独死していくさまが現代社会の悲劇として取り上げられた。無縁社会とは血縁・社縁・地縁が途切れ、他者と「つながりのない社会」とされる（NHKスペシャル取材班　二〇一二：四―七）。放送をきっかけに出版された本の多くも、無縁社会を憂い、有縁社会の回復を模索する。もとよりひきこもりも無縁社会の現象に数えられるが（同前：二六一―二六五）、そこで無縁の意義が問われることはない。

だが周知のように網野善彦によれば、かつて無縁は、よるべなさのみならず、社会権力に対する抵抗の自由の源泉を意味した。彼の言う「無縁の原理」は、「無主」「無所有」の「自然」の次元に存する（網野　一九九六：二四二―二五一、三二九―三三二）。「〈所有〉のまなざしとは、他者の同化・搾取・管理のまなざし」（大庭・鷲田　二〇〇〇：ii―iii）でもあるとすれば、現代社会を無縁社会と呼ぶという短絡は控えねばならない。むしろ社会に見られる様々な有縁性ないし〈所有〉による人間の支配、束縛、管理を「問題」とすることが求められる。すると有縁からの逃走は、〈所有〉という支配からの自由という積極的意味（＝方向性）において考えられる。

本章では、第一節でひきこもり経験者の語りから無縁への動向を剔出し、議論の出発点とする。第二節では、「居場所」をめぐる議論を無縁性から捉え直す。最後の第三節では無縁性における倫理的態度として、無縁の倫理、あるいは野生の倫理の構想を素描したい。

1　山ゆかば――Pの経験から

本節では筆者が個人的に知っている不登校・ひきこもり経験者の内のひとり――関係者への配慮からPと呼ぶ――から聞いた話をしたい。Pは三人姉弟の末子として、一九八〇年代のN県のTN町(まち)で生まれた。小学校の教員になった父がその町で履歴を開始したのだ。東西を千数百メートルほどの山々に挟まれ、蛇行したT川に貫かれたその田舎町は、街というよりも町という字面がよく似合う町だ。Pは三歳までそこに住んでいたが、町の記憶はない。その後、家族は、父の転勤に伴ってTT町という山裾の城下町に転居した。Pの記憶はこの町から始まる。彼は三歳から六歳までこの小さな町の、小さな教員住宅で家族と暮らした。その後また父の転勤に伴い家族で転居した隣りのI市の山間部のN集落では、母方の祖父母と暮らすことになった。

山間部の小高い台地の上に小学校はあった。彼は、同世代の子どもと同じように、小学校に入学した。家族の誰も、P自身も、それが当たり前だと思っていた。そうして二年生になったとき、Pは小学校に行かなくなった、あるいは行けなくなった。

1-1 いやなこと

どうして行けなくなったのか。その理由を語り尽くすことはできない。語りだされたことは、解釈もその視点も無限に可能だろう。予め言っておくと、理由について何か説明することで読者を納得させられるとも思っていないし、納得させることが目的でもない。おそらくは語る側はそういう目的は放棄して語らなければならないし、読者にもそうした期待を放棄して読んでもらうほかないと思う。一つ一つの話が整合的であるというわけでもないだろう。――もっと言えば、不登校・ひきこもりを考えるとは、分かりやすい理由や整合性を見つけだすことではなく、納得のいかなさ、不可解さに留まり続け、そこから考え続けることかもしれない。まずは学校にまつわる〈いや〉だったことのいくつかを挙げ、Ｐの不登校の輪郭の一部でも描き出そうと思う。

日記――これは小学校の宿題だった。Ｐは日記を書くのが嫌いだった。それでも宿題なので何かを書いて担任に提出しなければいけない。どんなことを書いたのか、もう現物はないので確かめられない。憶えているのは、それを読まれ、何かを判断されるのがいやで、なるべく書かないようにしていたということだ。当たり障りのない出来事を短く書いて済ましていた。

作文――これも嫌いだった。どんな作文を書いていたのか、これは現物が残っていたので書き出してみた。

〔題名〕おんがくかい
一ねん　Ｐの名前
きのう　おおんがくがいでした〔。〕
めりいさんのひつじをうたうとき〔、〕うたいたくなかった〔。〕はずかしかった〔。〕ＡＢＣへんそうきょくをが〔っ〕そうするとき〔、〕はずかしくてやになりました。

〔題名〕うんどうかい

Pの名前
Mせんせいがちゃんはやりたくなかったのにやらせてやだったです

〔題名〕2年生になって
Pの名前
みちをあるくようにする

ピアニカとリコーダー――小学校では一年生からピアニカを習うことになっている。Pも姉か兄のおさがりを持たされた記憶がある。横から出ているパイプを咥えて空気を吹き込むことで音が出ることは分かった。しかし、それ以上どうすればよいのかが分からなかった。鍵盤を叩いていれば、誰でも吹けるようになるのかとも思ったが、それではでたらめに音が出るだけで、演奏ができるようにはならなかった。彼にとってはピアニカは何か不可解な、自分には決して使いこなすことができない代物だった。彼にとっては、いったい他のひとがどんなふうにピアニカを習い、どんなふうに吹けるようになるのか、いつまでも謎のままだった。そうして彼は、自分が〈できない〉子どもであると考えるようになった。ピアニカなどとてもとてもできないと。けれども、彼にとってもっと恐ろしかったのは、もっと学年が上がると、さらに演奏が難しいと言われるリコーダーを習わなければならないらしい、ということだった。ピアニカもできないのに、どうしたって、リコーダーなんかできるはずはないという恐怖がつねに心の中を支配するようになった。

彼が小学校で学んだのは、何かができるようになるということではなく、自分が学校で押し付けられることのほとんどがいやなもので、自分がそこで求められるものは何も普通にはできないということだった。何もできない自分は、劣った無意味で無価値のない存在だということだった。それが彼の小学校での学びの成果であった。

日本人は、みな小学校、中学校、高校、大学で様々なことを学び身につけることで、やがて社会で生きていけるようになるという認識を彼もまた持っていた。そのためには、ステップバイステップで段々と知識を身につけていくのだと。学校に行きさえすれば、それらが自然と身につくのだと。そうして我慢して学校に行っていれば、やがていろいろなことができるようになり、いつかそこから解放されるのだと。けれども、彼がそうしたことを意識すればするほど、その最初のステップで躓き、そこから先に上がることができないということが重大で、決定的なことだと感じられた。つまり、Pが生きて行ける場所などどこにもないと、そう強く感じられたのだった。

不登校やひきこもりが一般的な観点から語られるとき、よく子どもの不安が挙げられる（母子分離不安はその典型）。もちろんそうしたものがないとは言わない。けれども、Pによれば、問題なのは不安というよりも絶望だった。不安はいろいろな困難の中で、果たして自分にできるだろうか、といわばその都度の課題から挑戦を受けるところにある。例えば、吊り橋を渡るとき、ひとは吊り橋からいわば挑戦を受ける。ひとはそこで不安になる。そこには、できるかな、という自分への無言の問いかけがある。そうしてひとは手探りで橋を渡っていく。そこには不安と同時に〈できる〉という歓びの感覚も育ってくる。けれども、Pによれば、彼が感じていたのは、そういう不安ではなく、むしろ端的に〈自分は何もできない〉、〈自分はもうだめなんだ〉という絶望に近い感覚であった。

トンボ——小学校は山の中の小高い場所に建っていた。その場所からコンクリートが敷かれた細い坂道が下の谷あいを走る県道へつづいていた。あるとき、Pは、ほかの子どもたちとその坂道を下っていた。同級生たちの話し声が彼にも聞こえてきた。同級生のDがトンボを捕まえ、両側の羽を摑んで半分に裂いたという。女の子も裂かれたトンボを見ていたが、Pは気持ち悪く、そんなむごい光景には耐えられないと感じ、見ることができなかった。

エンピツの芯——ある時期、同級生のYは、小学校の電動エンピツ削り器で先端を尖らせたエンピツでPを刺そうと追い回すことを遊びにしていた。そのときも、その子は登校したPを追い回した。Pが手でエンピツを防ごうとすると、エンピツの芯が右の掌に刺さったのだった。今でも、黒鉛の刺青が掌に刻まれたままである。うんこ——あるとき、下校の道すがらでYは野グソをした。すると、ウソかホントウか、指にうんこをつけたと言って、それをPに擦りつけようと追いかけてきた。Yは不潔で下品で、Pにはやり切れなかった。

夏休みの宿題——それはいつの夏休みだったのか。Pは二年生の途中で不登校になったのだから、一年生か、二年生の夏休みだったはずである。彼は夏休みに出された大量の宿題をまるまる学校に忘れてきた。暫くしてそれに気づいた。母親が学校に問い合わせたけれど、学校に取りに行くことはできないようだった。どうにかしようと色々試行錯誤したが、結局宿題ができないまま、夏休みは終わった。そのことで、自分が勉強から、学校から外れてしまったという意識ができたようにも思う。

Pは、次第に学校に行くのを駄々をこねて拒み始めた。家の柱にしがみついたりした。

今言ったことと矛盾するようでもあるが、特定の何か、特定の誰かが原因だという明確な意識はなかった。

1-2　消えたい心、逃げたい心

Pは学校に行かなくなった初めの頃は、障子を破ったり、足で蹴って襖を破いたりして荒れた。障子の桟を壊さないという遠慮はあった。それは、学校に行かないことを親に認めさせるパフォーマンスの部分もあったのかもしれない。だが、一番根っこにあったのは、どうしようもなさ、Pの自分と自分の状況のどうしようもなさ、出口のないどうしようもなさであった。やるせなさといっていいかもしれない。それから暴れるということはなかった。むしろいつもいたたまれない気持ちだった。いつも嘆息がこぼれて仕方がなかった。家にいても、どうしようもない負い目、将来に対する見通しのつかなさに息が詰まっていた。自分に対する道徳的な仄めかし、自分が何か悪いことをしてそれを自分から言いだすのを待っているように感じて神経をすり減らした。NHKのニュースのアナウンサーと親がグルになって自分にそういう仄めかしをしているのではないかという狂気じみた疑念を抱いたこともあった。

透明人間のように身体が消えてしまえば、どんなに楽だろうかと考えもした。そうすれば、家族からの視線からも、他人の視線からも逃げられると思った。

1-3 山へ逃げたい

Pが家にいるとき、家もまたそこから逃げたい場所であった。Pの暮していた家は、I市の山間部の山に囲まれた土地にあった。Pはいつの頃からか、家出して山の中で暮らしたいと思うようになった。山に逃げ込めば、生きて行けると思った。粗末な掛け小屋や、洞穴で暮らすことを夢見た。そこで誰かと出会い、共に暮らしていくことを夢想した。誰にも見つからない深い深い山中で暮らすことを。それは木地師やサンカのことは何も知らないまま温めた思いだった。

かつての日本には、山里の村に暮らしていた人間がふと山に入りそれきり戻ってくることがなかったこと、また何年かしてふいに村に戻ってくることがあったという。そんな話を知ったPはうらやましく思った。

柳田國男はこんなことを書いている。

黙って山へ入って還って来なかった人間の数も、なかなか少ないものではないようである。十二三年前に、尾張瀬戸町にある感化院に、不思議な身元の少年が二人まで入っていた。その一人は例のサンカの児で、相州の足柄で親に棄てられ、甲州から木曾の山を通って、名古屋まできて警察の保護を受けることになった。

今一人の少年はまる三年の間、父とただ二人で深山の中に住んでいた。〔中略〕とにかくに三年の間は、火というものを用いなかったと語ったそうである。食物はことごとく生で食べた。小さな弓を造って鳥や魚を射て捕えることを、父から教えられた。

春が来ると、いろいろの樹の芽を摘んでそのまま食べ、冬は草の根を掘って食べたが、その中には至って味の佳いものもあり、年中食物にはいささかの不自由もしなかった。衣服は寒くなると小さな獣の皮に、木の葉などを綴って着たという（柳田 一九七六：九五―九六）。

かつてはそんな人知れぬ山中の生活が日本にもあった。今そんなふうに生きていくことができたら、どんなに良いだろうか、とPは夢想した。けれども、そんな暮らしのできる豊かな深山など日本にはどこにも残されていないという現実も、Pは知っていた。山に逃げ込んでも、檜や杉、落葉松の人工林ばかりだし、山には高圧線が張られている。そのまま進めばまたどこかの道路に出てしまう。そこはもう昔の豊かさと深さを失った山である。また警察に捜索願が出され、すぐに見つかってしまう。冬は寒いだろうし、何よりも家族を悲しませると思うと辛かった。それは難しいことだった。

Pは正午になると犬を連れて、K林道を登っていった。夏は誰もいなかった。そこで誰かと出会うことも夢想した。また、その道が思いもよらぬ、見知らぬどこかへ通じていることを夢想した。けれども、その道は山中のぽっかりと開けた場所で途絶しているのだった。道はどこにも通じておらず、Pは引き返すしかなかった。

1-4　いちいの木を見ながら

Pにとって、ひきこもり経験のひとつの側面は、自分が徹底的に無意味になる経験であった。というのも、彼にはほとんど何もないからである。社会・学校の中に居場所がなく、生徒などの肩書も実質的にはなく、勉強もできず、何か技術・特技があるわけでもない。Pは、一三、四歳のとき、公文（くもん）で学力を試すテストを受けたことがあったが、まず自分の名前の字を思いだせず、二、三時間以上そこでストップしてしまった。

Pにとってひきこもり経験は、社会的に無意味な自己がいかに肯定されうるのか、何も持たない人間の意味は何か、ということを徹底的に考えさせられる経験だった。

あるときPは、家の裏庭に植えられたいちいの木の前に立って、そのことを考えていた。このひとりの人間には、あるいは誰にでも、その無意味さにもかかわらず、何らかの意味が、価値があるはずなのだという信念は消えなかった。それさえ分かれば生きていけると思えた。Pは自分に、また人間に、社会的な意味を超えた意味や価値を見いだすために考えていた。自分の存在の価値、意味とは何か？　社会的に意味も価値も持たない彼は、それとは別のところに自身の存在意義を見出さねばならなかった。何も持たない自分に何が残されているか、と。それがなければウソだ、と。どこかに〈真理〉があるはずだ、と。

そんなことを考えながら、Pはいちいの木を見つめていた。

Pは考えた。少なくとも自分のパースペクティヴは唯一のものだと。〈いま〉と〈ここ〉は、誰も、その当人以外が生きることができないかけがえのないものであると。誰でも、たとえば、盲人がいたとして、そのひとの生きる世界はそのひとにしか生きられない。そのようなパースペクティヴが重なりあって多様な世界を形づくっている、と。この考えは他者というものの意義をも与え返してくれるように思えた。しかし、それは彼に社会的意味を与え返しはしなかった。その困難はやはり困難のままだった。

1-5　他者

Pはまた、他者を「自然」と見做そうともした。他者の言動を、悪意などの意味もそのままに、雨や雪のようなものだとすることができれば、それは道を塞ぐ岩のようにいわば問題のない問題になる、とも思った。そういう試みがまったく無効であったとは思わない。だが、他者はあくまで他者だったというのも偽らざる事実だった。

2　居場所の無縁性

Pの山（の生活）への憧憬は、網野善彦が現代に蘇らせた無縁へとつながる。それは単なる偶然ではなく、むしろ山の山性のようなものに由来するつながりであるようにも思う。

私は、中世前期には、山林そのものが——もとよりそのすべてというわけではないが——アジールであり、寺院が駆込寺としての機能をもっているのも、もともとの根源は、山林のアジール性、聖地性に求められる、と考える（網野 一九九六：一二七）。

網野は、一九七〇年代後半に、「無縁」「楽」「公界」という日本語で「自由」「アジール」の問題を提起した。樺山紘一が指摘するように、「現在は非常に強い縁が実在するという、これは国家であるという人もいるし、階級的な支配であるという人もいるでしょうけれども、いずれにしてもいま強い縁が私たちを縛っているという〔中略〕アクチュアルな問題意識」（阿部ほか 一九八一：二一〇）がその背後にあったはずである。現代の私たちを束縛する縁は、管理社会、資本主義、消費社会、学校化社会など様々な角度から挙げることができ、縁ないし〈所有〉に縛られた状況というのは二〇二二年の今でも大きく変わってはいない。単純に有縁性を良しとして縁の喪失を嘆き、無縁の意味を不問に付すことはどうあってもできない。

ある対談で、石井進は、網野の『無縁・公界・楽——日本中世の自由と平和——』に出てくる京都の阿弥陀寺に関する史料（網野 一九九六：五二）に関して、「網野さんのご本の中に、『無縁所』であり市場である寺が、『無縁』であるがゆえに『結縁』のための墓所をつくる、という史料が出てきましたね」（同前：二〇八）と指摘し、網野がその箇所では説明していない「『無縁』の場は同時に、それゆえに『結縁』の場でもある」（同前：二〇九）

という史料の文言の意味を問う。つまり、無縁であることと「結縁」との関係を問う。史料で「結縁」は当然仏との縁を結ぶことだが、問われているのは、それに限らない無縁と結縁の関係である。これを受けた樺山は、「縁は〔中略〕、ある種の空間的な意味も含んでいますね。〔中略〕縁とは、周辺とか境界とかいったことでしょうか。はて、その『縁』が『無』いとは、一体どういうことになるのか」（同前：二一一）と問いを敷衍する。対談で網野はこの問いに明確に答えていないが、阿部謹也は、「網野さんは、無縁という言葉で日本における人的結合の一つの原理を表現されたのだと私は思っています」（同前：二一六）とまとめる。その後、道や河原や荒野が穢から自由な「限定されない解放空間」（山本 二〇〇九：六〇）であったという山本幸司の指摘と、『山』がアジールであり、世俗権力の介入できない空間であった」のは、そこが「計量化不可能」な「なめらかな空間」（中沢一九八七：六六）であったからだという中沢新一の指摘を受けて、網野は「こうした『解放された』『なめらかな』空間は、実態としても『無所有』であるが、あるいは『限定され』『仕切られた』空間の所有と鋭く対立する特質を持つ」（網野 一九九六：三三二）と説明する。このように述べるとき、網野は、間接的に、石井及び樺山の指摘にも答えて、阿部の提示したまとめに首肯していると言える。つまり、無縁の空間とは〈所有〉から自由な空間であるが、それは限定されていない、仕切られていない、という意味で「縁」の「無」い空間である。人間は〈所有〉するためには、対象を限定し、区切り、計量化し、物質的・観念的に切り離し、切り分けなければならない。すると、無縁の空間とは、他なるものとの縁に開かれた場所だということになる。

縁がない、限定されていない、仕切られていない、〈所有〉されないとは、尺度がない、規範がない、等々と敷衍できる。それは、人間が設定した評価、価値判断、比較などの基準、根拠づけ、権力による支配がないことだとも言える。そのようにして人間は空間を、そこにおける人間を〈所有〉し、その支配者＝所有者となろうとするからである。

例えば、畑を一アールだけ耕すことは、大人が一日にこなすべき一般的基準でありうるかもしれない。あるいは、それは、特定のAさんがいつも一日でこなす仕事であるかもしれない。いずれの場合も、この一日一アールという数字は、人間が誰かと誰かを比べるための尺度となる。ひとはAさんの大事にしている農具を取り上げて皆と同じ最新の道具を渡し、皆と同じ方法で耕作させて、同じ能率、同じ成果を要求してくるかもしれない。この規範・比較の空間に囚われるとひとは無縁の空間から疎外されてしまう。なので私たちは別の可能性を考える必要がある。それは、一アールが、面積を測る単位としては機能するが、それ以上、それ以外の意味づけ・評価・比較のための指標へ変貌してしまわないようにする必要がある。一アールは、Aさんのある日の目標かもしれないし、ある日の成果かもしれない。その一アールの意味は、Aさんの身体や生活、農具、畑全体、周囲の平野や山地、地形、河川、土、作物、季節や気候などとの関係から規定される。人間が一アールの意味・価値を規定するのではなく、自然がそれを規定する。縁（ふち）のない空間において、人間は所有や支配の主体ではない。土地や他者に尺度をあてがうのではなく、逆に限りない自然から人間が尺度を与えられることで、そこに満足や欠乏が意味あるものとして生じる。

東吉野村に移住して、図書館ルチェ・リブロを営む青木真兵は、「都市の自宅は人間主体ですが、山村の自宅は自然が主体なのです」（青木 二〇二一：九六）と言うのも、そうした事態を指している。尺度の主体が人間ではなく自然なのだとも言える。シェリングの『自由論』に即した、ハイデガーの「自由が人間の特性なのではな」く、「人間がせいぜい自由の所有物」（Heidegger 1988, 15）なのだという言葉も、人間が根本的には自由と責任の主体ではないという点を指摘するものとして受け取れる。無縁の空間は、人間による観念的な区分け・計測・比較による〈所有〉を拒絶し、人間の存在、振舞いを規定する、自由な空間に許容する。人間は人間の〈所有〉に回収されない。現代は、「こうした「空間」が、「無所有」の自然をふくめて、ほとんどないかの如く見えるまでにいたった」（網野 一九九六：三三一―三三二）時代である。

そこに現代の「居場所」をめぐる様々な実践や議論の必然性もある。(1) 社会学者の桜井啓太は、肥大した自立観を疑うことなく、自立支援という目的を当然のこととする現代の社会福祉のあり方を批判して、「依存」の価値の復権を唱える。自立支援政策は、「福祉利用者を有用性で再評価し、彼らの〈生〉のすみずみに、〃支援〃を行きわたらせた」が、それは『支援（管理）されない場所・領域』（＝アジール：避難所・自由領域）が縮小していく経過であった」（桜井 二〇二〇：四八―四九）という。それに対するカウンターとして、支援制度の「支配から逃げる」（同前：四八）ことが課題となるが、そこで求められるのが、「支援（管理）されない場所・領域」「支配から逃れられる領域」「寄り添われない領域」「放っておかれる空間」『いる』に効率性とエビデンス（経済的収益性）を求める」のではなく、「ただ、いる」空間、そして「存在に理由を求めない場所」（同前：四九）であるという。

人間が自己の存在の根拠を求めたり、支配したりできない根源的な「事実（Faktum）」（ないし「事実性（Faktizität）」）に関するラントグレーベの記述を参照したい。

> 「私が現にある」という遡行不可能な事実は、単にみずからの現—存在の限界だというわけではない。というのも、この現—存在はすでにつねにみずからの〈できる（Können）〉のうちでみずからを了解しているからである。ハイデガーは、〈存在できる（Seinkönnen）〉としての現存在について話している。まずもって前反省的には、この限界は、認識の限界としては経験されない、そうではなくむしろみずからの〈できる〉の限界として経験される、現存在が絶対的には支配できないものとして経験される。この限界は絶対的な優位性（Übermacht）として経験されるが、しかし現存在が盲目的にそれに従う優位性として経験されるのではなく、みずからの〈できる〉を挑発しかつ試すような優位性として経験される。人間的現存在がこの挑発をすでにつねに了解していることは、最古の諸文化がすでに伝えている。それらの文化は、魔術、呪術、祈り、感謝、愁訴によって、優位性と折り合いをつけようと試みているのだ（Landgrebe 1976: 187. 強調は原文）。

生命の誕生と死の「事実」、〈私〉が存在するという「事実」、自然の天候や大地の実りは、元来人間がその背後へ遡行して、その根拠を〈所有〉しコントロールできないものだ。そこにかつて祈りや感謝があった——今でもそれはあるにちがいない。それは自然や他人に命令したり、それらの原因や動機を問い糾したりすることではない。「事実」とは、自己の事実であり、他者の事実であり、関係性の事実であり、自然の「事実」である。

青木は著書のなかで、フェルナン・ブローデルの次の言葉を引く。

山が山であるというのは、言い換えれば障害ということだ。また、同時に、避難所、つまり自由な人間のための国である。なぜなら、文明が（社会的・政治的次元であれ、貨幣経済であれ）拘束や隷属を強制するものすべてが、山では人間を圧迫することはないからである。〔中略〕低地の国々は、人や物が密集し、息の詰まるような社会であり、聖職者は聖職禄を受けているし、貴族は高慢であり、警察は有能である。山は自由の、デモクラシーの、農民「共和国」の避難所である（Braudel 1990：43-44）。

青木は言う。山は「障害」だが、「障害は自由を阻むものばかりでは」なく、「自分に何ができて、何ができないのか」を明確にする。「障害とは、自分ではコントロールできないものであり、社会の外部であり、自然でも」（青木 二〇二一：二四五—二四六）ある。自分でコントロールできないとは、人間が、外部にある山の、自然の根拠を支配できないということである。個人に自由と責任を強いる社会の管理から解放される場所の性格を、居場所の無縁性と呼んでみたい。

3　無縁の倫理、あるいは野生の倫理

新たなものや人と出会い、関わり合うとは、手の内にある尺度によって他者を測り、理解することではなく、

そのつどの新たに関係性を結び、理解の隘路を行きつ戻りつし、あるいは単に袋小路に佇立することである。無縁の場所とはそうした関係性のそのつどの始まりの場所である。そのことは歴史の積み重ねや習慣を排除せず、むしろ含む。私たちは多かれ少なかれつねにすでにその積み重ねの事実のなかに生きている。そのことも新たな始まりを排除するものではなく、むしろ含む。しかし私たちはそのことを忘却しがちで、多かれ少なかれつねに分かったつもりになっている。ひきこもりとは、こうした〈分かっている〉という〈所有〉の包囲から逸脱し、逃走し、そこに回収されることを拒む動向であるとも言える。例を挙げれば、名前、レッテル、スティグマに対する違和感、拒絶、である。(2) 人びとは「障害者」や「健常者」などのカテゴリーによって、そのつどのコミュニケーションなしに、特異な、無気味な現実と触れ合うことなしに互いを「理解」したつもりになる。それはコミュニケーションを効率的で皮相なものにする。そのつどの現実の特異性が抜け落ちるのである。

中島浩籌は、「逃走ほど行動的なものはない。それは想像的なものの反対である。〔中略〕逃走することは、現実を生産し、生を創造」（Deleuze & Parnet 1996: 47-60）するというドゥルーズの見解を参照して、「これからどう生きていくのか」という問いを考えなければならない子どもは既成のレールに乗るよりも現実に直面しそのなかで生き方を模索することになると述べて逃走としての不登校を肯定する（中島 二〇二一：七二―七四）。

ひきこもりを無縁の倫理、野生の倫理から考えると言っても、それは当事者がその倫理を成就しているということではない。そこに当事者にとっての「問題」や「困難」がある。それは〈所有〉の支配から逃れてきたのに、〈所有〉することとされることに、外的にも内的にも囚われたままであり、逃げきれない、それを社会が推奨せず、むしろ阻むという困難であり、そこに心理的葛藤がある。自信をつけてひきこもりを克服しようとか、学校で心を鍛えようとか、カウンセリングで心を癒そうというのでは根本的な「問題」を逸する。

ここで言う無縁の場所、無縁の生は、「政治的な抑圧に対して共同して抵抗する経験のなかで生まれる集団関係」（Honneth 2021: 208）とされる承認の「連帯」を想起させるかもしれないが両者は異なる。(3) ホネットは言う。

ここでは、すべてを司る実践的な目標の一致によって、各人が他者の能力と性質がもつ意義をおなじようなやり方で承認することを身につけていく間主観的な価値の地平がたちどころに生みだされる。また、戦争が、社会の境界をこえた連帯的な参加によって自然発生的な関係をつくりだす可能性がよくある集団的なできごとを表わしているという事実も、対称的な価値評価のメカニズムによって説明することができる。戦争においては、過重な負担や不自由さの経験を共有することによって、突然新たな価値システムが生じ、主体は相互に、それまで社会的に重要視されていなかった業績や能力をそなえたものとして他者を評価することができるようになる（ibid., 208-209）。

通常の社会的価値体系における分断や差別が、戦争では一時無効化され、何らかの大義名分のもと、人びとが連帯することになる。どれほど卑しいと言われる生業の家の息子でも、戦争に行けば皇軍の兵士となることができた。現代の日本社会に見られる右傾化や戦争への傾きにも、現在自分たちが囚われている動かし難い価値体系、社会制度を停止させたいという思いが見てとれるように思う。――北朝鮮にミサイルを撃ち込まれて、社会資本や巨大企業が灰燼に帰してくれれば、人びとはむしろ嬉しいのである。人びとは少なくともそれらに縛られる側ではなく作る側に回ることができる。たしかに戦争では従来の社会の価値体系が宙づりになる、あるいは更地にされる。しかし、そこに生れる連帯は、比較の尺度、価値評価の体系、尺度が変化することによるものであり、人びとはあくまで比較の尺度の内に留まっている。あるいはすぐに新しい規範や尺度が作られるだろう。連帯そのものに希望がないとは言わない。だがむしろそれら規範などの縛めから解放されることの意義を指摘したい。

ひきこもり経験者の林恭子は、「ただ生きる」（林 二〇二一：一七七）ということを語っている。

自分は今、生きるとか死ぬということを自分の意志で決められるような気でいるけれど、そうではないのではないか。頭や心では「死ぬしかない」ということを確信しているけれど、身体（肉体）は生きようとしているのではないか。人は必ずいつか死ぬ。であるならばそのときが来るまで、もう何のために生きるのか、とか、何かの役に立たなければならないなどとは考えずに、道端の植物や野生動物のようにただの「生物」として、いつか来る終わりの時までただ生きればいいのではないか（同前）。

ここで語られていることは、他のひきこもり経験にも見られる。Pによれば、彼の経験とも符合する。それは山へ逃れることができない以上死ぬしかないという思いから、やがてどうあっても自分は死なないだろう、死ぬことはできないだろうという確信が醸成され、今後生きるのであればどうすればよいのかと考えたときに、役立つとか目的とか他者からの評価なしに、あるいはそうしたものを相対化、無効化するような立場・観点において生きることを思い描いた。そうして何とか生きていけないかと思った。野生動物は意識的に選択しているわけでも、何か目的を持って生きているのでも、何かの役に立とうとしているのでもない。シレジウスが〈薔薇はなぜなしに咲く〉と書くように、薔薇は誰かに決められた価値や、何か・誰かのためという〈根拠〉によって生きるのではなく、ただ生きている。それが野生に生きるということであり、無縁に生きることだとも言える。

それは孤独を選択するという個人の自由ではない。神島裕子が「リバタリアニズムの可能性」を「個人の自由および権利と社会的ミニマムの保証を、国家に捕われずに構想すること、そして個人の幸福のあり方に対して、リベラリズム以上に寛容であること」（神島 二〇一八：一一一―一一二）に見るとき、その実例のひとつは、ソローの『ウォールデン　森の生活』の「隠者」である。ソローも森で無縁の生活を営んだ。だがその生活を「個人の自由」として見るなら、無縁の自由は取り逃がされる。無縁を選択するとは、個人の自由とは別の自由の空間へみずからを解き放つ逆説的な事態である。そうでなければ、無縁の生活を選んだとは言えない。無縁の生活を選ぶとは、孤独を選ぶこと、関係性を拒絶することではない（小田切 二〇二二：一六一―一六六）。有縁における支配から自由になるとは、〈所有〉ではない他者との関係、結縁への自由に開かれることだからだ。それゆえ孤独を選択したことの（自己）責任を問うのはナンセンスであり、そこで当人の目的意識をたずねても無駄だろう。

無縁の倫理は、無所有であること、傷つきやすさ、裸であること、無根拠であることを肯定する。山内志朗の言うように、「無防備な裸体は傷つきやすさ（vulnerability）のままの姿を現す。それは互いへの傷つきやすさへの心配りが成立する場面であり、家族的なもの、親密性が成立する場面でもあるのだ」（山内 二〇一一：八二）。傷つきやすさの肯定は、心の鍛錬ではなく、傷ついても生きられる場所を大切にする。傷つきやすさは、他人だけでなく、暑さ寒さ、雨や雪や風、太陽光にも開かれている。私たちがひとを気づかうのはそうした傷つきやすさのゆえでもある。ひとが傷つきやすさ、裸性へ向かうのは、〈所有〉、支配からの積極的な逃走であり、他者、自己、環境、あるいは歴史や習慣に対する倫理的振る舞いである。そうした倫理をここでは無縁の倫理、あるいは野生の倫理と呼びたい。

野生――この言葉を哲学的に理解するために、レヴィ＝ストロースやメルロ＝ポンティ、あるいはシェリングに遡行するなら、いささか脱線するだろう。ただ、彼らが、西洋の理性による〈所有〉には回収されないもっと生き生きとした事柄を思索したことは、今ここで論じている無縁性とも一脈通じるところがあるのではないか。ここでも、自己の生、他者との関係性を理性によって裁定することを拒み、理性の絶対的な自己知の体系という〈所有〉の形式にはそぐわない、個々の特異な実存を大切にしており、その意味ではケアの倫理[4]にも通じる。いずれにせよ、野生は文明に対蹠される野蛮や未開ではなく、効率性や普遍性妥当性を追求する振る舞いからは区別される。青木は「手づくり」ということを言う。「手づくりの原理とは、『お金がなくても生きていける力』であり、社会的評価を気にしなくても生きていける力です。この力を手に入れるためには、他者を人間ではなく、比較不能なもの」（青木 二〇一一：一七七）つまり「虫、花、タヌキ」「山、海、神さま」（同前：一六三）におくことだと言う。これは牧歌的な懐古趣味ではなく、他人と共通の尺度の上で規範に縛られるのとは異なる倫理的な生を指し示している。

無縁とは、様々な意味における〈所有〉の支配からの自由であり、また新たな結縁への自由である。結縁に開かれるとは、制度的な支配、概念的な普遍的認識、歴史や習慣から自由であるということだ。他者や環境と絶えず関係を積み重ねて関係性を深めつつも、理解に至ることを至上命題とはしない。

「手づくり」の居場所とは、既製品によらない場所とも敷衍できる。既製品とは、一般的・普遍的に妥当する尺度や概念などのことである。言い換えれば、それは普遍的な規則や規範によるのではない生活の場である。それらは個々の人間や関係性の特異性を十把一絡げに処理する。その場合、その場の、そのつど現実的な誰それの存在やそこに生まれる関係性の特異性はひとまとめに処理される。そうではなく、各自がそのつど投げ込まれており、そのつど守り、作り直していく関係性を大切にし、そのことに取り組み続ける手間やいたずらな時や徒為を倫理的誠実さだとする考え方はできないか。それは当事者だけに関わるのではないだろう。そこでひとを動かしまた留めるのは、人間なら、社会人ならかくあるべしという道徳律ではなく、規範的根拠を持たない関係性である。例えば「冗談抜きで昼寝しないと身体がもちません」（新・関水 二〇二一：七二）と言う当事者を疑ってウソだと言い、鍛えようとするのではなく、その言葉・身体感覚を理解できるできないにかかわらず、根拠なしに受け止めることはできないか。そうした裸の感覚は傷付きやすくすぐに誰かが裁定し、〈所有〉しようとするが、その言葉・身体感覚を根拠なしに受けとめ、ひきこもることと共にあることはできないかと、そう思うのである。

おわりに

まずひきこもり経験者の語りから出発し、当事者の思いの中から、無縁への動向を取り出した。次に「居場所」の無縁性を網野などの諸論をもとに整理して、「居場所」にとっての無縁性の意味を、規範性などの人間の措定する根拠を欠いたあり方として深めた。最後にその無縁の場所における倫理的態度として、無縁の倫理、あるいは野生の倫理の構想を素描した。ここから理解するなら、ひきこもりは、〈所有〉としての支配からの逃走として積極的意味をもつ。心理的葛藤があるとすれば、あくまで人びと（当事者だけではなく）が規範的な価値観に囚われ、無縁になりきれないことにあると指摘できる。文明を拒絶して自然へ帰れと言うのではなく、融通無碍なあり方を肯定し、ひきこもることにとっての「問題」は、その自由さ、社会や学校、その規範の外部への想像力もアクチュアリティも失われていることにあると言っておきたい。

注

1　「生きづらい状況が軽減／改善した変化」を問うアンケートのいくつかある項目の内で、「安心できる居場所が見つかったとき」（新・関水 二〇二一：七四）という答えが最も多く選ばれている。

2　「名前のない生きづらさ」を語る野田彩花は、診断名が欲しいと言うのではなく、他者が与えてくる様々な「名前」からこぼれ落ちるものを大切にしたいと言う（野田・山下 二〇一七：五〇―五二、九六―九七）。

3　ホネットの承認論については別稿も参照（小田切 二〇二三：一六三―一六四）。

4　メイヤロフは、ケアの「場」では〈私〉は「自分自身を場の〝外〟にいる人たちと比較する必要はない」（Mayeroff 1971: 70）こと、「ケアリングは何かのためになされるものではない」（Mayeroff 1965: 467）ことを指摘する。

参考文献

阿部謹也・網野善彦・石井進ほか、一九八一『中世の風景（下）』中央公論社。

青木真兵、二〇二一『手づくりのアジール――「土着の知」が生まれるところ――』晶文社。

網野善彦、［一九七八］一九九六『増補　無縁・公界・楽――日本中世の自由と平和――』平凡社。

新雅史・関水徹平監修、ひきこもりUX会議編、二〇二一『ひきこもり白書２０２１――一、六八六人の声から見えたひきこもり・生きづらさの実態――』JETDA personal publications。

Braudel, F., 1990, *La Méditerranée et le monde méditerranéen à l'époque de Philippe II. 1. La part du milieu*. Neuvième édition. Paris: Armand Colin.

Deleuze, G., & Parnet, C., 1996, *Dialogues*, Paris: Flammarion.

林恭子、二〇二一『ひきこもりの真実——就労より自立より大切なこと——』筑摩書房。

Heidegger, M., 1988, *Schelling: Vom Wesen der menschlichen Freiheit* (*1809*), Hg. von Schüßler, I., Frankfurt am Main: Vittorio Klostermann（=Gesamtausgabe Bd. 42. II. Abteilung. Vorlesungen 1923-44）.

Honneth, A., 2021, *Kampf um Anerkennung. Zur moralischen Grammatik sozialer Konflikte. Mit einem neuen Nachwort*, 11. Aufl., Frankfurt am Main: Suhrkamp.

神島裕子、二〇一八『正義とは何か——現代政治学の六つの視点——』中央公論新社。

Landgrebe, L., 1976, "Faktizität als Grenze der Reflexion und Frage des Glaubens," in *Denkender Glaube. Festschrift Carl Heinz Ratschow zur Vollendung seines 65. Lebensjahres am 22. Juli 1976 gewidmet von Kollegen, Schülern und Freunden*, Berlin: Walter de Gruyter.

Mayeroff, M., 1965, "On Caring", *The International Philosophical Quarterly*, vol. 5, Issue 3.

Mayeroff, M., 1971, *On Caring*, New York: Harper Perennial（田村真・向野宣之訳、一九八七『ケアの本質——生きることの意味——』ゆみる出版）.

中沢新一、一九八七「異教的モノテイスム」『現代思想』第一五巻第二号。

中島浩籌、二〇二一『「不登校」は心の問題なのか？——逃げる・ズレる、を考える——』書籍工房早山。

ＮＨＫスペシャル取材班編、二〇一二『無縁社会』文藝春秋。

野田彩花・山下耕平、二〇一七『名前のない生きづらさ』子どもの風出版会。

小田切建太郎、二〇二二、「疎外と抵抗——関係性から見たひきこもり」『倫理学研究』五二号、関西倫理学会編。

大庭健・鷲田清一編、二〇〇〇『所有のエチカ』ナカニシヤ出版。

斎藤環、［一九九八］二〇二〇『社会的ひきこもり　改訂版』ＰＨＰ研究所。

桜井啓太、二〇二〇「依存の復権論・序」広瀬義徳・桜井啓太編『自立へ追い立てられる社会』インパクト出版会。

関水徹平、二〇一六『「ひきこもり」経験の社会学』左右社。

東畑開人、二〇一九『居るのはつらいよ——ケアとセラピーについての覚書——』医学書院。

山本幸司、［一九九二］二〇〇九『穢と大祓　増補版』解放出版社。

山内志朗、二〇二一『わからないまま考える』文藝春秋。

柳田国男、一九七六『遠野物語・山の人生』岩波書店。

第9章

動物と植物と微生物のあいだ

――『妖怪人間ベム』があらわす反包摂の技法

山本由美子

それは、いつ生まれたのか誰も知らない。暗い、音のない世界で、ひとつの細胞が分かれて増えていき、三つの生きものが生まれた。かれらはもちろん人間ではない。また、動物でもない。だが、その醜い体のなかには、正義の血が隠されているのだ。その生きもの……それは、人間になれなかった、妖怪人間である。

――一九六八年版テレビアニメ『妖怪人間ベム』オープニングナレーション(1)

器官なき身体はひとつの卵(un œuf)である。そこには、軸と閾、緯度、経度、測地線が縦横に走っている。

また生成と移行、そこに展開されるものの行き先を印づける匂配がいたるところにある。ここには、何ひとつなにかを表象するものはない。ここではすべてが生であり、生きられている。

ドゥルーズ＋ガタリ『アンチ・オイディプス――資本主義と分裂症――上』[2]

1 『妖怪人間べム』はいまだ読み解かれていない

第一動画製作アニメーション『妖怪人間べム』は、一九六八年一〇月七日にフジテレビ系列で放映が始まった。初回の放送期間は、一九六八年一〇月から一九六九年三月までである。この『妖怪人間べム』は、昭和の高度経済成長期に生まれた子どもたちにとって忘れられない、人気ホラーアニメのひとつだ[3]。ジャズ調の主題歌はもちろん、煙がかった色調や欧州風の舞台設定、悲哀漂う不穏で謎の多いストーリー展開は、今もわれわれの記憶に残っているはずである。「妖怪人間」と呼ばれるかれらは、人間の血液と遺伝子を扱う実験室の片隅で、謎の液体から現れた（岩崎 一九九六：六七）。そのオープニング映像によれば、次のとおりである。「ひとつの細胞」が、液体の入ったガラス瓶の中で分裂を繰り返す。やがてこれが、緑色したスライム様の生き物となって、その瓶から這い出す。まもなく、その生き物は「妖怪人間」の形態に変わり、呼吸と歩行を始めた……。しかもかれらは、発達段階の異なる三つの生命体として、ほぼ同期に誕生している。かれらの名は、べム、べラ、べロである。これまでほとんど注目されてこなかったが、本章で述べていくように、「妖怪人間」たちは妊娠や出産を介せず現れた、繁殖にかかわる最先端バイオテクノロジーの成果である。また、『妖怪人間べム』は確かに、生物のあらたな関係性のありようをブラウン管の前の子どもたちに示していた。虚構は現実世界を反映しているのであり、現実世界は虚構から投影されているのである。

本章は、これらの析出とあらたな解釈をつうじて、ポスト・ヒューマンの時代における『妖怪人間べム』のアクチュアリティを考察するものである。「妖怪人間」の誕生および失踪の謎をバイオテクノロジーと進化の視点から捉え返し、その解釈から導出される、類としての人間と反包摂の関係を論じることを目的とする。

2　『妖怪人間べム』の来し方

『妖怪人間べム』は、一九六〇年代という激動のさなかに製作された。日本のテレビアニメにおいては、一九六〇年代前半に頭角を現すSFアニメと、同年代後半からの妖怪ブームとを背景にやってきた。変身ものと勧善懲悪のスタイルに、妖怪の要素が加わったのが本作である。本章ではさらに、『妖怪人間べム』にはSF作品として読み直す価値があることを示したい。

ストーリーの概要はこうである。「妖怪人間」として現れた三人は、心は人間、姿は妖怪であった。かれらは、妖怪の姿形ではない「本当の人間」になるべく、その方法を探しながら旅をしている。(4) そして、その行く先々で、怪奇な出来事に苦しむ人間たちを助けていく。かれら「妖怪人間」は、平時では人間の身体に擬態しているのだが、正義のために悪と戦うときに妖怪の姿を表す。(5) かれらは人間のために命懸けで戦うが、戦闘時の妖怪の姿を怖れられ、却って人間から迫害を受けることになる。ここに、「妖怪人間」の悲哀と憂いが立ち現れてくる。「異なる者」として差し向けられる抑圧と排除こそが、「妖怪人間」たちに「はやく人間になりたい」という願望を惹起させるのだ。今度はそこに、われわれ現実世界の子どもたちの感情移入と人気が沸き起こる。最終回では、「妖怪人間」たちは人間になる方法を偶然に見つける。しかしそれは、人間の犠牲と引き換えであることから、かれらはその実行を諦める。果たしてそのとき、警察を中心とした町の人間たちが、妖怪退治の一環として、近頃その目撃通報の多かった館に火を放っていた。そこにいたベム、ベラ、ベロは館もろとも炎に包まれ、焼け跡にコスチュームの一部だけを残して失踪するという謎のラストシーンをもって、物語は幕を閉じる。(6)

子ども向けアニメであるからには、『妖怪人間ベム』には教育の役割が期待されていた。当時の企画書を紐解けば、製作方針として、「人類愛、平和、正義を守る勇気の尊さを、話の基礎に置くこと」（不知火プロ 二〇〇七：二四）が強調されている。その狙いは、「子どもたちに、妖怪を通して人間、人間関係、社会などを認識させよう」（同前：一六）というものである。ところで、ベム、ベラ、ベロには、人間にはないさまざまな超能力が備わっている。その力を互いの生存のために持ち寄ることもあれば、人間を助けるため容赦なく攻撃に駆使することもある。そしてかれらは、「人間の為につくしていれば、必ずいつか人間になれると信じて」（同前：二四）もいる。とはいえ、それは人間になるための交換条件というわけではなく、人間のために戦うことが、「妖怪人間」たるみずからの人間の心を保ちうると認識しているためである。全編をつうじて、これがかれらの善行ないし徳性として描かれるのである。(7)

他方で、『妖怪人間ベム』には、現実世界の大人たちの欺瞞をあぶりだすような、ある種の告発の息吹が見え隠れしている。また、作品に登場する多彩なキャラクターたちのおどろおどろしい動きや率直な物言いが、ブラウン管の前の子どもたちの人気とは裏腹に、番組に対する当時の評価を下げたとも捉えられてきた。(8)しかし、だからこそ『妖怪人間ベム』は、原作者や当時の制作スタッフが思う以上に、人間とは何かを子どもたちに問わせるきわめて哲学的ないし教育的な作品だったと考えられる。これらも含め、以下、アニメの象徴的な場面、とりわけかれらの誕生と失踪の場面を参照しつつ論じていきたい。

3　「妖怪人間」とバイオテクノロジー――卵なき誕生

本作アニメ版では、ベム、ベラ、ベロをつくった者や、その創造プロセスについて直接の描写はない。しかし、作中では、「細胞から人間を作り出すことに成功した科学者」の存在が示唆されている。[9] また、お馴染みのオープニング映像でも明らかなように、「妖怪人間」たちは、血液らしきものの入ったフラスコやビーカーの並ぶ実験室で誕生している。[10] これらを考慮すれば、かれら「妖怪人間」たちは、自然界で独りでに発生したのではないはずだ。かれらは、細胞から人間をつくるタイプの科学者――それが誰かは不明――によって、いわば人造人間として計画されたのであり、少なくともある段階までは人為的に作られたとみるのが妥当である。

「妖怪人間」たちがバイオテクノロジー的にどう作られたかは、いまだかつて誰にも解読されていない。実は、かれらの誕生を描くオープニング映像から、いくつかの情報を読み取ることができる。第一に、細胞分裂の仕方は、減数分裂でも卵割でもない。よって、これらの細胞は、生殖細胞でも受精卵でもないということになる。第二に、「ひとつの細胞」が分裂を始める直前まで、この「ひとつの細胞」というのは、それに先立つ三つの細胞らしきものが融合してできたものであった。このような細胞の融合は自然下でも起こるが、その場合、生殖細胞――卵子と精子という一般には二つの細胞――の受精が代表的である。[11] 映像では、その後に続く細胞分裂が減数でも卵割でもないことから、本作にみる細胞融合とは、細胞工学における細胞融合だと解釈することはできる。

なお、細胞融合とは、科学的には、二つの遺伝的に異なる細胞を融合させ、遺伝的性質が混じり合った「雑種細胞」をつくることである。そして、自然界で雑種を作れるのは、受精や受粉――体外受精や人工受粉も含む――を前提とする生殖細胞だけであり、かつ同種間に限る。[12] 迂回を重ねたが、つまりこういうことである。すなわち、細胞工学での細胞融合とは、通常の交配では起こりえない異種間交雑を人為的に行うのであり、ほかでもない体

細胞を用いるのだ。(13)

これらをふまえると、「妖怪人間」たちを生み出した細胞とは、三種の体細胞をひとつに融合させた「雑種細胞」と推定することはできる。そうであるなら、かれらは、細胞工学のなかでも受精卵を扱う発生工学ではなく、体細胞を扱う細胞融合の手法で作られたことになる。そして、この異種間雑種細胞が、胚細胞と同様かあるいはまったく異なる仕方で発生を開始するようプログラミングされたと想定することもできなくもない。補足をしておくと、われわれ現実世界において、体細胞を用いた異種細胞融合とゲノム操作による生命体の誕生は、すでにSFではなくなっている。(14) しかしながらこの現実世界では、体細胞のみから、思惟し営為する生物個体が丸ごと誕生するということは起こっていないし、最新の生命科学技術をもってしても、卵巣・精巣、子宮および胎盤なしにはその実現は不可能なのである。(15)

要するに、『妖怪人間べム』の先鋭性――日本のテレビアニメ史的、SF的、あるいはいっそサイエンスを牽引するイマジナリーな次元の閃きとしての――は、細胞工学のテクノロジーを用いて、オルガノイドではなく生物個体丸ごとを、卵も生物学的親もなしに培養下で作ったと解釈しうる点にある。(16) ブラウン管の前の子ども目線でいうなら、ロボットでもサイボーグでもないあらたな生物個体とその創造可能性について、自分たちも知っている身近な理科の実験室的な表象とともに提示されたことにある。これらは、現実世界の子どもたちに、「妖怪人間」が何者でどこからきたのか思いを馳せさせ、この自分は何者でどこからきたのかを問わせる契機となりうる。そして、「人間ならざる」とされている存在と自分との関係を思考せずにはいられない。

4　母なき繁殖――攪拌と分岐

細胞融合に先立つ三種の細胞が何の生物のものかは同定不可能だとしても、異種細胞融合であるからには、「妖怪人間」たちは紛れもない新種である。そして、「妖怪」ではなく「妖怪人間」の類にくくられている以上、かれらは、人間から産まれずとも人間の系譜を持った新種ということになる。

繰り返すが、「妖怪人間」たちに生物学的な親はない。また、かれらに臍はなく、それは胎盤が不要であったことを意味する。そして、かれら自身は親子でもなければ、カップル関係でも兄弟姉妹でもない。「妖怪人間」たちは、脱有性生殖によって現れ、性愛家族規範の外で生存しているわけである。ところで、物語ではベムやベロが注目されがちであるが、特記すべきはベラの立ち位置である。[17] 人間に擬態したベラには乳房が現れるが、妖怪の姿のときにそれは消える。つまり、ベラに哺乳の役割は課されていない。また、ベラに主人は不要であるし、「お母さん」の役回りも課されていない。かれらが家族のようにみえたとしても、それは人間の規範に寄せて擬態した結果にすぎない。別の言い方をすれば、かれらは人間に擬態しているとき、性(セックス)をも擬態しているのだ。

解釈を一歩踏み込むにあたり、「妖怪人間」の来し方をいま一度整理しておこう。[18] まず、卵子や精子なしに、融合細胞が分化と発生のプログラムを開始した。そして、この融合細胞は体細胞異種交雑によるものであり、そこからあらたな生物個体が生い立った。こうした、いわば卵なき母なき繁殖、かれらのこの出現プロセスを、果たして、進化系統の解体および攪拌のアナロジーと考えてみるとどうだろうか。かれらは、微視的にも巨視的にも互いに異なる新種でありながら、複雑に絡み合った生物界の親族ということになってくる。[19] たとえば、動物と植物と微生物、それぞれ任意の生物の三種体細胞融合細胞を想定するだけでも、生物個体としてのあらゆる可能性が潜んでいる。[20] かれらが三者三様で現れたのは、リセットされた進化系統から、あらたに三者三様に分岐が始まったことのメタファーだということもできる。

想起すべきは、進化の起点は共生にあったことだ。われわれの祖先はかつて海を漂っていた。そこから真核生物が誕生してきたのは今から二四億年前である。微生物学者リン・セーガン（リン・マーギュリス）が、一九六七年に異端呼ばわりされながらも提唱したように、真核細胞は太古の共生の結果として生じた[21]。こんにちでは「細胞内共生」と呼ばれ、二種の異なる微生物の一方が他方の細胞内に棲みつき、共生を始めた現象である。この現象こそが、動物すなわち多細胞生物の起源であった。やがて、真核生物から多細胞生物であるカビ、植物、動物が分岐してくるのは、今から一二億年前のことである（山岸 二〇〇三：一九九―二〇〇）。

『妖怪人間べム』での解釈を続けよう。これまでの進化系統がリセットされた以上、かつてとそっくり同じような差異は二度と現れない。進化の来た道を繰り返すことは不可能であるし、差異とはそもそも、自然に変化するものでもある。発生と分岐は、これまでにないあらたな仕方で始まるしかない。運よくそれは始まったのであり、かれらの誕生とは、時を超えた、あらたな進化と生物界の起動であると捉え返してみる。生物の潜在的可能性が、類や種を超越したところに生い立ち、現実化したのである。そうであるなら、「妖怪人間」たちは、生物の境界こそを曖昧にし、境界をゆらぐ存在として現れたと考えることもできる。

5 動的編成――性なき遺伝的乱行

生物の境界をゆらぐ存在が出現すれば、その存在は、他の生物の境界にも影響をおよぼすはずである。「妖怪人間」たちは、いわば、遺伝子の垂直伝播（細胞分裂）と水平伝播の交差するその狭間で誕生した。卵も臍も、乳房も不要のもと現れた「妖怪人間」たちなら、少なくとも接合的なプロセスを経て、あらたに遺伝子の交換や身体再編成を行う可能性がある。たとえば、ダナ・ハラウェイは、リン・マーギュリスの用いた「動的共生体」の概念を次のように捉え返す。

> マーギュリスに倣い、わたしは動的共生体（holobiont）という用語を、時間・空間のスケールの大小にかかわらず、共生する動的編成（symbiotic assemblages）という意味で使う。これは、どちらかといえば動態的な複雑系のなかで内的に作用する（intra-active）、多彩な関係生成の結節群のようなものである。競争か協調か、という幅でしか思い描くことのできない相互作用（interactions）状態に置かれている、所与の境界をもつ（遺伝子、細胞、有機体などの）ユニットから構成された生物学上の独立体（entities）からは遠い。マーギュリスの場合と同じく、わたしが用いる動的共生体が指すのも宿主＋共生生物ではない。関係の結び方は多様であり、他の動的共生体との接合と動的編成へと開かれている度合いが変化していくという意味において、すべてのプレイヤーは互いにとって共生生物だからだ。共生（Symbiosis）は、「互恵的」の同義語ではない[22]（Haraway 2016: 60）。

動的共生体とは、所与の完成型の境界をもった独立体どうしの関係性ではなく、生物における境界それ自体の変容、解体、生成のプロセスを概念化する用語である。また、動的共生体は、初めに身体があってそれが相互に関係性を生成することで作られたユニットないし集合体ということでもない。動的共生体とは、複数の異種間の動態的な関係性が、身体それ自体を生成し創発していく内的作用を意味するのである[23]。これを『妖怪人間ベム』の解釈に繋げるなら、ほかでもない「妖怪人間」の存在そのものが、「動的共生体」概念の象徴ということができる。そうであるなら、かれらが他の動的共生体との接合的関係性を経てみずからを生成しなおすことは、他の動的共生体の生成変化とその動的編成をも開くことにほかならない。

こうした動的編成は、絶えざる雑種化・新種化の動きであり、性なき遺伝的乱行可能性が促す生成変化でもある[24]。これに、さまざまな生物が巻き込み巻き込まれていくことで、流動的かつ偶発的にして、競争でも協調でもないような動的進化が現実化する。この動的進化にあっては、もちろん人間とて、従前までの人間、すなわちかつての現生人類たるヒトではありえない。このプロセスはむしろ、人間を人間とカテゴライズしているさまざまな境界や概念こそを変容させるはずだ。そして、もし、このプロセスをつうじて「妖怪人間」が「人間になる」とするなら、その動的編成の前にも後にも、従前までのヒトというのはすでに存在していないことになる。つまり、この動的進化において、「妖怪人間」たちはけして、人間——かつての現生人類であったヒト——になることはできない。果たして、ハラウェイのいう、共生は「互恵的」と同義ではないということの意味を思考する必要がでてくる。

かれら「妖怪人間」の活動目的に立ち返れば、それは利他であった。とりわけ、人間を助けることであった。それは人間との交流を通じ、「再生産」以外の関係性を人間にこそ開かせるものだったと考えてみたい。というのも、物語ではどういうわけか、町のあちこちで日常的に、人骨らしきものが転がっているような世界がすでに始まっていた。人間同士の共食いのはっきりとした表象はないにしても、さながら人間が人間の天敵であるような日常にあっては、内部抗争の常態化である[25]。他方で、悪なるもののほとんどは、実は人間や動物による、人間への怨念に起因していた[26]。この怨念が妖怪や怨霊と化し、人間に危害を加えているのである。人間による強欲や乱開発が人間または動物からの怒りと恨みを買い、報復として人間自身に跳ね返っているのだ。人間が、人間からも「人間ならざる」存在からも、共生とはほど遠く、攻撃および殺戮すべき第一標的となっているような世界観である。「妖怪人間」たちの狙いは、まさしく人間の救済に掛かってくる。ハラウェイに倣えば、かれら「妖怪人間」たちは人間との交流すなわち動的編成を経て、人間に、今とは異なる仕方で存続できるような進化の逃走線を引こうとしたとみることができる。人間の内側からの変容とは、現生人類たるヒトの解体と再編成にほかならない。重要なのは、このとき、これまでの人類なき後のあらたな時空も開かれてくることである。

6　人間になりたい、いや、人間にはならない

かれら「妖怪人間」とて、人間という特権階級への執着はあり続けた。実際、『妖怪人間ベム』の根強い人気は、かれらの立ち置かれた状況設定にあることは間違いない。たとえば、ブラウン管の前の子どもたちは、「妖怪人間」を「人間にしてあげたい」と（上から目線で）願うとともに、かれらの悲哀を密かに楽しむあざとさも持っている。現実世界の人間たちというのは、自分たちに憧れ、自分たちの存在意義を高めてくれるはずの対象を常に渇望している。加えて、自分たちで消した「妖怪人間」のその後が気になって仕方ないのだ。だからこそ、半世紀にもわたって、本作の再放送やリメイクが繰り返されるのである。

ところで、本作は、心身二元論を地でいくストーリー構成である。「妖怪人間」たちは、自分の魂と肉体を自在に分離できさえする。悪との闘いでは必要時、かれらの思惟実体は身体から離脱する。用が済めば、かれらは自分の身体に戻ってくるのがデフォルトだ。ある時、ベロが九死に一生を得るところで、ベムとベラが重大な発見をする。(27) われわれの記憶に残る、あの最終回のシーンである。自分の魂を身体から分離させて、生きた人間の身体を乗っ取れば、容易く人間になれることに気づいたのだ。(28) かれらは逡巡する。乗っ取りとは人間の魂を押し出して殺すことであり、人間を助けるというかれらの理念に反するからだ。しかし、ベラは思い切って、「人間になろうよ」とベムに持ち掛ける。ベムは、「俺達はいままで人間のためにいろいろな敵と闘ってきた。人間の力ではどうしようもない敵をわれわれ妖怪の力で倒してきたんだ。人間の世界には、人間に分からない敵がいっぱいいるんだ」と返す。果たして、ベラは、「あたしたちが人間になってしまったら、その敵を見抜けられなくなるんだね」と悟る。「人間になる」ことへのかれらの執着は、ここで手放される。あたかも利他的で倫理的な判断のように解されてきたが、その見方は一面的である。

先に述べた動的編成の視点からみれば、「妖怪人間」たちが人間の身体を得たりすれば元の木阿弥である。動的進化のすべては閉じられ、かれらは、単なる現生人類としてのヒトに包摂されてしまう。そうなれば、「人間の力ではどうしようもない敵」のいるただなかに、妖怪の能力を失った人間として放り込まれるわけである。「敵」というのはおそらく悪と同義で、悪とは端的には、人間による人間への怨念が「受肉」したものの所業であった。「妖怪人間」が人間になってしまえば、こうした悪を見抜き闘うことができないばかりか、もはやかれらが「本物の」人間である以上、かれら自身が悪と化さない保証はどこにもない。同様に、妖怪の身体と妖怪の能力を捨てたなら、かれらは二度と、みずからの意思でみずからの魂をその身体から離脱させることはできないはずだ。かれら「妖怪人間」にとって、これはつまり、恐ろしい賭けなのである。うまくいってもせいぜい有性生殖のサイクルに入り、何人かのヒトを生み落とすだけである。いうまでもないが、この場合は人間同士の交配となるから、妖怪と人間のキメラになり得ないし、「妖怪人間」の子孫を残すわけでもない。

かれら「妖怪人間」は、結局、妖怪の身体――妖怪というビークル――を利己的に選んだのである。かれらの本質は思惟する我であっても、思惟実体だけでは生きられず、さりとて人間の身体に（物理的に）囚われてしまっては動的編成が叶わない。魂の本質は身体とは無縁ではないということだ。かれらは、妖怪の身体を介する（乗降する、離着する）という条件を維持するかぎり、おそらく不死なのである。「妖怪人間」誕生の場面を想起してみれば、かれらは、複雑に絡み合った生物界の親族とおぼしき存在であった。いわば、動物と植物と微生物のあいだを生きる生物である。かれらは、妖怪の身体を乗りこなすことによってさまざまな関係性に作用し、交わり、さまざまな生を繋いでいくのである。また、そうすることで、偶然性に依拠しながら、微視的にも巨視的にもあらたな生成と編成を繰り広げていくことができるのだ。いや、おそらくこう言明されるべきであろう。かれらは、人間を見切ったのである。

7　失踪の後——来るべき他者

われわれ現実世界において、有性生殖の利点を根こそぎにしている生物は、唯一、人間だけである。有性生殖とは、生物が生物的世界の変化に常に対応し続けるための足踏み競争である。[29] 性とは、挑みくる敵（寄生者・捕食者・競争者）と格闘するために出現した。[30] 生物界におけるこの発明によって、次世代に引き渡す遺伝子をランダムに組み換えておくこと、さらには突然変異や稀有な遺伝子をもたらすことが叶う。これは、生物が性のコスト[31]と引き換えに得た、なけなしの生存戦略である。ところが人間は、こうした偶然性の配分や「定形外・規格外」の生成および誕生を歓待するどころか、それらを忌避し、あらかじめ検出して、切り捨てている。進化や分岐の契機を摘むためのものであれば、有性生殖などもはや無用である。しかも、いまや人間は、なんらかの遺伝子の増強か除去か組み替えかという幅でしか思い描くことのできない、「反動的編成」に専心している。というより、遺伝子を切ったり貼ったりするだけで生物を機械的に操作できると思い込んでいる。[32]

そうではなくて、人間の生物としての可変性を開いておかなければならない。それは、「再生産」でも絶滅でもない仕方で、今とは異なる「人類」の存在する可能性を残すことである。[33] 同様に、性も、狭隘な性愛家族規範も不要であるような、生物としての関係性のありようを思考してみることである。[34]『妖怪人間べム』の解釈から析出されたのは、細胞融合から卵なき繁殖へ、性なき遺伝的乱行から動的編成へといたるダイナミズムであり、人間という生物の可変性と、リゾーム状になった発生プロセス[35]との関係性、さらにその思弁的見取り図であった。

『妖怪人間べム』は、われわれ現実世界の子どもたちに、来るべき他者はこれまでの人類ではない存在だと展望させる、大いなる余白をもっている。本作が一貫して見せつけるのは、「異なる者」を化け物と名指しては人間の周縁に追いやる、人間たち——大人たち——のありようだ。「妖怪人間」が消されたその背景には、われわれ現実世界の人間による、反動的な生権力が作用したとみるべきである。そこに通底するのは、人類の変化やみずからの信ずる特権性を失うことに対する、恐れと拒絶にほかならない。

「妖怪人間」とは形而上学的存在であり、かれらが消えて取り残されたブラウン管前の子どもたちは、みずからが形而上学的存在であることに気づかざるを得ない。そして、「妖怪人間」失踪の顛末を観たからには、人間だけが人間として「純正のまま」生き延びようとすることは、生存戦略として危険だと悟るはずだ。子どもたちはこうして、大人たちを正しく懐疑し始める。なるほど、エンディングテーマソングが毎回リフレインしてきたのも、「大人なんかわかっちゃない（分かっていやしない）」の歌詞であった。「妖怪人間」が突然いなくなり、大人たちはおおかた信用できず、ならば現実世界の子どもたちは、みずからで逃走線を引くしかない。

果たして、来るべき他者とは誰か。それは理論的にも実質的にも、動的編成に巻き込み巻き込まれて、生物としての身体の可変性こそを開いた存在である。そうした存在は、われわれの系譜をもっていてもよいのであり、ヒトゲノムなどに捕捉されないあらたな「人類」であってもよいのである。『妖怪人間ベム』という作品は、かくも希望に満ちて、これまでの人類の善い終焉の仕方を思考するようわれわれに促している。(36)

［付記］本稿は、ＪＳＰＳ科学研究費19K20585の助成を受けて行われた研究の一部である。

注

1　『妖怪人間ベム』のオープニング映像は以下で視聴できる（二〇二〇年九月一日取得、https://www.youtube.com/watch?v=ovvoyiStXks）。本作の脚本は足立明、原作はさかい・さぶろうによる。

2　Deleuze et Guattari（1972＝2006：45-46）.

3　一九六八年のアニメ版放送開始に三カ月先行し、講談社の月刊『ぼくら』で漫画版が連載されている。漫画版はアニメ版作成と同時に進められたが、ストーリー展開は若干異なり、アニメ版のあらすじだけを頼りに、漫画家（田中憲）の独創性と力量によって作り上げられた（不知火プロ 二〇〇七、田中 二〇一〇）。漫画版のレトロで退廃的な時代背景の描写は、白黒印刷も相まって趣に溢れている。二〇〇六年には大きくアレンジされた新作アニメも放映され、二〇一一年の実写版テレビドラマのほか、翌年の実写劇場版などは有名である。本章は、『妖怪人間ベム』の一九六八年版アニメ、つまり初代アニメ版を取りあげる。

4　第一話「恐怖の貨物列車」でのベムは、「いつか俺たちが本当の人間になったとき、暖かくて柔らかいベッドで眠れるのだ」と言っている。かれらは、野宿か、昼間に見つけておいた屋敷の片隅に隠れて眠る。かれらの食性は不明だが、人間の飲んでいるドリンクを片手に寛ぐ場面はある。また、ベロは骨つき鶏が好物のようである。

5　アニメ企画書によれば、人間に擬態したときの身体として、ベムは「五十歳位の男性」、ベラは「二十七～二十八歳の女性」、ベロは「八歳位の子供」と記されている（不知火プロ　二〇〇七：二五）。

6　結末をあまりにも突然かつ不自然に迎えたことを、子ども心に謎に思っていた。三人はなぜか窮地に追い込まれ、死んでしまったのかさえ不明な仕方で消えた。みなテレポーションできるというのに、こんな子ども騙しの終わり方で納得がいくものかと憤慨したことを記憶している。

7　第二話「階段を這う手首」でベムはこう言う。「俺たちは妖怪人間として生まれ、姿形こそは妖怪だが、心は人間と同じはずだ。人間としても恥ずかしくないように生きなければいけない」。なお、『妖怪人間ベム』を学術的に分析した稀有な論考として、三浦（二〇一四）の仏教思想的考察がある。ただし、実写版テレビドラマの分析が中心である。

8　視聴率は常に二〇％前後（名古屋地区は最高視聴率二八・三％）であったが、番組製作は突然打ち切られた（不知火プロ　二〇〇七：二九）。その理由は判然としないが、スポンサーが付かなかったようである。登場人物の言動や映像表現の端々に「今の教育的な番組では決してみられない異質さ」（岩崎　一九九六：六六）があり、それこそが人気を呼んだはずだが、「ＰＴＡから総スカン」（不知火プロ　二〇〇七：三八）をくらったともいう。

9　第一〇話「墓場の妖怪博士」より。

10　注（1）の映像を参照されたい。なお、アニメ企画書によれば、マンストール博士という人物がかれらの誕生に関わっていたことになっており、同博士は「正義のために戦う超能力を持った人間を作ろうとして妖怪人間を作ってしまった」（不知火プロ　二〇〇七：二四）とされている。また、このアニメ企画書には初版があって最終的にそれは採用されなかったが、以下の記述がある。「気ちがいとして扱われていたM博士、この世を去って数年――。置き去りにされていた広口アルコール瓶の中で生命の核が蠢いていた。それはおよそ生物とは呼びがたい、無定形の異様な形を反転させて細胞分裂していた」（同前：一八）。さらに漫画版では、人造人間のパイオニア、マンストール博士が「妖怪人間」を誕生させた。悪人に味方する人間をつくれという軍の黒幕の命令に反き、博士は、秘密裏に、「すぐれた超能力と正しいこころ」（田中　二〇一〇：四一―六八）をかれらにインプットした。かれらの誕生後、博士は、「人間の悪のこころとたたかえ！　そして悪をほろぼすのだ！　それがおまえたち三人のやくめなのだ」（同前：五五）と言い残して事切れた（強調は筆者）。

11　細胞融合は、ウイルスが細胞に感染するときにも起こる。一九五七年、マウスのがん細胞をセンダイウイルス（ＨＶＪ）に感染させると細胞膜に変化が起こり、細胞と細胞が短時間で融合した現象が報告された（Okada et al. 1957）。この人為的な細胞融合の現象は、日本の細胞生物学者が発見しており、のちの体細胞遺伝学の幕開けとされる。

12　厳密には、わたしは（もちろんあなたも）すでに雑種である。われわれは、遺伝的に異なる両親の生殖細胞が融合してできた受精卵だった。これは「人種」イデオロギーとは無関係である。いうまでもないが、人類を人種に区分することは科学的に不可能である（Bertrand 2008＝2013）。

13　イギリスでは一九六五年、ヒトとマウスの細胞を用いた動物間異種細胞融合が最初に成功しており、この細胞は自らで有糸分裂を起こした（Harris et al. 1956）。

14　微生物というミクロサイズでは、二〇一六年、アメリカの分子生物学者クレイグ・ベンターによって人工生命体が誕生している。微生物サイズの人工ゲノムの合成とその移植が成功したことで、自然界にはないあらたな人工細胞が現れた（須田 二〇一八）。この生命体はもちろん自己増殖可能だが、あくまでも細胞の段階に留まり、生物個体が誕生したのではない。

15　始原生殖細胞（生殖細胞の元）を人工的に作ることは、マウスであれヒトであれ、現実世界ですでに実行されている。とくにマウスでは、ＥＳ細胞およびｉＰＳ細胞を用い、二〇一一年には精子が、二〇一二年には卵子が人工的に作られている（Hayashi et al. 2011; Hayashi et al. 2012）。いずれの人工生殖細胞も、非人工の精子／卵子と受精させて、最終的に仔マウスを得ている。しかし、これら人工生殖細胞は、前段階として作出した始原生殖細胞を別の個体の精巣や卵巣に移植して生体培養し、それを体外に取り出して再び培養することでできたものである。とりわけ、卵子の作出では、ＥＳ細胞を始原生殖細胞まで分化させた時点で、別の雌マウスの雌胎仔から将来の卵巣になる細胞を採取し、その細胞と始原生殖細胞を合わせていったん体外培養しておく過程が必要である。二〇一六年には、マウスのＥＳ細胞およびｉＰＳ細胞を用い、卵母細胞を生体外で作出する培養系が構築された（Hikabe et al. 2016）。これによって卵形成の全過程を非生体培養下で実現しているが、いずれにせよ、卵胞構造を再構築する培養システムの過程で、雌胎仔マウスから採取した「雌生殖単体細胞」の利用が必須となっている。生殖細胞作製にせよ、それを用いた個体誕生にせよ、起点となるＥＳ細胞、「培地」としての生体（卵巣または精巣）、胎仔および胎仔組織利用のための妊娠生体、および妊娠出産する生体、これらのいずれかないしほとんどが不可欠である。つまり、体細胞とそれに由来するｉＰＳ細胞だけで生殖細胞を作れているわけではないのだ。

16　『フランケンシュタイン』の「怪物」は、死亡人体パーツの外科的縫合と電気ショック（雷）によって作られ、『鉄腕アトム』のアトムは、無機物と電気・電子を用いて工学的に作られている。アトムの原動力は原子力エネルギーである。なお、フランケンシュタインのテレビアニメ化は、日本では一九八一年になってからだ。

17　アニメタイトルには「ベム」が使われているし、エンディングのテーマソングタイトルは「ベロは友だち」である。なお、「妖怪人間」たちは、外傷を受けても細胞の強力な復元能力によって回復するのだが、とりわけベラは蘇生の術を駆使できる。

18　いまだ観ておられない向きは、いよいよ注（1）の映像を参照されたい。

19　少なくとも、植物には分化の全能性がある。植物は受精卵なしに体細胞から不定胚をつくることができ、その不定胚は分化全能性を有している（Ikeuchi et al. 2015）。あるいは、粘菌（アメーバ界）、とくに真正粘菌は、変形体と呼ばれる巨大な栄養体に成長すると、自在に変形しながら自律移動を始める。粘菌は胞子を作って繁殖する。ところで、「妖怪人間」たちの誕生に先立って、融合細胞が分裂増殖を経てスライム化する事象は変態とみることができる。これは真正粘菌の成長と自律移動の過程と解釈できなくもない。粘菌は現代の生物学においては、脳を持たずとも「感じる体、考える体、行動する体」（小林ほか 二〇〇七：二六）と評価されている（中垣 二〇一四）。

20　二〇一七年、われわれ現実世界でもついに、奇しくも日本で、ヒトと植物の異種細胞融合が増殖可能なレベルで実現している（Wada et al. 2017）。精確には、ウシ胎児血清を添加した培地で培養されたヒト線維肉腫 HT1080 細胞を用いており、同細胞とシロイヌナズナプロトプラストとで細胞融合は行われている。詳細は以下である。ヒト細胞と植物細胞を融合させると、ヒト染色体に植物染色体の一部が組み込まれた融合細胞ができる。この細胞を培養していくと、ヒト細胞環境内で植物由来の染色体が独立に形成される。注目すべきは、ヒトと植物の細胞融合では、ヒト染色体を維持するメカニズムで植物染色体が維持され、かつ植物遺伝子を発現することである。動物と植物というかつて遠縁だった生物同士の関係性、その進化と分岐の長い歴史において、普遍的な染色体機能の基盤の大部分は植物に依拠しているといえそうである。

21　原核生物であるアーキアが、同じく原核生物であるバクテリア細胞をみずからの内部に取り込み（捕食し）、これを共生させることで最初の真核生物が誕生した（Quammen 2018＝2020：114）。共生したバクテリアの痕跡は、現在のわれわれの細胞のミトコンドリアだ。なお、単細胞生物の分裂では、母細胞と娘細胞が完全に独立しないということが現在も時々起こる（Godfrey-Smith 2016＝2018：22）。

22　逆巻（二〇一九：五八）の訳出による。

23　内的作用とは、身体が先にあってそれらが相互作用するというモデルではなく、運動や行為、関係の生成のなかから身体や事物が創発するというモデルを提示する用語である（逆巻 二〇一九：六五）。微生物の成長や活動がイメージしやすいが、そのほかには、感染または免疫による生存動態でありうるし、「細胞内共生」的な身体構築でもありうる。あるいはまた、生体電気信号の交換による生成や編成でもありうる。われわれはすでに、SARS-CoV-2あるいはそのワクチンとの動的編成のただなかにいる。

24　たとえば微生物は、性なしにかつ種を超えて、遺伝子を交換しながら繁殖する。遺伝子の水平伝播である。

25　昆虫や魚類などに比べ、哺乳類では共食いの発生頻度は少ない。ヒトの場合も、共食いは多様なタイプはあれども日常的に起きることではなく、生存のためのやむにやまれぬ選択か、儀式的な行いが中心であった（Schutt 2017＝2017）。

26　全二六話のほぼ全回に、生きている人間の悪人と善人が登場する。また、計一六話において、生きた人間の悪人のほか、もとは人間や動物で人間への怨念から妖怪や怨霊と化したキャラクターが主要登場人物として現れる。残りの計一〇話は、正体不明の妖怪のほか、悪魔や吸血鬼が「悪事」をなす。

27　第二六話で、人間の魂を食糧とする妖怪――その正体は不明――が登場する。人間の魂を抜き、残った身体は洞穴に捨てられる。

28　かれらは、他者から魂を抜き取られたり（第二六話）、死者の門をくぐったりした場合（第二二話）、みずからでは自分の魂を自分の身体に還すことはできない。そのさい、ベラの蘇生術が機能する（注（17）参照）。

29　L・V・ヴェイレンの「赤の女王」説（Ridley 1993＝2014）による。

30　「赤の女王」説（Ridley 1993＝2014: 111-112）、およびW・D・ハミルトンの「疾病」説による。

31　性のコストについては、英国の遺伝学者J・メイナード＝スミス（Maynard-Smith 1971）を参照。よく知られるのは「雄を生み出すコスト」である。産まない雄を産むだけで、増えるはずの個体数は半減していることになる。

32　生物には動的平衡という緩衝能がある。たとえば、生命現象をつかさどるミクロなジグソーピースのひとつが欠落すれば、それに似たピースを作って補填する。生体内でなんらかの反応や信号が届かなければ、別の経路を開いて迂回する。そのために、生命現象にはあらかじめさまざまな重複と過剰が用意されている（福岡 二〇〇七：二六三―二六四）。

33　人間中心主義を批判するなら、人類絶滅を思考してみるのも意義がないわけではない。一九八六年のチェルノブイリ原発事故以来、同発電所から三〇キロメートル圏は原則、人間の立ち入り禁止区域（四つのゾーン指定）となってきた。ただしその一部は、ゾーン指定をそのままに、政府公認で観光地化が進んでいる。同区域では人間の去った後、数十年かけて、これまでになく豊かな生態系が発達し、あらゆる野生生物が群集ないしサンクチュアリをつくってきたという（Deryabina et al. 2015）。また、全人類消失後のシナリオについてニューヨークを例に推定した、ワイズマンのインタビュー記事がある。それによれば、人間がいなくなることで多くの生物には福音となるが、不利益を被る限られた生物としてアタマジラミやゴキブリ、ネズミなどが挙げられている（Mirsky 2007）。人類生存の意義を生態系保護に言寄せても、多くの生物は人類がいなくても困らないし、人類絶滅によって絶滅の危機にさらされるのは、人間だけに寄生しその血液を食糧とするアタマジラミだけかもしれない。

34　進化において、「赤の女王」は、雄なしで走れる。つまり、有性生殖における足踏み競争は、雌雄のペアである必然性はない。たとえば、アマゾンモリーという魚は、遠縁の有性生殖種の雑種であるが雌だけである。全個体で古代起源のゲノムがほとんど崩壊していないばかりか、もう使用していない遺伝子――雄の発生・精子形成・減数分裂に有用な――も保持している。雑種であることそのものが、利用可能な遺伝的多様性の最初の起点になっていると考えられている。具体的には、一方向的にDNA導入ができる——有性生殖の減数分裂におけるDNA組み替え機構を単独で代替できる——ためと考えられている（Warren et al. 2018）。なんらかの契機があれば、人間含めたすべての生物が女性化するということは起こりうるだろう。

35　「発生とは、潜在的なものからその現実化へと進むこと」（小泉 二〇一五：一一二）である。

36　もちろん、単純な人類絶滅を意味するものではない。たとえば、ハラウェイ（Haraway 2016）は、ミミズが住む堆肥の山に飛び込んで、「自己形成と惑星規模の破壊を続けるCEOの萎えゆくプロジェクト、つまりホモとしての人間を、もし切り倒して切り刻むことができるなら」（逆巻 二〇一九：六三）と保留しつつも、腐植としての人間には思弁的な力があると述べる。さらに、たとえば、小泉は、「私たちの死後を展望したいなら、現行の生−権力を根こそぎにする対抗的な生−権力を準備しておくべきだ」（小泉 二〇〇三：一二二）と述べる。また、同じく小泉は、「進化とは、新しい未来の生命体の出現であり、〈今まで奇形的と見なされてきたもの、今まで流れて死んでいったものが、発生プロセスを変更することによって、新しい有機体制として生まれて生きて生むことによって起こること〉である」と総括している（同前：六〇）。

参考文献

Bertrand, J., 2008, *L'humanité au pluriel: Le génétique et la question des races*, Paris: Le Seuil（山本敏充監修・林昌宏訳、二〇一三『人種は存在しない——人種問題と遺伝学——』中央公論新社）.

Deleuze, G. et F. Guattari 1972, *L'anti-Œdipe : capitalisme et schizophrénie*, Paris: Minuit（宇野邦一訳、二〇〇六『アンチ・オイディプス——資本主義と分裂症—— 上』河出書房新社）.

Deryabina, T.-G., S.-V. Kuchmel, L.-L. Nagorskaya, T.-G. Hinton, J.-C. Beasley, A. Lerebours and J.-T. Smith, 2015, "Long-term census date reveal abundant wildlife populations at Chernobyl," *Current Biology*, vol. 25(19).

福岡伸一、二〇〇七『生物と無生物のあいだ』講談社。

Godfrey-Smith, P., 2016, *Other Minds: The Octopus, the Sea, and the Deep Origins of Consciousness*, New York: Farrar, Straus and Giroux（夏目大訳、二〇一八『タコの心身問題——頭足類から考える意識の起源——』みすず書房）.

Haraway, D.-J., 2016, *Staying with the Trouble: Making Kin in the Chthulucene*, Durham: Duke University Press.

Harris, H., J.-F. Watkins, G. LE M. Campbell, E.-P. Evans and C. E. Ford, 1965 "Mitosis in Hybrid Cells Derived from Mouse and Man," *Nature*, vol. 207(997).

Hayashi, K., H. Ohta, K. Kurimoto, S. Aramaki and M. Saitou, 2011, "Reconstitution of the Mouse Germ Cell Specification Pathway in Culture by Pluripotent Stem Cells," *Cell*, vol. 146(4).

Hayashi, K., S. Ogushi, K. Kurimoto, S. Shimamoto, H. Ohta and M. Saitou, 2012, "Offspring from Oocytes Derived from in Vitro Primordial Germ Cell-like Cells in Mice," *Science*, vol. 338(6109).

Hikabe, O., N. Hamazaki, G. Nagamatsu, Y. Obata, Y. Hirano, N. Hamada, S. Shimamoto, T. Imamura, K. Nakashima, M. Saitou and K. Hayashi, 2016, "Reconstitution in vitro of the entire cycle of the mouse female germline," *Nature*, vol. 539(7628).

Ikeuchi, M., A. Iwase, B. Rymen, H. Harashima, M. Shibata, M. Ohuma, C. Breuer, A.-K. Morao, M. De Lucas, L. De Veylder Justin Goodrich, S.-M. Brady, F. Roudier and K. Sugimoto, 2015, "PRC2 represses dedifferentiation of mature somatic cells in Arabidopsis," *Nature Plants*, vol. 1.

岩崎真美子、一九九六「異色ヒーロー復活!-妖怪人間ベム」『Dime 小学館』四月四日号。

小林亮・手老篤史・中垣俊之、二〇〇七「真正粘菌変形体の運動と情報処理について」『盛岡応用数学小研究集会報告集』二〇〇六巻。

小泉義之、二〇〇三『生殖の哲学』河出書房新社。

——、二〇一五『ドゥルーズの哲学——生命・自然・未来のために——』講談社。

Maynard-Smith, J., 1971, "What use is sex ?," *Journal of theoretical biology*, vol. 30(2).

Mirsky, S., 2007, "An Earth without People," *Scientific American*, vol. July 2007.

三浦宏文、二〇一四「サブカルチャーに表れる仏教思想の諸相——ドラマ『妖怪人間ベム』に表れる菩薩思想を事例として——」『実践女子短期大学紀要』三五号。

中垣俊之、二〇一四『粘菌——偉大なる単細胞が人類を救う——』文藝春秋。

Okada, Y., T. Suzuki and Y. Hosaka, 1957, "Interaction between influenza virus and Ehrlich's tumor cells. III. Fusion phenomenon of Ehrlich's tumor cells by the action of HVJ Z strain," *Medical Journal of Osaka University*, vol. 7.

Quammen, D., 2018, *The Tangled Tree : A Radical New History of Life*, New York : Simon & Schuster(的場知之訳、二〇二〇『生命の〈系統樹〉はからみあう——ゲノムに刻まれたまったく新しい進化史——』作品社).

Ridley, M., 1993, *The Red Queen : Sex and the Evolution of Human Nature*, London : Viking(長谷川眞理子訳、二〇一四『赤の女王——性とヒトの進化——』早川書房).

逆巻しとね、二〇一九「喰らって喰われて消化不良のままの『わたしたち』——ダナ・ハラウェイと共生の思想——」『たぐい』一巻。

Schutt, B., 2017, *Eat Me : A Natural and Unnatural History of Cannibalism*, London : Wellcome Collection(藤井美佐子訳、二〇一七『共食い

の博物誌——動物から人間まで——』太田出版）.
不知火プロ、二〇〇七『妖怪人間ベム大全』双葉社。
須田桃子、二〇一八『合成生物学の衝撃』文藝春秋。
田中憲、二〇一〇『妖怪人間ベム——『ぼくら』連載漫画版——』講談社。
Wada, N, Y. Kazuki, K. Kazuki, T. Inoue, K. Fukui and M. Oshimura, M. 2017, "Maintenance and Function of a Plant Chromosome in Human Cells," *ACS Synthetic Biology*, vol. 6(2).
Warren, C.-W., R. García-Pérez, S. Xu, K.-P. Lampert, D. Chalopin, M. Stöck, L. Lœwe, Y. Lu, L. Kuderna, P. Minx, M.-J. Montague, C. Tomlinson, L.-W. Hiler, D.N. Murphy, J. Wang, Z. Wang, C.-M. Garcia, G.-C.-W. Thomas, J-N. Volff, F. Farias, B. Aken, R.-B. Walter, K.-D. Pruitt, T. Marques-Bonet, M.-W. Hahn, S. Kneitz, M. Lynch and M. Schartl, 2018 "Clonal polymorphism and high heterozygosity in the celibate genome of the Amazon molly," *Nature Ecology & Evolution*, vol. 2(4).
山岸明彦、二〇〇三「全生物の共通の祖先の実証的研究——過去のタンパク質を再現する——」『地学雑誌』一一二巻二号。

映像作品

第一企画ＡＤＫ、二〇二〇『妖怪人間ベム 一九六八年初回放送オリジナル版』ＤＶＤ-ＢＯＸ（四枚組全二六話）ビクターエンタテイメント。

第Ⅲ部

「無価値」な生を肯定する

――障害と優生思想

第10章

看護再考

――〈大人〉たちへのアンチテーゼ

柏﨑郁子

はじめに――〈大人〉たちの愚かさを拒絶する

病を患う人にとっては、死に方や死に場所を決めることよりも重要なことがさまざまあるだろう。しかし、病状によっては、死について考えることこそが重要であるかのように各所で言い立てられることも少なくない。そのように死に熱心な思想や制度に異を唱えるにあたっては、小泉義之『兵士デカルト――戦いから祈りへ――』（一九九五）「はしがき」に特筆すべきくだりがある。

人間として知るべきことは、生き残ることと殺さないこと以外にはありえない。人間は、そのことさえ知っていれば足りる。ところで、〈老人〉は、生き残ることの善さと殺すことの罪をすでに知っている。そして〈若者〉もおぼろげにそれを弁えている。だから〈老人〉や〈若者〉にとって、それ以上知るに値すること、それ以上に為すべきことは何もないのである。実際、戦争について証言する責務や、戦争について学識を積む責務などあるはずがない。戦争や革命について考える義務も、それに反対する義務も賛成する義務もないのである。むしろ、そのような責務や義務を前提とする思想や制度こそが、悲劇や惨劇を引き起こしてきたのである。よって、〈老人〉の沈黙と〈若者〉の無関心は、無条件に善である（小泉 一九九五：ii―iii）。

この文章を、死の思想や制度の対象とされる〈病〉の場面に読みかえてみよう。知恵ある〈老人〉を〈病人〉と読みかえ、無知で無関心な〈若者〉を、〈病人〉のなかでも判断力の未成熟や低下を疑われる人、すなわち、意識、認知、知的、精神に障害がある人に読みかえてみる。そして、小泉が、〈老人〉と〈若者〉に対比させて、饒舌で介入的な存在として名指す〈大人〉たちを、〈病人〉の死についてお喋りしている〈支援者〉と読みかえ、明示的に登場させてみよう。

〈病人〉は、死について想起することに何か大切な意味があるとは考えない。だから沈黙する。そして、意識、認知、知的、精神に障害がある〈病人〉は、病について何も知らず、病や死に関して徹底して無関心であり、しかもそれで安心している。これに対して〈支援者〉たちは、病や死について喋り続けている。〈病人〉の権利という概念の発見によって〈支援者〉たちの熱は冷めるどころか、〈病人〉が自分らしく振る舞うこと、尊厳をもって扱われること、自然に、あるいは平和に死ぬことなどの討論を経て、さらに饒舌になっている。しかし、このような饒舌から導きだされた思想や制度こそが、悲劇や惨劇を引き起こしてきたのである。

私はこのような理解から、「〈老人〉の知恵と〈若者〉の無知を支持して、〈大人〉たちの愚かさを拒絶したいと考えている」（小泉 一九九五：ii）。例えば、〈大人〉である医療者、とりわけ看護師が、病人の死に方に関する

「一切の処方箋に背を向け」(同前：ii)、政府が「人生会議」を推奨しても、幾度も「尊厳死法案」の話が浮上しても、それらに引き寄せられることなく、ただ粛々と、「自己の分」(同前：iii)を弁えて仕事することはできないものかと思案している。看護の自己の分とは、「生き残る」ための助けをし、「殺さない」ことであって、それ以上でもそれ以下でもないと信じるからである。

ところが、事態はそれほど簡単ではない。病人の生命力が尽きるときは、必ず来るからである。そのとき医療は何を為すべきで、何を為さないべきなのか、医療の内外でさまざまな検討がされてきた。特に回復不可能な末期状態にあると診断された病人に施される医療は「延命医療」と呼ばれ、それが為されることについては否定的に語られる。会田薫子が「延命医療」について論じた著書は、医師の立場を考察したものであるが、医と看護の弁別を前提としない議論を始めるにあたり、示唆を与えてくれる。

生存期間の延長は、長年、医学・医療が目指してきたところであるから、生存期間の延長を可能にする延命医療は、本来は歓迎される医療であるはずである。延命医療が否定的に捉えられているとするならば、それは、現代、生存期間を延長する医療が実現している状態が、多くの人によって歓迎されない姿をしているからではないだろうか(会田 二〇一一：iii)。

会田は、今日の生存期間を延長する医療が肯定されるものばかりではないということを述べている。だが、「生存期間を延長する医療が実現している状態」、すなわち人間が生き残っている状態が、「歓迎されない姿」にみえる、とはどういうことだろうか。もちろん、会田が言わんとすることは承知しているし、世間一般でどう言われているか、さらには学界でどう言われているかも承知しているつもりである。また、それへの反論もさまざまされてきた(1)。しかし、「歓迎されない姿」をしている人々、すなわち、〈若者〉や〈老人〉が無条件に善であることは、医療の文脈ではっきりと明言されてきただろうか。そうではないから、いまだに、生きているその姿が、医療のせいで歓迎されない姿をしているという言説が捏造され続けているのではないか。

本章の立場をあらかじめ明確にしておこうと思う。第一に、当の病人や、世間一般がどう言おうと一向に構わないが、延命医療の実施や不開始、中止等にかかわる制度化は、それがどのような形式であろうとも、端的に不必要である。第二に、医療者が率先して制度化に貢献し、それが実は医療者自身の救済のためであることを隠蔽し病人のためであるかのように振舞うことは、不潔である。よって、制度化と医療者の欺瞞は批判されるべきと考えるが、前者は比較的よく語られるのに対し、後者はほとんど語られてこなかった。むしろ、一般には、医療者、とりわけ看護師の職務に関する奉仕や献身などのイメージや経験から、感謝こそすれ批判的に語ることは憚られることも多い(2)。であればこそ、自己の職務を内側から反省的に捉え返すことのみが、批判を可能にするのではないか。とはいえ、私は、自らが看護師であることを拒絶したいとは考えないし、先輩や同僚、後輩、看護を志す初学者たちをリスペクトしている。そのうえで、〈大人〉たちの愚かさを拒絶したいと考えている。したがって、看護師へのリスペクトは維持したまま、〈大人〉というのはどのような意味なのか、そしてそれがなぜ愚かにみえるのかを、あらためて考えなければならない。

1　看護師が行う看護という概念の構築

お喋りを続けること、それによってさまざまな制度化をすすめること、分を弁えずに仕事の範囲を広げること、それらを病人のためであると偽ること、これらが〈大人〉の態度であり、愚かにみえる行為である。とするなら、分を弁える、というその分を何と捉えるかを明らかにせねばなるまい。これは看護の定義、看護の仕事、ということにかかわる問題である。ところが、他の専門職といわれる職種もほとんどがそうであるように、看護の定義もまた、クリアカットに語ることは難しい。もちろん、法的な位置付けや、権威ある職能団体がどのように定義しているかを参照することは可能であるが、看護の分を弁える、と言うときの分とは何か、という問いに答えるのには全く十分ではない。(3) そのため、まずは看護師が行う看護という概念の構築過程を検討せざるを得ないだろう。

病人の看護という概念は古代からあり、クリスティン・ハレットによるなら、古代のシャーマンはもっとも古い看護師に相当すると言う。聖ファビオラ（三九九年没）は、ヨーロッパ初の病院を設立し病人や貧者を助けたとされる。中世では、世間から隠遁した女性が修道女を志す過程で看護を学んだが、ほとんどの看護の技は農村の女性たちによって口承で伝えられた。一六世紀の宗教改革以降は、教育を受けた聖職者が看護を行うようになった（Hallett 2011＝2014）。技の継承が看護「学」で、それを学び身につけたものを看護師と呼ぶとしても、病、障害、災害への対応、出産、子育て、老人の世話など、実際に手を使って他者を世話し癒すことを目的とした行為は、今も昔も日々の暮らしの中にある。

そのような、人間が生きるうえで当たり前の営為であったものが、明確なかたちで職業とされるようになったのは、一九世紀のフローレンス・ナイチンゲールの仕事以来であるといわれる。ヒポクラテスが医を生業とするもののあり方について明文化したのが紀元前四〇〇年頃であることと比較するなら、職業としての看護の歴史は浅いといえる。だがそれは、ヒポクラテスの医学とナイチンゲールの看護が別の概念であると仮定しての話である。(4)

今日では、教育においても実践においても、医と看護はそれぞれ固有の役割を持つことが自明であるかのように扱われる。だが、果たして両者の役割はそれほど明瞭に分けられるものなのであろうか。医師の役割はキュア（cure）であり、看護師の役割はケア（care）であるとか（三井 二〇一八：三）、医師は疾患を診るが看護師は人間を看るとか（榊原 二〇一八、村上 二〇二一）、平易に表現された一般的な理解は概ね間違いではないであろう。しかし、医と看護をラディカルに分離することは、病人のためなのだろうか。むしろ、医師の下請けに固有の役割を付与し、教育と報酬を設定することは、経済的な目論見と権利の概念に結びついてきた側面があり、個々の病人の福利のために両者の専門性が発達したと把握するのは素朴過ぎるといえるだろう。

看護とは何かと問う「看護理論」は、一八五〇年代にナイチンゲールによって体系化が開始されたとすると、その後一〇〇年ほどは沈黙を経ていたとされている（Tomey & Alligood 2002=2004: 5）。実際に、ナイチンゲール以降に看護について論じた著作で有名なものはすべて、一九五〇年代以降の米国で発表されたものである。例えば、ヒルデガード・E・ペプロウが精神科看護の経験から構築した『人間関係の看護論（*Interpersonal Relations in Nursing*）』を発表したのは一九五二年、一四の基本的ニーズで有名なヴァージニア・ヘンダーソンが『看護の基本となるもの（*Basic Principles of Nursing Care*）』を発表したのが一九六〇年、ケアリングの哲学で有名なジーン・ワトソンの『看護――ケアリングの哲学と科学――（*Nursing: The Philosophy and Science of Caring*）』が出版されたのは一九七九年である。

ナイチンゲール研究者の守屋治代は、「F・ナイチンゲールは米国での看護理論の系譜には位置しないが、すべての看護理論の起点となる」（守屋 二〇一六：二八）と書いている。では、なぜ一〇〇年もの間、看護がまとまった形でほとんど論じられることがなかったのか。ナイチンゲール以降の一〇〇年は、看護という営為において、ナイチンゲールの残した書物と、彼女の「偉業」から学ぶ以上の理論を必要としていなかったのだろうか。もしくは、職業になってもなお、看護は理論化にそぐわない当たり前の営為であり続けたということなのか。または、女性の献身に依存していれば特に不便はなかったということなのかもしれない。一〇〇年の沈黙の理由を考察することは興味深いことではあるが、それよりむしろ、以下では、一九五〇年代以降に、多くの米国の看護学者たちが、盛んに看護とは何かを論じ始めたのはなぜか、と問うてみることにしよう。

近代において看護の独自性や専門性についての議論がさかんになったのは、医師（男性）に従属する看護師（女性）という立場への問題意識に起因したものであったという見方はできるであろう。「妻や母」は補助的に奉仕する控えめで従順な存在であるという歴史的・社会的期待によって、医師との関係における看護師にも同様のメタファーが与えられてきたと言うのである（Kuhse 1997: 15–19=2000: 20–25）。ただし、一九六〇から七〇年代以降の第二波フェミニズムの勃興と深く関連した看護理論の本格的な進展は、一九八〇年代以降のことである（Fry & Johnstone 2008=2010: 37–41; 高田・吉田 二〇二〇：七七）。それ以前には、米国においては、資本主義経済の進展が医療、そして看護理論の進展と直接結びついていた。

米国では一九世紀末から科学に基づく臨床医学が発展し、一九三〇年代に医師の専門職化がすすんだが、米国政府の公衆衛生アドバイザーを務めたE・リチャード・ブラウンによるなら、誰が医学教育を支配するかをめぐる対立は、医療制度が誰の利益に役立つかという問題であった（Brown, E. R. 1980: 136）。つまり、科学的医療というイデオロギーと医師の専門職化は、巨大資本家による自分たちに都合の良い科学技術の利用という目論見に由来するものだったと言うのである。事実、米国における医療に関する制度設計の根拠となる調査は、巨大資本家の財団からの資金提供を受けて実施されてきた（平体 二〇一二）。

一九四八年、カーネギー財団の資金援助により社会学者E・L・ブラウンが中心となり、看護教育課程の問題を調査した『ブラウン・レポート』が発表された（Brown, E. L. 1948=1966）。ブラウンは、看護教育は病院から独立すること、教育の質を改善するために高い学歴を有する教員を採用すること、看護教育は医学だけでなく心理学などの知識を基盤とするべきこと、既婚者や男性の看護職雇用の促進などを勧告した。また、一九二二年に看護師の資質と公衆衛生看護教育を調査した『ゴールドマーク・レポート』もまた、ロックフェラー財団という巨大資本の支援によって行われ（川原 二〇二〇：五七）、さらにそれより以前、専門職教育としての医学教育を打ち立てた有名な報告書、『フレクスナー・レポート』がカーネギー財団から資金を得て一九一〇年に発表されている。『フレクスナー・レポート』を契機とした医師の地位向上は、業務の分業を促進し、下請けとして医療処置を実施する看護師をはじめとした多職種の分業を促進し、結果的に医師以外の医療職の固有の役割が表明され続けることになった（Duffy 2011; Gebbie 2009; 渡辺 二〇一五、今泉 二〇一二、Brown, E. R. 1980）。

かくして、米国では、多くの看護学者たちが挙って、単なる医学への従属とは異なる看護の専門性とは何かについて、さかんに語ることになった。すなわち、米国の近代医療の勃興と、それにともなう看護理論の発達は、戦後の人々の健康に関する専門職介入への需要が自然に増大した結果というよりは、資本主義の発達と並走して構築されてきたとみることができるのである[5]。

現在では、ナイチンゲール後の一〇〇年を経て、それからさらに半世紀以上が経過した。この半世紀で新たな看護理論が続々と登場し、看護と看護師を巡る制度は複雑化し、近年益々〈大人〉のお喋りが喧しい。あえて端的に列挙しながら振り返るならば、資本主義の進展とそれに都合のよい医学と専門職の誕生、科学医療の正統化、医師の高学歴化と専門職化に伴う医療行為の分業化、医療行為の分業によってより明確になった医療内部のヒエラルキーと女性の役割というイデオロギーの顕在化、そして、人体実験に端を発する患者の権利という概念の台頭とバイオエシックスの誕生や[6]、フェミニズム運動とケアリング概念の台頭は[7]、現代医療の社会化[8]、あるいはケア化と無関係ではない[9]。いずれにせよ、このような喧騒の只中にあるからこそ、初めて看護の固有の役割を記述したとされるナイチンゲールの著作は、実際今も重要である。

2　ナイチンゲールをあらためて読む

近代看護をめぐるイデオロギーという視座からみると、ナイチンゲールはメタファーとして機能していると指摘する論者も多い。オーストラリアの看護師ターニャ・ブキャナンは、それをNightingalism と表現する。ミシェル・フーコーやミシェル・ド・セルトーの歴史学を援用して看護の歴史を理解するならば、ナイチンゲールは手本にするべき完璧な看護師として、特定の行動や理想を促進し、支持するような概念的人物[10]として作用してきたと捉えることができると言う（Buchanan 1999: 32–33）。実際、ナイチンゲールが初めて看護という営為を記述し、実践し、教育したという歴史観があるからには、その内容が看護の主な座標軸として参照されうるといえよう（ibid.: 30）。ところが、ブキャナンは、ナイチンゲールの実像にかかわらず、看護の専門性とはかかわりのないところで看護の言説が生成されている（文学、フェミニズム、ポルノ、伝記、教科書、テレビ、映画、さらには組合集会の看護師においてすら明らかであると言う）と見做しており、したがってそのようなNightingalismへの依存を通して作られた看護と看護師に関する知のシステム全体に疑問を投げかける必要があると言う（ibid.: 33）。

また、スペインの看護師ユアン・D・ゴンザレスサンスらは、ブキャナンの洞察を支持し、宗教、政治、言語の関係をめぐるセルトーの歴史学を通して看護の歴史をみるならば、「看護の主唱者（protagonist）としてのナイチンゲール」という理解ができると書いている（Gonzalez-Sanz, et al. 2018）。確かに、われわれが看護師に、病人の世話に関する良いイメージ、すなわち、献身、奉仕、優しさなどの印象を持っているとするならば、それは子供向けの伝記の表紙絵で見たことのある、ランプを持った白衣のナイチンゲールの神々しい姿に由来すると言えそうだし、伝記やメディアの表象がナイチンゲールを偉人化してきたことは、日本においても当てはまると言えそうである。

このようなブキャナンやゴンザレスサンスらの指摘に同意すればこそ、ナイチンゲールが残した著書[11]、特に『看護覚え書（*Notes on Nursing: What It Is, and What It Is Not*）』（一八六〇）をあらためて読むならば、特定の行動や理想を促進する思想や制度を資本にして増殖する現代の喧騒や、ナイチンゲールの偶像的なイメージとは距離を置きつつ、かつての沈黙に耳を傾けることができるだろうし、実際そのように読解をすすめる看護学者も少数ではない。とはいえ、アン・マリナー・トメイとマーサ・レイラ・アリグッドが書いたように、ナイチンゲールを近代看護の祖として把握したうえで、「環境」に注目したことがナイチンゲールの看護論の特徴であると結論するような伝記の中の偉人というイメージを払拭できないかもしれない。

一方、小川典子は、一八五九年に書かれた『看護覚え書』の第一版（初版本）の原文テキストを底本として、一センテンス毎の全文データベースを作成のうえ、その構造を書誌学的に分析し、本書の索引・シソーラスを作成した。この分析によると、ナイチンゲールは『看護覚え書』で「環境（environment）」という言葉を一箇所も用いておらず、実際には、環境というよりも「病人」に意識が集中しており、そのため「病人をとりまく周りの状況を描写したり、病人に影響を与えるもの」を述べた表現が多くみられる。つまり、ナイチンゲールは「『環境』の概念を説明したのではなく、患者をbest conditionに置くための看護の概念を述べているのである」と指摘している（小川 一九九九：六九―八一）。ナイチンゲールは、『看護覚え書』で以下のように書いていた。

私には他に良い言葉がないので看護という言葉を使う。看護とはこれまで、せいぜい与薬とかパップを貼ること程度の意味に限られてきている。しかし、看護とは、新鮮な空気、陽光、暖かさ、清潔さ、静かさを適切に保ち、食事を適切に選択し管理すること―こういったことのすべてを、患者の生命力の消耗を最小にするように整えることを意味すべきである。（Nightingale 1860＝［1968］2011: 14-15）

この有名な箇所を、病人の「環境」に関する記述ではなく、「患者をbest conditionに置くための看護の概念」として読むならば、そのbest conditionについてナイチンゲールは、「生命力の消耗を最小にする（at the least expense of vital power）」ことによって得られると考えていたと捉えることができる。[12] 確かに、トメイとアリグッドの言うように、ナイチンゲールは「新鮮な空気、陽光、暖かさ、清潔さ、静かさを適切に保ち、食事を適切に選択し管理すること」における看護の役割を詳述しているが、これらは行為であって目的ではない。これらのことを看護が為すべきであると言うその理由、目的を、現代を生きる病人の営みにも沿うリアルとして顕現させることには意味がある。なぜならそれは、人間が生き残っている状態が「歓迎されない姿」にみえる、転じて、「患者自身にとっても辛い姿」だとみえる、だから死なせることができるようにしようという現代のお喋りを少なからず抑止するような倫理性をもつからである。

したがって、看護の分ということを知る手がかりとして、ナイチンゲールにおける「環境」ではなくその下部構造を探ろうとする小川の分析をもう少しみておこう。

3　vital powers を助ける

小川はまず、『看護覚え書』の冒頭が「一般原則」としての「病気」の概念であることに注目している。ナイチンゲールは、「すべての病気（all disease）」は「修復過程（reparative process）」である、と書いている。さらに、シソーラスからみるならば、「“reparative process”は nature、あるいは Nature、あるいは God によって作られたものであるらしい」（小川 一九九九：三〇）。ナイチンゲールは、“nature”,“Nature”,“God”の違いをはっきりと記述していないが、小川の分析によると、以下のようになる。

治療が nature を assist し、看護は患者を nature が働くような状態に置くことができたために、患者の“vital powers”が解放され、病気の回復過程が機能し始めたのである。この“vital powers”の解放こそが、“nature”

の働きであり、ペプロウの言った「たぶん人のなかにある何か」の kindly な反応であろう。癒すのは神ではなく、人間のなかの根源的な“vital powers”であり、“nature”の働きなのであった。病気とは、人間のなかの“vital powers”の修復過程であり、治療と看護は人間自身のなかにある生命の自然な状態、すなわち“vital powers”を助けることであると言い換えることができるだろう（同前：三八）。[13]

このように理解するならば、ナイチンゲールが書いたのは、「“vital powers”を助けること」を治療と看護の大目標と定めたうえで、看護師が実際に為すべき仕事は、「新鮮な空気、陽光、暖かさ、清潔さ、静かさを適切に保ち、食事を適切に選択し管理すること」、すなわち、生と死にかかわってくる「小さな〈こまごま〉したことの積み重ね」（Nightingale 1897＝1977: 435）である、と言うことになる。したがって、次に問うべきは、「概念的人物」の教えではなく、「昔の」偉人の伝記でもなく、現代を生きる病人の営みにも沿うリアルとして、「“vital powers”を助けること」を看護の分として捉えることが可能かどうか、という問題になる。

本章の立場からすれば、「人間として知るべきことは、生き残ることと殺さないこと以外にはありえない」のだから、「“vital powers”を助けること」、すなわち、人間が生き残ることと殺さないことの手助けは善である。これは根本原理であり、その意味で信仰である。とりわけ、「歓迎されない姿」といわれる人々、意識、認知、知的、精神の障害を有する人々、すなわち、何も知らず無関心な〈若者〉の態度を無条件で称揚し、そして、かれらが生き残ることと殺さないこと、これを大目標と定めるならば、そして、現に〈若者〉がいるからには、かれらが生き残るためにだれかの助けがいるならば、実際に手を使ってその実務を担うのは医療である。そして、医療が nature を assist するためには、〈こまごま〉したことを担う人物が必要であり、それこそが看護の分である。それを知っていたナイチンゲールは、戦争をみてきた〈老人〉である。このような観点から、ナイチンゲール後に一〇〇年の沈黙があったとするならば、それは〈大人〉の騒がしさに対置される〈老人〉の沈黙と考えるべきである。

4　〈老人〉の沈黙に学ぶ

〈老人〉の沈黙に学び、無条件の善を医療の文脈で明言するために、ここでもう一度、現代の医療技術によって生き残る人が「歓迎されない姿」にみえると言う会田の文章を引いてみよう。本書は、医師へのインタビュー調査をもとに、人工呼吸器と胃ろうによる「延命医療」の「無益性」を記述することによって、「延命医療」を中止した医師の「徒労感」(会田 二〇一一：ii)に同情し、中止を決断する医師らを励ますものであった。

医療技術の進展が生命の下部構造に直接的な影響を及ぼし重大な変化を生じさせているときに、上部構造はどのような影響を受け、性質を変化させているか、そしてそれが、患者を取り巻く人々の物語られるいのちにどのような影響を及ぼしているか。医療者にはそうした視点も求められよう(同前：二二二)。

ここで言う「下部構造」とはおそらく身体のことであり、医療が身体に「影響」と「変化」をもたらすときに、「上部構造」おそらく心理的、社会的側面といった部分がどのような「影響」を受け「性質」を変化させるか、つまり、本書の内容に即して言うなら、人工呼吸器あるいは胃ろうを装着した身体が、その人にどのような心理的変化や外見的変化などをもたらすのかを考慮せよ、ということであろう。また、その際には、「患者を取り巻く人々の物語られるいのち」という視点も医療者が考慮するべきだと言う。

とするなら、医療はもはや、「〝vital powers〟を助けること」を名目とすることはできないことになる。そうではなく、「医療技術の進展」によって生き残った病人について、「患者を取り巻く人々の物語られるいのち」という別のパースペクティヴを導入してお喋りをすることが求められている。だが、「医療技術の進展」が vital powers もしくは人の内部の nature に「直接的な影響を及ぼし重大な変化を生じさせている」という事態は、必要十分な酸素や栄養を取り入れて生体内の恒常性を保とうとするひたむきな nature のはたらきを人工呼吸器や胃ろうが assist しているということである。ところが、そのときの病人の姿を「歓迎されない」とみるならば、直接的には、安楽死や自殺幇助を容認すべきと言うことになろうが、会田はそうは言っていない。代わりに、あらためてことさらに、病人の「歓迎されない姿」を病床の横から眺めやることを勧めるのであり、しかもそれは、「患者思いの誠実な医師」が報われるためなのである。[14] これは〈大人〉の態度である。

このような〈大人〉たちの不潔さを真っ当に拒絶するためには、会田が大事に扱っている《物語られるいのち》とはどのような概念なのかを把握しておく必要があろう。《物語られるいのち》は、言語哲学者の清水哲郎が提唱する概念である。清水は、ひらがなの《いのち》には《生物学的生命》と《物語られるいのち》という二重の相があると唱えてきた。まず、《生物学的生命》とは、以下のように説明される。

「Xには生命がある」とは「Xは生きている」ということであり、さしあたってそれ以上の何も含意しない。医療の場で医師は生物学を背景にした医学の理論を携えつつ、聴診器を使い、また、血液検査、レントゲン、CT……と身体を調べ、身体に対して、手術や投薬等「医学的介入」をする。このとき、医療者が働きかけている対象が《生物学的生命》である（清水 二〇一五：二）。

《生物学的生命》は単に《生命》とも表記され、これに対し、《物語られるいのち》は、《人生》とも言い換えられ、以下のように説明される。

私が「生きる」ということをもっとも包括的に見たとき、その「いのち」は「人生」と言えよう。日々の

「生活」はその断面であり、個々の行為は要素である。ここから、「私が生きる」とき、私は私のいのちを個々の行為全体の束として把握しており、かつ、全体を単なる束としてではなく、何らかの物語りとしてのかたちをもったものとして把握し、かつ、物語っている。《いのち》はこのような仕方で《物語られる》ものである（同前：四）。

《物語られるいのち》は、いのちの断面や部分ではなく「包括」であり、行為、生活の「全体」であり、かたちをもった「物語り」として把握される。このようにして、《物語られるいのち》は、「さしあたってそれ以上の何も含意しない」ところの《生物学的生命》に対比される。そして、価値があるのは《生命》ではなく《人生》であるから、《生命》は《人生》のためにある、と言うことになる。したがって、臨床現場に即して言えば、「医療の役割は、《人生》の展開のために土台である《生命》を整えることである」から、「ある治療Mを行えば《生命》が延びると見込まれる場合、行った結果《人生》にはどのような可能性があるか、豊かに展開する見込みがあるかを考え、治療Mを実施するかどうかを決める」（同前：五）ことが推奨されることになる。

ところで、私は、このように人の《いのち》を捉えることには、さしあたり異論はない。実際、このように人の《いのち》を捉えることによってはじめて把握される価値のもと自分は生活しているように思われるし、それはまた、人がどのようにままならない身体で生きていようとも、《人生》であるからこそ、人の《いのち》が尊いとか醜いとか滑稽とか愛おしいとか思われたり思われなかったりするのである。他方で、間違いなく《生命》の美しさや儚さ逞しさの相もあるにはあるし、その相の神秘を信仰しているものでもあるが、とはいえ、日々の生活とは実際のところ《人生》の相であろう。

ただし、清水も会田も、それを臨床現場に即して語り、医療が《人生》の相に配慮することを求めている。それによって可能になると見込まれているのは、病人の福利ではなく、医師が「報われる」ことと、もしかすると医療の円滑や資源の節約であろう(15)。加えて、医師は過剰に《生命》に没頭して、看護は《人生》を担当する、という対比がされやすいが、それはこの半世紀あまりの喧騒において、病人を脇に置いて、専門性の文脈で構築されてきた把握に過ぎないということはすでに述べた。

また、清水は、《生命》へのまなざしを「死体の解剖（腑分け）により人体に対する生物学的見方が進んだ」（同前：二三）ことと結びつけ、それを嘆いているようである。だが、『臨床医学の誕生』（Foucault 1963＝2011）におけるグザヴィエ・ビシャはそのようではなかったし、「屍をみるような見方」で《生命》を見るから人工呼吸器や胃ろうが施されるのではない。そうではなく、〈大人〉たちが医療において《人生》の「可能性」や「豊か」さを考えるべきとするから、人工呼吸器や胃ろうを「歓迎されない姿」と見做す言説が蔓延するのである。むしろ、医療の分を弁えるなら、「歓迎されない姿」とされる〈若者〉こそが無条件に善であると明言し続けなければならない。

おわりに——無条件の善のための〈こまごま〉したこと

現代の看護をめぐる〈大人〉の喧騒を批判的に見渡して、〈老人〉の沈黙に学び、〈若者〉の無条件の善を医療の文脈で明言すると、必然的に、〈こまごま〉した仕事が看護の分であるということが自覚される。例えば、もはや all disease は reparative process であるとは言い難いような末期にあるとしても、それでも病人の痛みや苦しみを手当てすることが僅かながらも nature を assist することになるならば、そしてそれが自己の分であるならば、《物語られるいのち》を病床の横から眺める前にすることがある。森田達也と白土明美は、死亡直前のエビデンスを集めて、末期の輸液、鎮静、呼吸困難など、とかく「倫理的」に議論されがちな事柄に対して「科学的」な研究結果を参照することに活路を見いだそうとする点で、〈老人〉の清潔感がある。例えば呼吸困難へのモルヒネの適応について、以下のような記述がある。

呼吸数が非常に多いと一回あたりの有効換気量が減るために、結局、有効な呼吸ができず酸素化を悪化させます。あまりに多い呼吸数を、そこそこ落ち着いた呼吸数にコントロールすることで、浅く効率の悪い呼吸を、深く有効な呼吸に調節することができて、酸素化をよくすることができます。／逆に言うと、モルヒネは「呼吸数の多い」呼吸困難の患者に使用することが条件である、ということもできます。通常、がん患者で呼吸困難がある場合には、酸素化はよいにもかかわらず、呼吸数は三〇回／分以上、時に四〇回／分以上になっていることも少なくありません。そのようなときにモルヒネが安全、有効に使用できるわけです（森田・白土二〇一五：一一〇）。

このことは、末期の呼吸困難に対するモルヒネ使用が浅く不効率な呼吸を効率的な換気に改善する可能性があるからには、末期の《生物学的生命》を軽視してはならないということを示している。そうであれば、病人の呼吸数と呼吸困難の訴えをつぶさに観察する必要があろう。また、呼吸を安楽にするための体位を工夫する必要もあろうし、呼吸困難で発汗した皮膚や寝衣や病床を清潔に整える必要もあろうし、それに関連して水分出納にも注意深くなければならないだろうし、臭気や静けさにも配慮する必要があろう。これら〈こまごま〉したことは、看護の仕事でなくて何であろう。これらをすべて、丁寧に、適切に整えられた病人は、生きていることが「歓迎されない」姿にみえることはないだろう。そのように看護の分を自覚するなら、〈大人〉たちも少しは静かになるだろうか。

注

1 歓迎されない姿をもたらすのは「延命医療」のせいであり、それは「無益」であり「残酷」や「悲惨」で、医療の思いやりがそれをもたらすと言われることもある。例えば、「無益性」を議論する文脈では、「善意ある医師や看護師が、医学の範囲で可能なあらゆる手段を見境なく用いることだけが患者を苦しみから解放し、ケアし、生きる希望を持たせる唯一の方法であると感じるときに、思いやりというのは事実に基づかないものになってしまう」（Schneiderman & Jecker 2011＝2021: 39）という主張は典型的である。対して、「悲惨さ」を決めてかかることの欺瞞を指摘する議論もあるし（立岩 二〇〇八：二一四）、そもそも医療とバイオエシックスの本質が生命の質的判断の正当性の評価を含んでいるからには、治療停止を認める条件を詰めていくことに向かうのは不可避であるとしてバイオエシックスそのものをメタ的に批判する議論もある（香川 二〇〇六：二五八）。

2 特に二〇二〇年の新型コロナウイルス感染症の流行が顕在化した当初において顕著であった。

3 日本での法律条文での定義は以下。保健師助産師看護師法（昭和二十三年法律第二百三号）第五条「この法律において『看護師』とは、厚生労働大臣の免許を受けて、傷病者若しくはじよく婦に対する療養上の世話又は診療の補助を行うことを業とする者をいう」。国際的には、「看護師とは以下のことを行うよう養成され、権限を与えられている。（一）健康の増進、疾病の予防、そしてあらゆる年齢およびあらゆるヘルスケアの場および地域社会における、身体的、精神的に健康でない人々および障害のある人々へのケアを含めた全体的な看護実践領域に従事すること；（二）ヘルスケアの指導を行うこと；（三）ヘルスケア・チームの一員として十分に参加すること；（四）看護およびヘルスケア補助者を監督し、訓練すること；（五）研究に従事すること」（International Council of Nurses 1987）が参照される。

4 平尾真智子は、「これまで医学史でさまざまな用語で長く伝えられてきた看護に類する用語を、一九世紀に『看護』という言葉に統一したのがナイチンゲールである」（平尾 二〇二〇：三三八）と書いている。また、川喜田愛郎は、「医学も看護学も同じく患者の治癒という共通な目的に仕える広義の技術学であって、近代科学の本性と社会・制度の変貌とが、医師とナースという二つの独立した専門職をうんだのは歴史的な必然として、それは本質的に一つの技術（アート、テクネー）とみるのが妥当であるというのは私の譲らない——納得すべき反論にあうまでは——見解です」（川喜田 一九九〇：二三七）と述べている。

5 一方、日本の近代看護は、一九四六年にGHQ看護課による看護婦の再教育が開始され、一九四八年に保健婦助産婦看護婦法が公布されたのち制度化がすすんだと言われる（川島 二〇一四）。また、フランスにおける近代看護について原山哲が書いているが、フランスでは看護の世俗化がおこったことによって、看護のアイデンティティが危機に陥り、米国で理論化された看護の概念が用いられ看護師の「固有の役割」の概念が推し進められるようになったと言う（原山 二〇〇六）。

6 とりわけ「だれが生き残り、誰が死ぬか?」というバイオエシックスの論争は、「死にゆくものの看取りについて、実際的なやり方を推奨してきた」(Jonsen 1998=2009: 348)。

7　ケアリングは、生物医学的な見方とは異なる方法で患者を捉えることを強調する(Benner & Wrubel 1989=1999: viii)。ケアの倫理においてケアの動名詞にあらためて新たな意味が付与されるようになると、複数の看護学者たちがこのケアリングという言葉を用いて看護の理論を展開させるようになった(筒井 二〇二〇)。ケアリングでは、人間の脆弱さを認め、相互依存を認めるので、人間関係を間主観的かつ文脈依存的に捉え、自己は関係性の内にある(Noddings 1984=1997)。

8　「医療の社会化」などと一言で書くことは気後れするが、例えば、広井良典(二〇一八)などを参照すれば、もはや医療、福祉、ケアといった概念の重複と分化、経済や制度との相互関係は、フーコーが生政治の網の目を捉えた時代が牧歌的に思えるほど複雑である。

9　近年では、医師がナラティブ(物語)とエビデンス(科学的根拠)を対比させて、前者の重要性を強調、あるいは両者の両立を唱える議論もみられている(Meza & Passerman 2011=2013)。ナラティブは、「括弧付きの、立ち現れる、条件次第の、文脈依存的な」医療のことである。かれらの議論は医療人類学を参照しており、管見の限りではフェミニズム文献を参照している形跡はないものの、ケアリングの概念と重複するものである。

10　conceptual persona: ジル・ドゥルーズ&フェリックス・ガタリ『哲学とは何か』(Deleuze & Guattari 1991=2012)からの引用。

11　ナイチンゲールの書いたものは、一〇〇〇頁を越えるものから小冊子にいたるまで種々のものを合わせると、その数はおよそ一五〇篇にも及ぶといわれている(Nightingale 1860=[1968]2011: 訳者あとがき)。

12　この「生命力」という言葉の含意はあまりに深遠である。ここでは川喜田愛郎「科学原論」の講義記録を引いておく。川喜田は、「春になって草木が萌え立つ野山に立ったとき、また産室で赤ちゃんが生ぶ声をあげたとき誰が『生命』の力強さを思わないでしょうか」(川喜田 一九九〇:二七─二八)と導入しつつ、あくまで自然科学の文脈における生命力の説明のために大腸菌の増殖を例として示した。「僅か数種類のミネラルとブドウ糖という粗末な食事で大腸菌の『体重』がおよそ倍加するという事実は、おそるべき『生命力』と言わねばなりますまい」(同前:三〇)。「生きものたちはそうした外力なしに自活している(ようにみえる)不思議な存在です。昔ならそれを『生命力』とか『活力』とか、あるいはプネウマ(いき)、スピリット(精気)とか言ってしまえば、気がすんだわけですが、それらを逃げ言葉とみる近代科学の立場では、何とか別に満足できる説明を探したいのです」(同前:三一)。そして、光合成、生体内酸化のしくみ、クエン酸回路、ATP回路、呼吸と発酵、DNAと自己複製のメカニズムへと話を進めてゆく。つまり、川喜田は、生物たちのそのような「ひたすらに」生きるしくみそのものを「生命力」として説明しようとしたといえる。さらに、川喜田はナイチンゲールについて以下のように言及していた。「私の理解するところ、彼女はまぎれもないヒポクラテス主義の帰依者でした」(同前:二四〇)。

13 米国の看護学者ヒルデガード・E・ペプロウは、ナイチンゲールが用いる小文字の nature について、「彼女はここでは神 God の意味ではなく、たぶん人のなかにある何かを意味したのであろう」と言及した（小川 一九九九：三二）。

14 「医療技術が進展した時代、患者一人ひとりが、技術から豊かさを享受し、かつ、技術に従属せず、その人らしい人生が完結できるような医療のあり方が求められている。患者思いの誠実な医師には、是非、その仕事が報われるものであってほしい。本書はそのような願いを込めた一冊である」（会田 二〇一一：iii）。医師がこのように「報われる」とは、患者の家族から感謝されることであろうか、あるいは、患者の「歓迎されない姿」を見て無力感に苛まれる時間が端的に短くて済むことであろうか、もしくは、マスコミに称賛されることであろうか。私見では、医師と看護師が報われる契機は、気兼ねなく取得できる有給休暇である。

15 念のため断ると、医療の円滑や資源の節約も重要である。しかし、それならそうと言うべきであろう。

参考文献

会田薫子、二〇一一『延命医療と臨床現場――人工呼吸器と胃ろうの医療倫理学――』東京大学出版会。

Benner, P. & Wrubel, J., 1989, *The Primacy of Caring: Stress and Coping in Health and Illness*, Addison-Wesley Publishing Company, Inc.（難波卓志訳、一九九九『現象学的人間論と看護』医学書院）.

Brown, E. R., 1980, *Rockefeller medicine men: Medicine and capitalism in America*, University of California Press.

Brown, E. L., 1948, *Nursing for the Future: a Report Prepares for the National Nursing Council*, New York Russell Soge Foundation（小林冨美栄訳、一九六六『ブラウンレポート――これからの看護――』日本看護協会出版会）.

Buchanan, T., 1999, "Nightingalism: haunting nursing history," *Collegian*, vol. 6(2).

Duffy, T. P., 2011, "The Flexner report: 100 years later," *The Yale journal of biology and medicine*, vol. 84(3).

Deleuze, G. & Guattari, F., 1991, *Qu'est-ce que la philosophie?*, Les Editions de Ninuit（財津理訳、二〇一二『哲学とは何か』河出書房新社）.

Foucault, M., 1963, *Naissance de la Clinique*, Universitaires de France（神谷美恵子訳、二〇一一『臨床医学の誕生』みすず書房）.

Fry, S. T. & Johnstone, M. J., [1994] 2008, *Ethics in Nursing Practice: A Guide to Ehical Decision Making, 3rd Edition*, International Council of Nursing（片田範子・山本あい子訳、［一九九八］二〇一〇『看護実践の倫理――倫理的意思決定のためのガイド第3版――』日本看護協会出版会）.

Gebbie, K. M., 2009, "20th-century reports on nursing and nursing education: What difference did they make?," *Nursing outlook*, vol. 57(2).

Gonzalez-Sanz, J. D., Noreña-Peña, A., & Amezcua, M., 2018, "New ways for nursing inspired by the works of Michel de Certeau," *Nursing*

Philosophy, vol. 19(2).
Hallet, C., 2011, *Celebrating Nurses: A Visual History*, Fil Rouge Press Ltd.（小林政子訳、二〇一四『ヴィジュアル版 看護師の歴史』国書刊行会）.
原山哲、二〇〇六「看護におけるジェンダーの次元の脱構築――フランスと日本の比較社会史試論――」『東洋大学社会学部紀要』四三巻二号。
平尾真智子、二〇二〇「ナイチンゲール看護論の現代的意義――医学史からみたナイチンゲール看護論（前編）――」『看護教育』六一巻四号。
平体由美、二〇一二「研究史展望――ロックフェラー財団の医療・公衆衛生活動と文化外交――」『札幌学院大学人文学会紀要』九二号。
広井良典、二〇一八『持続可能な医療――超高齢化時代の科学・公共性・死生観――』筑摩書房。
International Council of Nurses, 1987（日本看護協会訳「ＩＣＮ看護師の定義」日本看護協会ホームページ）.
Jonsen, A. R., 1998, *The birth of bioethics*, Oxford University Press（細見博志訳、二〇〇九『生命倫理学の誕生』勁草書房）.
香川知晶、二〇〇六『死ぬ権利――カレン・クインラン事件と生命倫理の転回――』勁草書房。
川原由佳里、［二〇一五］二〇二〇「看護理論の歴史」筒井真優美編『看護理論家の業績と理論評価』第二版、医学書院。
川喜田愛郎、一九九〇『医学への招待――生命・病気・医療――』日本看護協会出版会。
川島みどり、二〇一四「戦後看護の夜明け――保健師助産師看護師法制定六五年の歴史――」日本看護歴史学会編『日本の看護のあゆみ――歴史をつくるあなたへ――』第二版改題版、日本看護協会出版会。
小泉義之、一九九五『兵士デカルト――戦いから祈りへ――』勁草書房。
今泉友里、二〇一二「二〇世紀初頭北米における大学と附属病院が連携した医学教育の成立について――フレクスナー・レポートが構想した専門職教育としての医学教育を中心に――」『日本教育学会大會研究発表要項』七一巻。
Kuhse, H., 1997, *Caring: Nurses, Women and Ethics*, Blackwell Publishers Ltd.（竹内徹・村上弥生訳、二〇〇〇『ケアリング――看護婦・女性・倫理――』メディカ出版）.
Meza, J. P., & Passerman, D. S., 2011, *Integrating narrative medicine and evidence-based medicine: the everyday social practice of healing*, Radcliffe Publishing Ltd.（岩田健太郎訳、二〇一三『ナラティブとエビデンスの間――括弧付きの、立ち現れる、条件次第の、文脈依存的な医療――』メディカル・サイエンス・インターナショナル）.
三井さよ、二〇一八『はじめてのケア論』有斐閣。

森田達也・白土明美、二〇一五『死亡直前と看取りのエビデンス』医学書院。

守屋治代、二〇一六『「看護人間学」を拓く――ナイチンゲール看護論を再考して――』看護の科学社。

村上靖彦、二〇二一『ケアとは何か――看護・福祉で大事なこと――』中央公論新社。

Nightingale, F., 1860, *Notes on Nursing: What It Is, and What It Is Not,* New edition, revised and enlarged. Harrison, 59, Pall Mall Bookseller to the Queen（湯槇ます・薄井坦子・小玉香津子ほか訳、［一九六八］二〇一一『看護覚え書――看護であること・看護でないこと――』改訳第七版、現代社）.

Nightingale, F., 1897, "To the nueses and procationers trained under the 'Nightingale Fund'," Spotiswoode & Co.（湯槇ます監修、薄井坦子・小玉香津子・田村真ほか編訳、一九七七「書簡一三」『ナイチンゲール著作集 第三巻』現代社）.

Noddings, N., 1984, *Caring,* University of California Perss（立山善康・清水重樹・新茂之ほか訳、一九九七『ケアリング――倫理と道徳の教育 女性の観点から――』晃洋書房）.

小川典子、一九九九『ナイチンゲール「看護覚え書」の構造を読む――方法としての書誌学的研究――』ゆみる出版。

榊原哲也、二〇一八『医療ケアを問いなおす――患者をトータルにみることの現象学――』筑摩書房。

Schneiderman, L. J., & Jecker, N. S., 2011, *Wrong medicine: doctors, patients, and futile treatment,* Trient Media Group, LLC.（林令奈・赤林朗監訳、二〇二一『間違った医療――医学的無益性とは何か――』勁草書房）.

清水哲郎、二〇一五「物語られるいのちと生物学的生命再考」『哲学雑誌』一三〇巻八〇二号。

高田早苗・吉田みつ子、［二〇一五］二〇二〇「看護理論と倫理」筒井真優美編『看護理論家の業績と理論評価』第二版、医学書院。

立岩真也、二〇〇八『良い死』筑摩書房。

Tomey, A. M. & Alligood, M. R., ［1986］2002, *Nursing Theorists and Their Work, 5th edition*（都留伸子監訳、［一九九一］二〇〇四『看護理論家とその業績』第三版、医学書院）.

筒井真優美、［二〇一五］二〇二〇「ケアリングの概観」筒井真優美編『看護理論家の業績と理論評価』第二版、医学書院。

渡辺かよ子、二〇一五「専門職養成としての教員養成――「フレクスナー神話」の継承と革新の視点から――」『学び舎――教職課程研究――』一一号。

第11章

パラリンピック選手の抵抗の可能性と「別の生」

北島加奈子

はじめに

COVID-19パンデミックの影響を受け、二〇二一年度は夏季および冬季パラリンピックの両方が開催されるという異例の事態が生じた。二〇二一年八月二四日—九月五日に第一六回夏季パラリンピック（東京）が、二〇二二年三月四日—三月一三日には第一三回冬季パラリンピック（北京）がそれぞれ開かれた。筆者の関心は競技そのものや結果ではなく、パラリンピック報道における、障害（者）表象の仕方にあると述べておこう。

ところで、障害学や社会学の分野では、ミシェル・フーコーの権力論を直接的あるいは間接的に用いて、障害者がある種の権力に服従する／させられる存在であることが批判的に論じられてきた（たとえば、後藤二〇〇七；Tremain 2001, 2017）。パラリンピックに関する同様の点については、本章で取り上げるダニエル・ピアーズ（Danielle

Peers 2009）が類似した議論を展開している。その一方で、障害（者）に関する議論において、権力に服従する形ではない、自律的な主体の形成というフーコーの主体論は、ほとんど参照されていないという現状がある。ただし、障害学や社会学の領域では、例外的に岡原正幸（二〇〇八）や後藤吉彦（二〇〇七）が、自立生活を試みる障害者の実践を「生の技法」だと主張する議論（安積ほか［一九九〇］二〇一二）について、フーコーの言うところの「生存の技法」にあたると主張している。このフーコーが主張する「生存の技法」とは「熟慮や意志にもとづく実践であ」り、「自分自身を変容し個別の存在として自分を変えようと」することである（Foucault 1984＝1986：18）。つまり、自分の意志で自分自身を変える営みのことである。たとえば、障害者が自分の意志で家族のもとや施設を離れ、買い物や映画に行くというように積極的に行動する。それによって「方々で摩擦を起こすことが周りを変えていくように働く」（安積ほか［一九九〇］二〇一二：二三八）。同時に、家族や施設などの「定められた場所から出て（同前：二三九）、自分自身を変化させるのである。この障害者の実践「生の技法」は、まさしく「生存の技法」と呼べるだろう。

しかしながら、管見の限り、パラリンピックの分野ではそのような議論は見当たらないし、ピアーズもパラリンピック選手の主体性の現れについては、直接的に論じているわけではない。パラリンピック選手も障害者である以上、ある種の権力に服従させられることからは免れ得ないのは確かだと言える。だが、パラリンピック選手は、本当に自律した、能動的な存在にはなれないのだろうか。

本章で取り上げる論文においてピアーズは、パラリンピック選手の表象やその主体性が権力を前に無効化されていくさまに着眼し、そのことを批判的に論じている。それだけでなく、論文を詳細に読むと、ピアーズが、自分自身や他のパラリンピック選手たちが自律的な主体として、そうした権力に抵抗し得る存在であると考えていることが分かる。ピアーズの主張こそが、そのような抵抗を体現するものである。すなわち、ピアーズはパラリンピック選手が権力に取り込まれる事態に対する批判と、アスリートたちが自律的な主体になるという異なる論点をつなぐ存在であると言えるだろう。そこで本章では、ピアーズの主張を端緒として、障害者であるパラリンピック選手にとっての、権力に服従するだけではない主体の可能性の探究へと展開していく。

1　パラリンピックの起源をめぐる言説と「客観的な」クラス分けがはらむ恣意性

1-1　パラリンピックの起源説に潜む問題

ダニエル・ピアーズはカナダの元パラリンピック選手（筋ジストロフィーによる車椅子ユーザー）であり、障害とパラ・スポーツ両方の分野において名前が知られている。車椅子バスケットボール選手として、二〇〇四年のアテネ・パラリンピックで銅メダルを獲得したほか、世界選手権等でも活躍した。現在はアルバータ大学で教鞭をとっている。

研究者ピアーズは“(Dis) empowering Paralympic Histories: Absent Athletes and Disabling Discourses”（2009）において、パラリンピックの歴史が健常者によっていかに語られているのかを批判的に検討した。そのために、パラリンピックの歴史について書かれた二冊の著書――ダニエル・ステッドワードとシンシア・ピーターソンの共著 *Paralympics: Where Heroes Come*（1997）と、スティーブ・ベイリー著 *Athlete First: A History of the Paralympic Movement*（2008）――に注目し、これらがいかにパラリンピックの歴史を描いているかを考察することから始めている。この二冊の著書は、前者が卓上用大型本（coffee-table book）であるのに対して、後者は学術的な教科書のような雰囲気のある本であることなどさまざまな違いがあるが、ピアーズによるなら、両書に登場する言説は、驚くほど類似したものである（Peers 2009: 655）。その類似性は両書の至るところに見られるが、その最も象徴的なものが表紙である。両者とも、表紙に競技中のパラリンピック選手の写真を使っており、*Paralympics* では選手の英雄性、

*Athlete First*では、写真の選手が中心的な存在であることを示すキャプションを付している。このような写真とキャプションは、パラリンピック選手らをアクティブでエンパワーされた存在として表象すると同時に、より黙示的に、受動的で障害のある周縁的な存在として描いているという（ibid.: 655）。ここで、ピアーズは表紙を飾る九枚の写真のうち、実に八枚において、アスリートの障害がはっきりとわかるものが使用されているという点が、カレン・デポーの主張する「障害の可視化」（DePauw 1997: 424）であると指摘しているのである。デポーによれば、障害の可視性は一種の警告として働く。それが選手の能力に対する期待を下げ、パラリンピック選手のアイデンティティがアスリートとしてではなく、障害に基づいて構築されることになると言う。「障害の超可視化によって、そのアスリートが、障害のある身体の無能さや受動性に関する一般的なステレオタイプの文脈から理解されるという点を容認することになる」というわけである（Peers 2009: 655）。さらには、それらの写真に選手の名前を記載しないことで、これもまた無力だという障害のステレオタイプを助長している。このように両書の表紙（の写真）に限って検討するだけでも、パラリンピック選手が受動的な障害者として表象されてきたことや、パラリンピックの歴史の中でその存在をないがしろにされていることが分かると、ピアーズは論じている。

そのパラリンピックの起源は、一九四四年、英国ストーク・マンデヴィル病院において、ルートヴィヒ・グットマンが脊髄損傷の退役軍人を対象に研究を開始したことにあるとするのが通説的である。ピアーズによるならば、ステットワードとピーターソンはグットマンを「パラリンピック・ムーブメントの父」とまで称えている。また、ここでは、グットマンがパラリンピックのインスピレーションを得たとされる、脊髄を損傷した大きくて強い（匿名の）兵士が、死ぬために病棟の端に置かれた（Steadward & Peterson 1997: 21）という記述を通じて、この集団が意味づけられている（Peers 2009: 656）。一方、ベイリーはグットマンが対麻痺を「人間の人生における最も悲惨な災難の一つ」（Bailey 2008: 13）と表現していることを引いて、兵士らを紹介している。これに関するベイリーの「この説明は、社会における個人の移動や機能に根本的な影響を与える、他の多くの……原因にも同様に適用できる」(ibid.: 13) という主張は「おそらく、こうした悲劇的な起源を現在のパラリンピアンたちに帰するため[1]」だと、ピアーズは批判的に論ずる。そして、重ねて「ベイリーは、あらゆる形態の障害を、個人の身体に根ざした紛れもなく悲劇的な問題として作り上げている」のだと主張する (Peers 2009: 656)。

両書の問題点は、パラリンピズムの起源としてグットマンが一九四四年に行ったスポーツプログラムに注目することで、障害者をさらに疎外する点にあるとピアーズは言う。このような動きは、デポーらをはじめとする先行研究 (DePauw & Gavron [1995] 2005) で示されている、一八八八年までにろう者コミュニティのメンバーによって組織されていた競技スポーツや一九〇九年までに盲学校で行われていた競技スポーツ、そしてグットマンがスポーツプログラムを開始する前にストーク・マンデヴィルの収容者自身によって発明された競技スポーツの重要性を軽視しているのだとピアーズは述べる。つまり、それは障害者自身の自発的な実践ではなく、健常者であるグットマンによる救済の物語に優位性を持たせているということである。

またピアーズによれば、グットマンはパラリンピックの起源を語る上で父親的な存在であるだけでなく、その主要な情報源にもなっている。どちらの書も「ほぼ独占的にグットマンの言葉」を使用して書かれている。このことについて、一部ベイリーを引用しつつ、ピアーズは以下のように批判している。

悲劇的な起源を持つ言説に何が懸かっているかを認識し、あるいはそれに関する代替資料を提供することによってのみ、グットマンによる障害者の記述、すなわち、「役立たずで絶望的な廃人として人生を引きずり、雇用されず、望まれず……役に立つ人生に戻る動機も、励ましもない」(Bailey 2008: 14) という記述に埋め込まれた悲劇を問題にできる。残念ながら、両著者らは、このような情報源の優先順位づけと、その結果としての悲劇の構築が、どのようなエゴや制度、世界観に影響を与え、誰に対して重大な不利益をもたらす可能性があるかを認識できていない。パラリンピック以前の『不具者[2]』たちが、自らの人生をいかに積極的に解釈し、さまざまに歩んできたかを考慮しないのだ。彼らは皆、ベイリーが述べるように、本当に希望がないまま生きていたのだろうか。彼らは、自分のことを愛する人の役に立たない、不要な重荷のように感じていたのだろうか（Peers 2009: 657）。

すなわち、グットマンをパラリンピックの起源とすることは、彼の父性を前面化するだけでなく、さまざまな（「不具者」を含めた）障害者を悲劇的な救済の対象と見なし一括りにするということなのである。[3]

ところで、英国におけるグットマンの取り組みと、それ以前の二つのスポーツ大会（一八八八年／一九〇九年）の間の時期に当たる一九三六年から一九三九年にかけて、ナチス体制下のドイツではあることがおこなわれていた。「ライヒ身体障害者同盟（Reichsbund der Körperbehinderten）」[4]の活動の一つなのだが、「身体障害の克服」のために「体操やスポーツといった身体鍛錬が推奨され」ていたのである（中野 二〇二〇：二〇〇）。中野智世の引用によれば、ライヒ身体障害者同盟の一九三七年の活動において最も多いのがスポーツ事業の三万八〇〇〇件で、翌年には一二万件を超えている。第二次世界大戦へと向かうこの時代のドイツでは『あらゆる機会を通じて』、身体障害者は『有用かつ有能な民族同胞』であると証明する」ことが目指されていた（同前：二〇〇）。この「あらゆる機会」には当然、スポーツも含んでいると考えられる。したがって、スポーツは「障害を克服する」ためだけでなく、身体障害者が国家の役に立つ民族であることを明示する手段でもあったと言えるだろう。しかし、ここで言う身体障害者とは、「遺伝的に健全」で「教育可能」とされた者に限っていると読める。この頃には、ライヒ身体障害者同盟の会員から排除されていたユダヤ系の人々と同様に「教育不能」と見なされた、障害の程度の重い人々は「身体障害者」の枠組みから外され、排除の対象となったと推測できる。グットマンが行ったスポーツ事業も、その対象は社会復帰が見込まれる元軍人（脊髄損傷者）だったはずである。このことから、リハビリテーションができないと目された、障害の程度の重い人々は、ライヒ身体障害者同盟と同様に、最初からスポーツの対象外だったと考えられるだろう。

加えてグットマン自身がユダヤ系の出身であり、激化するユダヤ人迫害から逃れるため、一九三九年にドイツから英国へ移住したという経緯がある（小倉 二〇一六：一）。ナチス体制に組み込まれる中で始まった、身体障害者を対象とするスポーツ事業がパラリンピックの「起源」だと断定することはできない。だが、グットマンより早くライヒ身体障害者同盟がスポーツ事業を行っており、グットマンもこの事実を知っていたと考えられる。また障害の程度の重い人々を排除し、健常者に近い選手に注目する点は、現在のパラリンピックも同じである。この点を考え併せると、現在のパラリンピックは、ナチス体制下のライヒ身体障害者同盟のスポーツ事業の系譜上にあると言えるのではないだろうか。だが先述のように、パラリンピックの起源はナチス体制下のそれではなく、グットマンに求めることが通説的である。グットマンでなければ「悲劇的で、絶望的で、受動的で、死んだも同然」で、「溝（どぶ）」の中であえぐ障害者の救済言説は成立しないからだ。そして、そこにこそピアーズが指摘するような「障害者の構築」という問題が横たわっているのである。

1-2　障害のクラス分けから浮かび上がる「客観性」

さらに、グットマンが健常者の医師であったことは、医師としての専門知や、健常者によるパラリンピック選手の管理という現在の体制につながっている（Peers 2009: 658-659）。ピアーズは、デボーラの先行研究を引いて「専門家が競技者の（障害）機能のレベルを判断し、適切な競技カテゴリーが存在することを前提に、競技者をそこへ恒久的に割り当てるプロセス」が障害のクラス分けだと述べている(5)。また、それは「パラリンピックを目指す者が最も早く、そして最も拘束力のある形で自らを従わせなければならない権威の一つ」なのである（ibid.: 660）。ここで言う「専門家」には、医師、理学療法士、作業療法士のほか「適切な経験を持つアスリート」（Tweedy et al. 2014: 13）等が含まれる。医師や理学療法士らは健常者だと推測できるが、「適切な経験を持つアスリート」に、パラアスリートが含まれるか否かは定かでない。言えるのは、障害者を分けるのは健常者（が中心）だということである。このクラス分けの審議によって、競技力が低いとされるカテゴリーに選手が振り分けられたり、反対に競技力が高すぎるという判断が下ったりするとピアーズは言う。また、時には競技力がないと見なされるため、当該選手のカテゴリー全体の競技が中止されたり、競技を続けるためにパフォーマンスを下げなければならないと感じる状況に選手が追い込まれたりする等の「選手が訴えることのできない他の重大な結果をもたらす可能性も含んでいる」（Peers 2009: 661）。実際、夏季東京（二〇二一）パラでは、車椅子陸上の伊藤智也選手が大会直前に、一つ障害の軽い方へクラス変更されている。伊藤選手は変更前のクラスではトップ選手であり、北京（二〇〇八）大会では二つの金メダル、ロンドン（二〇一二）大会では三つの銀メダルを獲得、その後の二〇一九年の世界パラ陸上でも銀メダル二つ、銅メダル一つを獲得していたが、東京では予選敗退に終わっている。[6] クラス変更とメダル（非）獲得の関係性は分からないが、まさにピアーズが指摘する「選手が訴えることのできない他の重大な結果」が、クラス分けによって生じた可能性もある。

さらに関連して言うならば、ショーン・トゥイーディらは、理想的な障害（impairments）のクラス分けは、その方法が「特定のスポーツにおいて、同程度の困難をもたらす障害を持つアスリート（athletes who have impairments）で構成されていると示す、科学的証拠に基づいていること」だが「残念ながら、そのような根拠は存在していない」と述べている（Tweedy et al. 2014: 13）。これが示唆するのは、障害のクラス分けに医学的な根拠はあっても、それによって、アスリートにとっての公平性が担保されているという意味ではないということだろう。

2　フーコーに見るキュニコス派の「別の生」

本節以下は、ピアーズの議論に明示されてはいないが、実は現れていると読めるような、パラリンピック選手を無力化する（disempowering）権力への選手らの抵抗や、彼らが「受動的」で「哀れな障害者」ではない「別の生」を生きる主体であるということについて論じる。なお「別の生」とは、ギリシア哲学のキュニコス派が提示した「真の生（アレーテース・ビオス alēthēs bios）」のことである。このキュニコス派が示した「真の生」＝「別の生」（Foucault 2009＝2012: 396）についても、フーコーは『真理の勇気』（コレージュ・ド・フランスにおける一九八四年の講義）において語っている。したがって、ピアーズの議論から「別の生」を見出す準備として、先にフーコーを参照し、「スキャンダルを引き起こす」（ibid.: 317）キュニコス主義的生について本章に必要な部分に絞って拾っておく。

フーコーによるならば、キュニコス主義の「スキャンダル」とは「人々が頭のなかでは認めており価値づけているにもかかわらず自らの生そのものにおいては拒絶し軽蔑していることを、その人々に対して目に見えるかたちで提示しつつ、彼らの怒りに立ち向かうこと」であり、それは「必ず……一種の価値転換を通して」引き起こされるものである。[7] そしてキュニコス主義的生には四つの側面がある。それは、すなわち「隠蔽されざる生」、「非依存的な生」、「まっすぐな生」、「主権的な生」である（ibid.: 317）。これらのうち、本章において特に重要な意味を持つと筆者が考えるキュニコス主義的生の側面は、以下の二つである。一つは「主権的な生（穏やかで有益な生……、自己自身を享受する自分自身にとって穏やかな生、そして他の人々にとって有益な生）を、戦闘的な生と呼びうるようなものの形態のなかで……、反転させ」るという側面である（ibid.: 358）。まず、「主権的な生」とは「自分自身の主人であり他のすべてに優越する生」を指し、「何よりもまず、自分のものであること、自己自身に帰属する」生を意味する（ibid.: 341）。だが、この「主権的な生」は自分自身のものであると同時に、ほかの人々にとっても有益なものだとフーコーは言う。「生きるやり方そのものによって、……人類全体に対して普遍的な射程を持つ教えが与えられる場合に、主権的な生は他の人々にとって有用なものとなる」ということである（ibid.: 343）。しかし、フーコーによれば、キュニコス派の「主権的な生」は「自分の生を実例として差し出したり助言を与えたりする」（ibid.: 352）方法で、ほかの人々に役立つのではない。キュニコス派が役立つのは「彼が闘うからであり、彼が噛みつくからであり、彼が攻撃するから」なのである（ibid.: 352）。このキュニコス派の生の「戦闘性」とは「人々に激しく動揺を与えて考えを一気に変えさせることを目指すもの」である（ibid.: 359）。「ただ単にしかじかの個人が持ちうる……欠点や臆見と闘うだけでなく、……人類一般に共有されている悪徳や欠点や弱さや臆見に依拠するものにも立ち向か」い、「世界を変えようとする戦闘性なので」あると、フーコーは言う（ibid.: 359）。さらに一九八四年の講義で取り上げられなかった部分の草稿には、次のようにも書かれている。

> キュニコス主義のうちに、……世界のなかで世界に対抗する戦闘性を認めること。このキュニコス主義的活動の歴史的な重要性は、キュニコス主義が組み込まれる系列によっても与えられる。その系列とはすなわち、……キリスト教の活動主義であり、キリスト教に付随した諸々の動き……である。こうした動きすべてのなかに、開かれた戦闘性の原則が再び見いだされる。……別の生としての、闘いの生としての真の生（ibid.: 383–384）。

この引用のうち本章において特に重要な点は、キュニコス主義のうちに認められる戦闘性が「別の生としての、闘いの生としての真の生」であることだ。すなわち、人々の考えを変えさせたり世界を変えようとしたりするのは「別の生」なのである。

もう一つの側面は「隠蔽されざる生」である。そもそも「alêthês（アレーテース）」が「真の」という意味であることから、「真であるのはもちろん、隠されざるもの、隠蔽されざるもの」だとフーコーは説明している（ibid.:

276-277)。すなわち「真の生」とは「自分自身のいかなる部分も隠していない生」であり、「真の生が何も隠さないのは、……他の人々に非難されたりそれを犯した者を赤面させたりするかもしれないような恥ずべきいかなる行動も犯さ……ないから」なのである (ibid.: 317-318)。加えてキュニコス派の何も隠さないという意味は、「生を、その物質的で日常的な現実においてかたちにすること、舞台に上げることであり、それを、他の人々の、他のすべての人々の、……可能な限り数多くの他の人々の実際の視線のもとで行うこと」なのである (ibid.: 320)。

ここまでをまとめると、次のようになるだろう。「別の生」とは「真の生」であるから、恥ずかしいことは何一つなく、また他人に非難される謂れもない生である。同時にその生は、世界を変えようとする闘いの生でもある。そして、その闘いの生は、多くの人々の目に触れなければならないと言える。「別の生」は「闘いの生」なのである。

3　パラリンピックにおける「別の生」の可能性とピアーズの「闘いの生」

3-1　バルセロナ／アトランタ・パラリンピックの抗議

ピアーズは、ベイリーおよびステッドワードとピーターソンをそれぞれ引用しながら、過去のパラリンピックにおける選手らの抗議行動を二つ紹介している。結論を先取りすればそれらは、あり得たかもしれない選手らの「別の生」だと解釈することもできると、筆者は考えるのである。

ピアーズがベイリー (Bailey 2008: 127) を引いて紹介しているその一つは、一九九二年バルセロナ・パラリンピックにおける表彰式で、韓国のボッチャチームの「Shin Hyuk Lim, Jin Woo Lee, Ki Yean Lee」(8)の三人が、新しい「スポーツ特有のルール」(9)に抗議して銅メダルを地面に投げつけたことである。彼らがどのような「スポーツ特有のルール」に抗議したのかは不明である。ピアーズによれば、ベイリーは、このチームの選手らの処分を決定するパラリンピック実行委員会の審議について、比較的詳細に語っていると言う。だが、ピアーズの予想通り（強調は筆者）、ベイリーが半ページにわたってこの件を語る際アスリートの名前（や、彼らが抗議したことの詳細、抗議活動の目的、彼らが抗議活動に訴えなければならなかった理由、制裁に対する彼らの反応、抗議が成功したと見なされたかどうか）といった点を省略しているため、ベイリーの記述からは具体的な内容が分からないのである。これについて「ベイリーは、抵抗する人々の物語を省き、抵抗の物語を専門家の制裁のそれに置き換えることによって、この抵抗の正当性を損なわせている」と、ピアーズは主張する（Peers 2009: 659–660）。[10]

ピアーズのこの主張には、筆者も同意である。抵抗の正当性が損なわれたという過去の結果は覆らない。しかし、ボッチャ選手の行為そのものは抵抗である。選手が銅メダルを投げつけた時、あるいはその瞬間、「スポーツ特有のルール」に抗議するだけでなく「障害の程度が重い障害者」に対する臆見と闘い、「世界を変えようと」した「闘いの生」としての「別の生」になった可能性はあるはずである。ベイリーが語った審議書においては選手の名前が省かれているが、それはベイリーのしたことであり、選手の意志ではない。むしろ、選手らは自分たちの抗議行為を「他の人々に非難され」るような「恥ずべき」ものであるとは、考えなかったはずだ。ゆえに何も隠さず、その姿を、表彰式という「舞台に上げ」て「数多くの他の人々の実際の視線のもとで」メダルを投げたのだろう。その時、彼らは何も隠さない「真の生」だったのである。

もう一つ、今度はステッドワードとピーターソンの著書からピアーズが紹介しているのは、一九九六年のアトランタ・パラリンピックの最後に、多くの選手らが行おうとしていた抗議活動である。ピアーズの引用によれば、この大会の選手村では宿舎が汚かったり、食料や寝具がなかったりと多くの選手が二流の扱いを受けたことに対して、平和的な抗議活動を計画していたという。しかし、それを知った当時の国際パラリンピック委員会会長のステッドワードは「あなた方は素晴らしい娯楽とスリルを私たちに提供してくれた。それを台無しにして、この大会で自分たちに黒星をつけないようにしよう」(Steadward & Peterson 1997: 86) と言って、抗議計画を中止させたとされる。ピアーズはこれについて「ステッドワードはこの簡潔なフレーズをもって抗議の指導者たちを単なる娯楽の対象として作り上げる一方、さらなる抵抗の結果で彼らを脅迫することに成功している」と述べる (Peers 2009: 660)。さらに「この物語を語る歴史家として、ステッドワードとピーターソンは、権威ある専門家がムーブメントを恥辱から救い、同時に見当違いのアスリートらを救った明白な勝利として示すことで、抵抗活動をさらに弱体化させるのである」と批判的に続けている。

ピアーズの引用によるステッドワードの言葉を借りるならば、抗議活動を中止させたのは、おそらく抗議そのものが「開催委員会の恥を世間にさらす」からであり、表向き健常者 (専門家) が障害者 (選手) からの抗議を受けるという屈辱を与えられることを回避したわけではない。だが、ピアーズはそう考えていると推測できるし、少なくとも筆者の解釈はそうである。加えて、開催委員会側に「障害者だから宿舎の環境が悪くても構わない」という偏見があったかどうかは分からない。だが、仮に開催委員会側にそのような思い込みがあると選手らが判断したのであれば、やはり彼らはそれと闘おうとしたと考えられる。その闘いは、健常者に「激しく動揺を与えて考えを……変えさせることを目指すもの」となったはずである。そう考えると、選手らが計画していた「平和的な抗議活動」も「別の生としての、闘いの生」として生きるためのものだったと言うことが可能だろう。

3-2　ピアーズの「別の生」

ピアーズは論文の冒頭部分で、自分を取材した新聞記事など、他人が書いたもののみならず、ピアーズ自身もまた、助成金の申請書や講演、名刺にいたるまで、すべて自分を「パラリンピアン」というひとつの言葉 (肩書き) で定義していることに気がついたと述べている (ibid.: 654)。そして「パラリピアン」としてのピアーズの人生の物語は、助成金や尊敬の念、そして哀れみを延期させるなど、さまざまな恩恵をピアーズ自身にもたらしたが、同時に、自分自身が匿名化されるという代償が付いてきたのだと言う。ゆえにピアーズの物語は、パラリンピックの歴史という「大きな物語」から切り離すことはできず、「私はパラリンピックの歴史に関与していると同時に、その結果でもある」と述べる（ibid.: 654）。

そのピアーズは、ベイリーの *Athlete first* が「パラリンピック・ムーブメントは成熟した大人となり、支援を必要とする人々や自分たちのエンパワーメントに責任を持つようになった」（Bailey 2008: 263）という主張で締めくくられていることを紹介した上で、「この主張は、悲劇的な起源と進歩的なエンパワーメントという言説なしには理解しがたいものである」と批判する（peers 2009）。そして「このような言説に異議を唱えることで、こうした歴史が依拠する一連の前提が解きほぐされ」る時、「パラリンピック・ムーブメントはどのような責任を引き受けてきたのか」「誰がこの責任を与えたのか」「われわれがパラリンピック・ムーブメントを語る際に、誰のことを指しているのか」「私の分析が示唆するように、それがアスリートではなく、パラリンピックの専門家を指すのであれば、パラリンピアンにはどのような責任があるのか」等を問い始めることが可能な空間が開かれると論ずる（ibid.: 662）。言い換えれば、グットマンの「可哀そうな障害者の救済」言説を起源として依拠している限り「受動的な障害者」であることが永続し、パラリンピック選手は永久に抵抗する主体にはなれないのである。加えて、先述したように「抵抗する主体」とは「別の生」であると同時に「闘いの生」である。すなわち、抵抗する主体になれないということは「別の生としての、闘いの生」にはなれないという意味と同じである。したがって、逆を言えば「別の生」（「闘いの生」）になるためには、グットマンとその系譜上にある物語とは異なるものが必要なのである。

では「自分自身の無力化された物語と闘い[11]、抵抗とより親密な関係を築こうと努めている」（ibid.: 655）と述べるピアーズは、どのように「別の生」として生きようとしているのだろうか。少々長いが、非常に重要だと思われるので、そのまま引用しよう。

私は知っている。多くのアスリートは、スポーツを通じて繁栄している。私は知っている。彼らはコミュニティや抵抗を作り上げている。私は知っている。彼らは、自分たちがプレーするスポーツを積極的に組織化し、時にそれを解体させ、創り出し、その質を変化させている。私は知っている。このアスリートたちには名前があり、障害に起因するものでもスポーツのキャリアで終わるものでもない物語をもっていることを。私がこういったことを知っているのは、アスリートたちが互いにいくつもの物語を語り合っているからである。……私たちが語る物語は、制度化された沈黙への抵抗を促すのである（ibid.: 662）。

ピアーズは言及していないが、たとえば一九四四年のグットマンによるスポーツプログラムの実施より二〇年早く、一九二四年のパリで第一回世界ろう者競技大会（World Games for the Deaf）が開かれている（Séguillon 2002: 119）。これは、ピアーズが述べているように一八八八年までにろう者コミュニティが創られ、そのメンバーによって組織された競技スポーツがあったことと無関係ではないと推測できる。また、いずれも実を結んだとは言い難いかもしれないが、過去二回のパラリンピックで選手らが抵抗を示し／示そうとしたことは、ピアーズが明らかにしている。

さらにピアーズが主張するように、個々のアスリートには名前がある。新聞記者らによって「パラリピアン」にされても、ピアーズにはダニエル・ピアーズという名前があり、「筋ジストロフィーの患者」や「車椅子バスケットボール選手」だけでないピアーズの人生と物語がある。それを話すことで「悲劇を克服した障害者」ではない、たとえば研究者としてのピアーズの姿が現れる。少なくとも、研究者として論文を執筆するということそのものには、障害は無関係である。そのような研究者の物語が展開される時「制度化された沈黙」（Peers 2009: 662）は破られ、抵抗が生まれるだろう。「制度化された沈黙」とは、障害者は専門家（健常者）によって力を与えられる存在であり、韓国のボッチャチームの行動やアトランタ・パラリンピックでの抗議活動が沈黙させられたように、彼らに感謝はしても抵抗はしないといった「障害者らしく」いることが暗黙の前提になっていることを指すと考えられる。それに抵抗するためには「障害者」でも「パラリンピック選手」でもない物語が必要なのである。さらに言うならば、それによって、個々のアスリートらは「人類一般に共有されている……臆見に依拠するものにも立ち向か」い「世界を変えようとする闘いの生」、換言すれば「別の生」になるのである。先の引用部分に続いて、ピアーズは以下のように述べている。

> 私は知っている。抵抗とは、パラリンピック・ムーブメントの制度や制度化された歴史を非難すること以上のものでなければならない。私は知っている。抵抗の種は、私が私自身について、私に対して語るすべての物語の中にも埋め込まれている。抵抗とは、悲劇的な溝（どぶ）の神話（the myth of the tragic gutter）を打ち砕くために、表彰台（pedestal）の英雄的行為を放棄することだ。抵抗とは、これまで私が溝に追いやった人々と、私を表彰台に乗せた人々が、目を合わせることを意味する。抵抗とは、私たちが、私たち自身の物語を書くまで、異なる物語――売れないかもしれない物語や、歴史書から省かれるかもしれない物語――を語るということなのである（Peers 2009: 662）。

すなわち、ただ単にパラリンピック・ムーブメントの制度や構築された歴史を批判するだけでは抵抗ではないということである。「悲劇的な溝（どぶ）の神話」を打ち砕くとは、「パラリンピック選手は障害を負うという人生の悲劇的な溝に落ちた状態から、見事にエンパワーメントされて這いあがった人々であるという神話」を崩壊させることを意味するだろう。そのためには、パラリンピック選手自身が、表彰台での栄誉を放棄しなければならない。それは、パラリンピック選手ではない障害者を「溝」に落とすことと引き換えだからだ。そうして溝の中の障害者と、ピアーズを表彰台に載せた人々が直視しあうのである。それは、健常者の受けが良くないがために、健常者が書いた歴史から省かれるような物語を、障害者自身が自分たちのそれを書くまで語るということである。それがピアーズの言う抵抗だと読める。悲劇的でも感動的でもなく、それはパラリンピック選手」でなくとも、ほかの人々に非難されることのない「何も隠さない生」の物語である。その物語を「可能な限り数多くの他の人々の実際の視線」が集まる「舞台に上げる」必要がある。それは、人々や世界の考えを変えようとする「闘い」でもある。哀れみや感動を呼ぶものとは「異なる物語」を、パラリンピック選手自身が書いたり語ったりする時、彼らは「別の生」を生きるのである。

おわりに

本章ではまず、ピアーズの議論からパラリンピックの歴史が、パラリンピック選手を「悲劇に見舞われた、受動的な存在としての障害者」と描いていることを浮き彫りにした。ピアーズの主張するところでは、パラリンピック選手に対するこのような価値観は過去のものではなく、現在に至るまで変化していない。また、パラリンピック選手がこのように描写される背景には、パラリンピックの起源をグットマンの「可哀そうな障害者の救済」言説に求めるという歴史観があると、ピアーズは批判する。さらに、グットマンのような健常者中心の「専門家」によってなされることが多い「競技の公平性を保つための……独自ルール[12]」である障害のクラス分けは、客観的であると見せかけながら、その実、それがアスリートにとって公平であるという根拠はないということを本章で確認した。

パラリンピック選手が能動的な主体となり得ることを示すため、すなわち「受動的な存在としての障害者」に抵抗する際の鍵として、本章ではフーコーの「別の生」という概念を用いた。「別の生」とは、ほかの人々の考えや世界を変えようとする「闘いの生」でもある。ピアーズが紹介した、バルセロナおよびアトランタ・パラリンピックにおける選手らの抵抗は、いずれも（健常者の）「専門家」による話の置き換えと意図的な阻止によって、完全な形で結実したとは言えない。だが、少なくとも一九九〇年代にはすでにパラリンピック選手の抵抗の形跡が、確かにあったのである。それは「悲劇に見舞われた、受動的な存在」、「専門家によるエンパワーメントが必要な存在」であるパラリンピック選手という人々の臆見を揺るがし、そのような世界を変えようとした闘いの痕跡でもある。すなわち、当時からすでに彼らは「別の生としての、闘いの生」として生きようとしていたのである。

ピアーズは自分が「パラリピアン」と扱われることによって、ダニエル・ピアーズという名前が匿名化されると主張する。しかし、当然ながらダニエル・ピアーズという個人には「パラリピアン」でも「障害者」でもない、人生の物語がある。その感動的でなく「売れないかもしれない物語」を多くの人々の面前で語ることが、パラリンピック選手の「別の生」なのである。またその時、個々のパラリンピック選手は名前を取り戻し、恥ずべきことなど何もない「別の生としての、闘いの生としての真の生」を生きるのである。

注

1　ピアーズは注で「パラリンピック競技大会やその前身となる大会に出場したアスリートのことをパラリンピアンと呼んでい」ると断っている（Peers 2009: 662）。だが、日本語では「パラリンピアン」という言い方に、あまり馴染みがないように思われる。したがって、本章ではピアーズからの直接引用を除き、その言葉を「パラリンピック選手」と訳す。

2　ピアーズによる原文で'cripples'と表記されている。

3　ほかにも、スチュアート・ブレイブ（2016）は、グットマンの取り組みをその起源と見ることに懐疑的である。

4　一九三一―一九四五年のドイツに存在した身体障害者の当事者組織であり、一九三三年以降はナチ党と結びつくことで存続した。「精神的に正常で、教育可能なクリュッペル」と「有能な」身体障害者が会員となり、職業紹介や就職相談のほか、スポーツ事業を展開した。なお、この組織の前身はオットー・ペルルらが中心となって結成された「身体障害者自助促進連盟（Bund zur Föderung der körperlich Behinderten: 1919-1931）」である。これがドイツにおける初めての、身体障害者の当事者団体であった（中野 二〇二〇）。

5　パラリンピック競技では八つの身体障害（ここに視覚／聴覚障害は含まない）が分類されており、機能障害（筋力低下、可動域障害、筋緊張亢進、運動失調、アテトーゼ）と、身体構造上の障害（四肢欠損、左右の脚の長さの差異、低身長）に大別される（Tweedy et al. 2014: 11-12）。

6　NHK東京オリンピック・パラリンピック「パラリンピック陸上車いす 伊藤 クラス変わらず大会終える」二〇二一年八月二九日。

7　相澤伸依は、キュニコス派がスキャンダラスだと言われる理由を「諸学派に共有されていた思想を極端な形で推し進め、実際に生き、そもそもの思想の価値を変えてしまったことを指している」と書く（相澤 二〇一一：六四―六五）。

8　ピアーズは、国際パラリンピック委員会のウェブサイト（International Paralympic Committee 1992）から当該選手らの名前を知ったようだ（Peers 2009: 659）。だが、筆者は確認できていない。また、委員会の結論として『障害の程度が重い障害者』であるアスリートを追放することは『人道的』ではないという議論によって、最終的に追放は解かれた」ようである（ibid.: 659）。

9　ピアーズの原文で'sport-specific rule'と強調されている（ibid.: 659）。

10　本来なら筆者自身でベイリーが語ったその内容を確かめるべきだが、残念ながらできなかった。

11　原文ではI seek to trouble my own disabling storiesと表現されているものを、筆者が意訳した。

12　朝日新聞デジタル「パラ競技の公平性は?直前のクラス変更、困惑する選手」二〇二一年八月二五日。

参考文献

相澤伸依、二〇一一「フーコーのパレーシア」『東京経済大学人文自然科学論集』一三〇。

安積純子・岡原正幸・尾中文哉ほか編、二〇一二『生の技法家と施設を出て暮らす障害者の社会学』［第三版］生活書院。

Bailey, Steve, 2008, Athlete First: A History of the Paralympic Movement, Hoboken Wiley-Interscience.

Braye, Stuart, 2016, "I'm Not an Activist': An Exploratory Investigation into Retired British Paralympic Athletes' Views on the Relationship Between the Paralympic Games and Disability Equality in the United Kingdom," *Disability & Society*, vol. 31(9).

DePauw, K. P. 1997, "The (In)visibility of Disability: cultural contexts and "sporting bodies"" *Quest* vol. 49(4): 416-430.

DePauw, K. P. & Gavron, S. J. (eds.), [1995] 2005, *Disability Sport*, 2nd ed., Champaign, IL: Human Kinetics.

Foucault, Michel, 1984, *Histoire de la sexualité. II: L'usage des plaisirs*, Paris: Gallimard（田村俶訳、一九八六『快楽の活用』新潮社）.

——— 2009, *Le Courage de la vérité. Le gouvernement de soi et des autres II.* Cours au Collège de France, 1983-1984, Paris: Gallimard（慎改康之

訳、二〇一二『真理の勇気　自己と他者の統治II　コレージュ・ド・フランス講義　一九八三―八四年度』筑摩書房）.
後藤吉彦、二〇〇七『身体の社会学のブレークスルー――差異の政治から普遍性の政治へ――』生活書院。
中野智世、二〇二〇「近代ドイツにおける障害当事者運動の理念と活動――『身体障害者自助促進連盟（一九一九～一九四五）』を例として――」『障害学研究』一六号。
小倉和夫、二〇一六「パラリンピックの原点を探って――主に戦争とパラリンピックとの関連について――」『パラリンピック研究会紀要』六号。
岡原正幸、二〇〇八「ホモアフェクトス的転回――感情社会学における、構築されるものされざるもの、を越えて――」『三田社会学』一三号。
Peers, Danielle, 2009, "(Dis) empowering Paralympic Histories: Absent Athletes and Disabling Discourses," *Disability & Society*, vol. 24(5).
Séguillon, Didier, 2002, "The Origins and Consequences of the First World Games for the Deaf: Paris, 1924," *The International Journal of the History of Sport*, vol. 19(1).
Steadward, Robert D. and Peterson, Cynthia, 1997, *Paralympics: Where Heroes Come*, One Shot Holdings.
Tremain, Shelley, 2001, "On the Government of Disability," *Social Theory and Practice*, vol. 27(4).
――――2017, *Foucault and Feminist Philosophy of Disability*, Michigan: University of Michigan Press.
Tweedy, S. M., Beckman E. M., and Connick, M. J., 2014, "Paralympic Classification: Conceptual Basis, Current Methods, and Research Update," *The American Academy of Physical Medicine and Rehabilitation*, vol. 6.

参照ホームページ

朝日新聞デジタル、「パラ競技の公平性は?直前のクラス変更、困惑する選手」二〇二一年八月二五日（二〇二二年二月二一日取得、https://www.asahi.com/articles/ASP8T6S3MP8TUTQP01C.html）。

DANIELLE PEERS（二〇二一年一一月七日取得、http://www.daniellepeers.com/contact--bio.html）。

NHK、五輪・パラニュース・最新情報「パラリンピック陸上車いす　伊藤　クラス変わらず大会終える」二〇二一年八月二九日（二〇二二年二月二八日取得、https://www3.nhk.or.jp/news/html/20210829/k10013230451000.html）

第12章

脳・身体・言語

――「正常／異常」の区別を越えて

田邉健太郎

はじめに

後ろから会話が聞こえる。若い人同士の会話で、ずいぶんと大きな声だ。どうやら今後の進路について相談をしているらしい。聞いている私も他人事に思えず、しばらく聞き続けてしまった。これらのことは、全くもってありふれた出来事であり、特別な努力なしに行っていることのように思われる。

だが、少し反省をしてみると、言語を聞くとはずいぶん複雑なことでもあるようだ。「その会話が後ろから聞こえること」は音声の空間的情報であり、「若い人が話していること」は音声を発するものについての情報であり、「音量が大きいこと」は音声それ自体が持つ性質であり、「進路について相談していること」は音声が担っている言語的意味である。もう少し範囲を広げてみよう。あるときには、声の大きさに威圧感や恐怖を覚え、あるときには、言っていることが頭に入らなくなるほどに、声の響きにうっとりすることもある。また、訓練を積んだ人は、歌を聞いて、身体のどの部分がどのように動いているかがわかる。それは、「胸を落としている」「頭の上のほうで響かせる」「声帯を引っ張っている」といった言葉で記述されるだろう。

他方で、脳は言語を理解するときに重要な役割を果たしており、それが如実に表れるのは、脳の損傷などに起因する「失語症」である。たとえば言語優位半球の上側頭回後部に損傷があることで生じる「ウエルニッケ失語」では、行動することが求められているのか、それとも言葉で返答することが求められているのか、大きな枠組みは理解できても、意味内容がわからないという症状が見られることがあるという（山鳥 二〇一一）。

ここまで列挙してきた事柄は、大きく分類するならば、音が有する特徴の把握、言語として音を聞くときの処理過程、言葉を発するときの身体の運動、言語的機能を担う脳の特性に関係している。本章の一つ目の目的は、このように多様な側面から論じることのできる音声言語の理解を包括的に捉えることだ。そのために取り上げるのが、「音声言語の二重経路モデル（dual pathway model）」である。このモデルは、「素朴なモデルを越えた、発話理解に関する本格的な情報処理モデル」（道又・岡田 二〇一二：一九四）と評されているが、「意味の理解」といった限定された側面に留まることなく、唇や舌や口のような身体性も考慮に入れており、本章の目的に適うものである。

他方で、二重経路モデルは身体性よりも、「意味の理解」に関する記述が理論の中で大きな比率を占めている。そこで焦点になっているのは、「音を聞き、それを音韻や語彙の表象へと変換し、統語処理が行われる」といった言語学の用語で説明される事象が、脳内のいかなる部位で生じているのか、つまり、いかなる機能が脳のいかなる部位に対応付けられるかという問題だ。これは、物質である脳が、いかにして「言葉の意味を理解する」という心の機能を生み出すのかという「心脳問題」の枠組みで論じられる問題でもある。したがって、まず心の機能全般と脳の対応付けの問題を論じたのちに、言語理解という機能に焦点を絞り、言語学と脳科学を「統合（unification）」する方向性を模索する論者と、言語学を放棄してコネクショニスト・モデルの方向へ研究を推進しようとする論者を比較し、さらに探求すべき問題の所在を明らかにする。これが二つ目の目的である。

そして三つ目の目的は、言語学的説明の背後にある価値観を明らかにし、批判的に考察することである。言語学に見られる精緻な説明は、そもそもいかなる事象を説明しようとしているのか、果たしてその事象は「説明するに値する」重要な事象と言えるのだろうか。小泉義之の議論を手がかりに、このような問題を論じる。

1　前史──「二つの視覚システム」説

いささか唐突に思われるかもしれないが、最初に視覚に関するある理論を紹介することから始めたい。というのも、本章のメイン・ターゲットである「音声言語の二重経路モデル」は、失語症研究、脳イメージング研究など様々な領域の研究から影響を受けて成立したが、とりわけ以下に紹介する理論──「二つの視覚システム」説──に強く依拠しているからだ（Hickok and Poeppel 2004: 70）。

目の前に岩がある。それをよけようと思い右に逸れる。あるいは、ポストに入るように手紙を入れる角度を自分で調整して投函する。これらの事例は、「目の前に対象が見えていて、それに対応しようと意図し、そのような行為を行う」ものとして解釈されるかもしれない。しかし、「二つの視覚システム」説を提唱したメルヴィン・グッデイルらは、「対象が見える」という「意識的経験」と、その対象への「行為」がそれぞれ別の脳内処理に基づいていることを明らかにした（グッデイル・ミルナー 二〇〇八）。

グッデイルらに先立って、視覚情報処理において、見ている対象が何であるかを同定する「何（what）」経路（腹側経路）と、その対称の空間的位置情報を処理する「どこ（where）」経路（背側経路）が存在していることをレスリー・アンガーライダーら（Ungerleider and Mishkin 1982）が明らかにした。この研究ののち、グッデイルらは背側経路の役割のなかに、「どこ」のみならず「どのように（how）」を付け加えた。

このような発見のきっかけとなったのが、脳に損傷を受けた人の視覚研究である。ディー・フレッチャー氏は事故により視覚に関わる脳の部位に損傷を負った。結果として、見ているものの大きさや形、向きがわからなくなってしまったが、他方で物体を掴んだり、障害物をよけることは可能であった（グッデイル・ミルナー 二〇〇八：五―二〇）。他方、「バリント症候群」と呼ばれる障害では、物体を認知することはできるものの、それに手を伸ばしてつかむことができないという症状がみられた（同前：四四）。このような事例について、グッデイルらは次のように説明している。視覚情報処理において、意識にのぼる視覚経験と物体認識をもたらす経路（腹側経路）と、見たものに対する運動行為を可能にする経路（背側経路）が別々の部位に存在している。したがって、一方の経路が損傷を受けたとしても、他方の経路が担当する処理は問題なく遂行されるのである（同前：五五―七七）。

視覚の二重経路モデルは、「意識」をめぐる論争にも新たな光を投げかけた。グッデイルらは、「目の前に岩が見えている」という外界に関する意識的な視覚体験は腹側経路で処理されるが、意識にのぼることなく行為を制御するシステムは背側経路が担っていると考える。だが、クリストフ・コッホは「背側領域が無意識の行動に関わり、腹側領域が意識的な視覚に関わるというような単純な話なのだろうか？　同じ回路が処理モードに応じて意識と無意識の双方に関わっているという可能性はないのだろうか？」（コッホ 二〇一四：一八三）と疑問を呈しており、いまなお活発な議論がなされている。

2　音声言語処理の二重経路モデル――言語理解と身体性はいかなる経路で処理されるのか

視覚において、見たものを意識にのぼらせる処理と、見ている対象に対する無意識的な行為の処理は、それぞれ異なる脳の部位によって担われる、これが「二つの視覚システム」説が明らかにしたことであった。本節で取り上げるのは、音声言語処理、すなわち言語を聞いて理解する過程においても、二重の経路が存在しているという主張である。音声言語処理では、「それが何を意味しているか」を処理する経路（腹側経路）と、音を「運動—調音システム（motor-articulatory system）」へと対応づけ、筋肉運動や口、舌などの運動を実行できるようにする経路（背側経路）が存在している。このような「音声言語処理の二重経路モデル」を提唱した研究者グループの一つが、グレゴリー・ヒコックとデヴィッド・ペッペルである（Hickok and Poeppel 2007）[1]。

二重経路モデルの概要を確認しよう[2]。まず耳から入った音声言語には、「周波数時間特性解析（spectrotemporal analysis）」が実行される。ここで言語音の周波数、時間に関する特性を解析したのちに、「音韻ネットワーク」に伝えられ、音韻表象が形成される。こののち、処理は脳内の「腹側経路」と「背側経路」に分岐する[3]。腹側経路には「語彙インターフェイス」「結合ネットワーク」などが存在しており、ここで音韻表象が語彙や文レベルの意味など「高次の表象」へと変換される。つまり、言語的意味の理解は腹側経路が担っているのである。では、背側経路はどうか。視覚において背側経路は、目を向けている物体に対する運動行為を担うとされていた。音声言語処理の場合、背側経路の役割は感覚表象である音韻表象を、唇や声帯などの「運動—調音システム」へと対応づける「聴覚—運動統合（auditory-motor integration）」だとヒコックらは考える（ibid.: 399–401）。

たしかに、聞きなれない言葉や言いづらい言葉を聞いて口ずさむことや、冒頭に述べたように声楽家は身体の使用法を意識しながら聞くこともあるかもしれない。だが、日常において、言葉を聞きながら常時身体を意識することは稀であるように思われる。音声言語を聞いて理解するとき、なぜ唇の動きや声帯の振動が関係すると考えるべきなのか。ヒコックらが音声言語処理でも背側経路の存在を信じる主たる理由は、乳児の言語獲得のメカニズムである。言語を学ぶということは、唇、舌、声帯などの使い方を習得することでもある。したがって、「音声言語の事例をコード化し、保持し、それら感覚的痕跡を発話ジェスチャの調整のために使うことができる神経メカニズム」（ibid.: 399）が存在しなければならず、それを担うのが背側経路だと考えるのだ。とはいえ、音声言語処理における背側経路の処理が、音声言語の知覚において自動的かつ必然的に生じるわけではないと考える点で、二重経路モデルは「運動理論」とは異なっている（Venezia and Hickok 2009）。運動理論は音声言語の知覚を、調音運動を常に参照する「本質的に運動プロセスである」（ibid.: 1410）と考える。これに対して二重経路モデルは、感覚システムと運動システム間はフィードバック・フィードフォワードを許容し、その中でも感覚システムの優位を認める『「感覚第一」理論』である。(4)

3 言語理解の解明に向けて——言語学と脳科学はどのような関係にあるべきか

二重経路モデルでは、言語的意味の理解、そして感覚・運動系の「聴覚―運動統合」という二つの心の機能が、それぞれ異なる脳の部位に基盤を持つとされていた。同モデルを精緻化し、いかなる機能を具体的にどの部位が担うのかをより詳細に特定する、あるいは同モデルを他の事象に応用するといった研究は、自然科学分野で多く存在している。一例を挙げれば、星浩司と宮里恭子はランドー・クレフナー症候群の治療に二重経路モデルを応用している（星・宮里 二〇一九）。ランドー・クレフナー症候群とは、神経学者のウィリアム・ランドーと言語病理学者のフランク・クラフナーによって一九五七年に報告された稀な小児疾病であり、国内では指定難病となっている。てんかんに伴う脳波異常によって言語の理解や発話が阻止されるが、患者のほぼ四分の三が、思春期までに脳波異常が消失するにつれて、言語機能を完全ないし部分的に回復するという特徴がある。星らは、二重経路モデルに沿って症状がどの過程と部位で生じているかを分析したのちに、ｔＤＣＳ（経頭蓋直流電流刺激）を用いた治療の仮説を提示している。

これに対して本章では、同モデルの議論の枠組み自体について考えたい。第一に、「言語の意味の理解」に限定されない心の機能と、脳という物質との関係性を考える。ここで議論となっているのは、何と何を対応させることが妥当であるのか、という問題だ。「音韻処理」は「両側の上側頭溝中部から後部」によって担われると説明されるとき、機能と部位が対応付けられている。だが、「音韻処理」という指定は妥当なものだろうか、より細分化された指定が求められるのではないか。心理の説明と神経系の説明の関係性を問う「心脳問題」は一九五〇年代から議論されている（菅原 二〇一四：二一）が、本節の考察は、二重経路モデルを「心脳問題」の論争に接続させることを可能とするだろう。

第二に、「言語の意味の理解」という心の働きに焦点を絞り、言語学と脳科学の関係性について考える。「音韻処理」は言語学に由来する用語であり、「両側の上側頭溝中部から後部」は脳科学に由来する用語である。つまり、異なる研究領域の用語、方法論を組み合わせて二重経路モデルは構成されているのである。そして、峰岸真琴が指摘するように、「言語の諸理論は自然科学との共存を視野に構築されたものではない」（峰岸 二〇一八：一一二）のであれば、両者をそのまま組み合わせることには問題が生じると考えられる。では、この問題にどう応答するべきか。本節では、両者の統合を試みるペッペルと、言語学を排して「コネクショニスト・モデル」による解明を支持する小泉義之の議論を比較考量する。

まず初めに「対応付け」の問題を考えるために、近年の神経科学の哲学から、マルコ・ヴィオラとエリア・ザニンの議論を取り上げよう。二重経路モデルが該当するように、脳内で生じている処理を説明する際には、「心的なもの（mental entity）」と「神経的なもの（neural entity）」が措定され、これら二つのカテゴリーに属する任意のもの同士の間の一対一関係が模索される（ヴィオラらはこれを「認知神経科学の標準的な存在論的枠組み」と呼ぶ）（Viola and Zanin 2018: 947）。だが、複数の構造的に区別される神経システムが類似した機能を担っていたり、ほとんどの神経構造が二つ以上の機能を担うという現象は、上記の「標準的な存在論的枠組み」を否定しているように見える。このような事態に直面した場合、両者の関係性をどのように考えるべきなのか。ヴィオラらが有望と考える一つの方向性は、神経的なものは保持したままで、それと心的なものとの関係を一対一と考えたり、あるいはそれが内在的機能を持つのではなく、心的機能に応じて「再利用」される「傾向性」として理解するというデイヴィッド・アンダーソンの理論だ(5)。これに対して、「標準的な存在論的枠組み」を維持するためには、「ズーミング・イン」および「焦点を転換すること」が必要だとヴィオラらは主張する。ズーミング・インとは、従来論じられていたよりも小さいサイズを、考察対象に据えることである。「心的なものとのマッピングが生じる神経的なものは、単一のボクセルではなく［中略］、より小さないくつかのもの（ニューロン、カラム）などである」（ibid.: 956［ ］内の補足は引用者、以下同様）。

だが、ある種の多能性はズーミング・インで説明できるとしても、すべてのものがそれによって説明できるわけではない。それゆえ、ヴィオラらは、「構造から出来事へ」という方策（「焦点を転換すること」）も併せて提唱している。この方策は、心的なものと神経的なものの存在論的身分に着目する。「心的なものは、（たとえば認知過程といった）出来事のような存在者であるだろう」（ibid.: 958、強調は引用者）。したがって、心的なものと対応付けられる神経的なものもまた、「実体」ではなく「神経出来事」である。神経出来事は、以下のように定式化される。

神経出来事〝e〟が存在しており、
［1.］〝e〟は心的存在者〝m〟に対応しており、
［2.］神経構造〝n〟は、〝w〟のように働いている間、神経出来事〝e〟を実装し（implement）ており、
［3.］〝n〟は脳の（諸）領野〝a〟内にある（ibid.: 958）。

局所的のみならず大域的な脳の活動に至るレベルで生じる「神経振動活動」、「神経振動のリズム」が、現段階における神経構造の「働き方」の最良の候補だとヴィオラらは考える。

ヴィオラらは、心的なものの全般と神経的なものの関係を問題にしていた。では、心的なものを「音声言語の理

解」に限定した場合、両者はどのような関係にあると考えるべきだろうか。二重経路モデルの提唱者の一人であるペッペルは、心的なものは言語学の用語で記述され、神経的なものは脳科学の用語で記述されると述べたうえで、「いかにして言語学と脳科学を「統合」するか」という形で問題を定式化する（Poeppel 2012; Embick and Poeppel 2015）。ペッペルが考える「統合」とは、言語学が明らかにする脳内の「表象」と「操作」を、脳科学が説明するという事態を指している。ペッペルによれば、脳科学では脳の部位や活動の地図が作成されるとしても、それはせいぜい表象および操作との相関関係を示すのみであり、なぜほかならぬこの部位あるいは活動がほかならぬこの表象あるいは計算を行うかを説明してはいない[6]。したがって、両者を統合するためには、言語学と脳科学を橋梁する何らかの方策が必要となる。そのため、ペッペルは「言語の計算論的神経生物学」に訴えることで、統合を実現しようと考える。統合を実現するためには、言語学と脳科学の対応づけが可能となるような、適切な「研究粒度」が必要であり、たとえば、「弁別的素性」「分節化」といった言語学の概念を、脳の構造あるいは活動に関連付けることができる「計算論的原始概念」へと分解する必要がある（これは「ラディカルな分解戦略」と呼ばれる）[7]。なお、ここで言われている「計算」とは、時間の中で、「人間の脳において現実に行われる計算」（Poeppel and Embick 2005: 12）であり、言語学における「操作」とは区別されるものだ。

加えて、言語学と脳科学をつなぐ理論も求められる。暫定的な提案にとどまるとしたうえで、ペッペルはデヴィッド・マーによる「計算理論」「表現とアルゴリズム」「ハードウェア」の三つのレベルの分類を導入する。そして、アルゴリズムという中間レベルが、一方では脳神経系という実装回路（implementational circuit）＝ハードウェアが何を達成すべきかを明らかにし、他方でより特化された言語学的表象を特定するのだと述べている（ibid.: 52）[8]。

小泉義之もまた、「言語学化された理解の下位にあるもの、また、物理学化・分子生物学化された脳の上位にあるもの」（小泉［二〇〇五］二〇一二a：二九九）としての「中間」こそ、哲学的に解明されるべきだと繰り返し主張する。これだけを見れば、目指している到達点はペッペルと同一に見えるかもしれない。だが、小泉は言語学的枠組みで音声言語処理を論じることにきわめて批判的であり、「中間」の位置づけや、それを探求すべきと考える動機が両者では全く異なっている。小泉にとって、「中間」の探求が必要であるのは、脳科学が言語学を説明するためではなく、それこそが言語理解という心で生じていることだからである。[9]ペッペルは言語学的枠組みが言語理解を記述していると前提して論を進めるが、そもそも言語学はそれらを記述できないとその前提自体に小泉は批判を向けるのだ。以下、なぜ言語学では言語理解という心の働きを記述できないのか、何が言語理解を記述するのか、小泉の議論を概観する。

言語学では、音素や、意味を有する最小のユニットである形態素など、様々なユニットが表象として脳内で操作され、その結果、言語理解が生じると考える。たとえば、言語音［s］は、発する人によっても、また環境によっても、異なる質を持つ。これは物理的な音声の水準であるが、聞いている人は物理的に異なる音声を同じ音素／s／として認識する。音素は脳に記憶されている概念であり、それによって個々別々の音声を識別する。このように、音が耳から入り、それが表象（前述の例で言えば「音素」の表象）に変換され、表象の操作を通じて理解が進行すると想定されているのである。こうした事態を指して、「イデア化された表象［中略］を内的に話し内的に自ら聞く」（同前：二九五）ことが、言語学の想定する言語理解のモデルだと小泉は解釈する。

だが、このモデルはリアリティを正しく記述していないのではないか。「あなたが『デリダは文字を書く』を見たり聞いたりしているそのときに、あなたは内的に何かが生じていることなど知ることはないはずだ。それらが表象する何かなど、あなたの内部のどこにもないし、世界の内部のどこにもない」（同前：二九六―二九七）。正しさの検証がなされえないことに加えて、時間性に対する考慮が欠けていることも、言語学的記述の欠点だとされる。つまり、「言語学的な分析と総合が、そのまま言語の認知や理解の過程になるなどと誰も立証してはいない」（同前：二九三―二九四）と小泉は考えるのである。

言語学的枠組みでは、音声言語を理解する際に生じていることを明らかにできないとすれば、何がそれを記述するのか。前述したように、言語学と脳科学の間にある「中間」を哲学は明らかにすべきだと小泉は主張する。では、「中間」とは何だろうか。小泉は、デリダによるフロイト解釈を、人工知能研究あるいは認知科学における「コネクショニズム」と接続させ、複数の観点から「中間」とは何かを明らかにしようとしている。

フロイトは「科学的心理学草稿」において次のように述べた[10]。外部から刺激が神経細胞に入力される。刺激の増大は神経細胞へ不快をもたらすため、それを別の神経細胞へと放出しようとする。それぞれの神経細胞の間には「接触障壁・接触防壁」が介在しており、刺激を分散して配分できるようになっている。さらに、各細胞から別の細胞に至る「通道・通疎」のシステムが形成され、各通道に割り振られた刺激は数値で表示することが可能である。

小泉はデリダのフロイト解釈を援用し、通道と通道の差異は「神経細胞系の潜在的な記憶であり、現実的な記憶や心理の真の起源〔中略〕、記憶や心理を現象させるところの抽象空間」（同前：二八七）だと考える。この抽象空間は、ある言葉を聞いて「わかった」と思うまで、ミリ秒単位ではあれ、「自己に現前せず自己に所属せず、自己の心的な生に現前しない抽象空間」（同前：二九七）でもある。通道と通道の差異にあり、自己に現前せず、ミリ秒単位の時間幅を持つ抽象空間、これが、言語学的理解と脳科学的理解の間にある「中間」の内実である。この抽象空間に入力が行われると、「空間が分割され検索されて低次元の空間が取り出され、これが変換されて出力される」（同前：二九九）。この抽象空間の変換そのものが、心的なものの実相である。ペッペルのように言語学的理解を説明するために「中間」を利用するのではなく、「中間」こそが、脳内で生じている心的処理だと小泉は考えるのだ。

では、言語学の用語でも、脳科学の用語でも記述されえないとするならば、何が「中間」を記述するのか。それは「理論数学のエクリチュール」によって記述可能であると小泉は述べる。ここでは、フロイトが論じていた通道システムにおける通道ごとの差異、あるいは「コネクショニスト・モデル」により表示される各ユニットの活性化強度を、それぞれ数値化して並べたベクトルが念頭に置かれている。つまり、心的なものとは、言語学の記述でも、脳科学の専門用語でもなく、「ベクトル代数」のような理論数学によって表記される、小泉はこのように主張している。

まとめよう。ペッペルと小泉は、ともに「言語学（により記述されるもの）」と「脳科学（により記述されるもの）」の「中間」に着目する点、また「中間」を解明するうえで、数理モデルに強い期待を寄せている点で、共通している。他方で両者は、「言語学」を有用なものとみなすかどうか、そして数理モデルにいかなる役割と意味を見出すか、この二つの点で対立していると考えることができるだろう。

4　「正常／異常」の区別を越えて——言語学に対する批判

前節では、言語学では認知、理解といった心的なものを解明できないという小泉の主張を概観した。だが、そのような主張の根底には、言語学的枠組みに抗したいという小泉の強い動機が存在している。なぜ小泉は言語学によって、人間の言語理解や言語使用を分析することに反対したいのか。それは、言語学的枠組みが「正常性の規範として」利用されていると考えるからだ。たとえば、「ＷＨＯの国際疾病分類は、言語の異常に関して、反響言語、代名詞転用、文法的構造の未熟、抽象語の使用困難などを列挙している」が、これは「余りに杓子定規で度量の狭い言語観」（同前：二八三）だと考えているからだ。そしてつまるところ、小泉の言語学への批判は、何が「説明を要する言語的事実」（同前：三〇三）であるのかをめぐる価値観の闘争に帰結するように思われる。小泉にとって「説明を要する言語的事実」とは、『雨だ、私が雨かもしれない』『私は冷たい、氷は冷たい、私は氷だ』、こんな病人の言葉」（同前：二七九）であり、「駅の通路に立ちすくんで懸命にわけのわからぬ説教を垂れ続ける人」（同前：三〇九）の存在である。そのような言語的事実は、言語の深みについてインスピレーションを与え、言語の「正常」を暴くがゆえに、それこそが説明されるべきと小泉は考える。

これに対して、言語学が説明を要すると考える言語的事実の一つに、言語の「産出性」がある。「産出性」とは、「Xと信じる」という文から「Xと信じると信じる」を生み出すように、無際限に一定の操作を繰り返すことで文を産出できる能力とされる。だが小泉にとって、この能力は挙手の繰り返しと同様の「どちらかと言えば低次の機能と見なされるべき」（同前：三〇〇）であって、なによりも優先して説明されるべき種類のものではない。また、「ジョンはその少女を愛する」という命題を表象できる人は、「ジョン」「その少女」という語を表象し、「愛する」という二項関係を表象している。したがって、「その少女はジョンを愛する」という命題もまた表象可能である（Macdonald and Macdonald 1991: 202-203; 小泉［二〇〇五］二〇一二a：三〇一）。どうしてこのようなことが可能となるのか、言語の「体系性」を説明できなければならないと言語学では考えられている。

だが、「体系性」を説明することが、一体いかなる意味で重要なのか。体系性という発想は、実はリアリティを捉え損ねているのではないか。小泉は次のような場面を例に挙げる。

「ジョンはその少女を愛する」とは言えても、どうあっても、たとえ演劇の台詞であっても、「その少女はジョンを愛する」と口にもできないし思いもよらない場合がある（小泉［二〇〇五］二〇一二a：三〇二）。

もちろん、この引用が示しているのは、ある言葉を発することへの困難であって、言語の知識や発話のメカニズムとは異なる説明が求められているに過ぎないと反論することも可能だろう。だが、引用が表す事態が現実には生じ、それこそが説明されるべき事態であるかもしれないにもかかわらず、言語学では「体系性」という観点を説明することが、確たる理由もないまま優位に置かれている。「ジョンはその少女を愛する」と「その少女はジョンを愛する」という対称性を示す例文が言語学で持ち出され、その説明が優先されてしまうことの背景には「対称的相思相愛を夢見る」価値観が控えていると小泉は分析し、その価値観を厳しく批判するのである。(11)「言語学的枠組みを保持し、それを脳科学と統合する」という姿勢でいるかぎり、「正常」な言語、「異常」な言語という規範から逃れることはできず、また、「病人の言葉」や言語のリアリティを捉えることはできない。小泉が「中間レベル」に存在する抽象空間に賭けるのは、そうした抽象空間が「正常」と「異常」が判定される言語の下位に位置していて、あらゆる言語がそこから立ち現れるという意味で、「正常」と「異常」の「区別の乗り越え方を教えてくれる」(同前：三一一)と信じているからである。(12)

言語学批判の是非についてはさらなる検討が必要だと考えるが、「何が説明に値する事実であるかを問うべきだ」とする小泉の主張に筆者は強い共感を覚える。その主張を敷衍するために、小泉とは別の角度から、既存の言語学と脳科学の共存の不可能性を主張する峰岸真琴の議論を短く取り上げたい。

峰岸は生成文法(とりわけ「普遍文法」の概念)を主たる批判対象としながらも、認知言語学もまた同様に脳科学と共存できないと述べている。その議論は、「なぜこの現象ではなくあの現象が、言語学で当然のこととして持ち出されるのか」という問題意識に貫かれており、背後にある規範性を見出す点でも小泉と軌を一にする部分が多いように思われる。峰岸の根底にあるのは、現実から遊離して理論を構築することへの批判である(峰岸二〇一八)。「本来あるべき助詞が欠落している」といった言い方は、「日本語では本来名詞が助詞を伴う」とする規範を前提にしている。だが、その規範は「共通語の書き言葉の規則」であって、実際の会話では「もうご飯食べた」「学校行った」などの発話が観察され、あるいは無助詞表現が一般的である地域も存在している。脳科学との共存を目指すならば、「本来あるべき助詞」や「主語と述語を備えた完全な文」のような「言語学者の理論的な加工物」(同前：一一四)から出発するのではなく、具体的な観察と記述を考慮に入れた言語理論が要求されると峰岸は主張するのである。

また、言語学が描き出す言語理解のモデルには時間性が欠けていると峰岸は批判する。たとえば、「文法」を事例として、以下のように峰岸は述べている。

社会的な制度（規則）としての「文法」であれ、心的器官としての「文法」であれ、分析されるのは出力としての「音列」（実際は多くの場合、「文字列」に過ぎない）である。／つまり、言語を産出し、解釈するという「プロセス」を理論に組み込んだ言語理論は存在しない（峰岸 二〇〇五：八九）。

そして、「プロセス」という時間性を組み込んで、発話や理解の過程を明らかにするためには、ニューラルネットワーク（コネクショニスト・モデル）から出発する必要があると述べられている点においても、小泉との共通点を見出すことができる（峰岸 二〇一九：六九）。峰岸の主張で興味深いと思われるのは、生成文法に限定されるものの、言語学の研究のあり方それ自体に考察が及んでいる点である。たとえば、「生成文法内部では、このような［初期の研究で設定された言語モジュールが破棄されるなどの］変遷を『理論の発展』の結果であると肯定的に評価しているようだが、門外漢から見れば、その時々の理論的構築物を一〇年程度で破棄するという行いを繰り返していては、、、、共同研究の相方として、、、、信頼がおけない、、、、、」（峰岸 二〇一八：一一三、強調は引用者）という批判は、研究コミュニティのあり方、異分野との交流に焦点が当てられており、いわば外部から研究を観察し分析する視点だと言えるだろう。

おわりに

我々が言語を聞いて理解するということは、「音が有する特徴の把握、言語として音を聞くときの処理過程、言葉を発するときの身体の運動、言語的機能を担う脳の特性」といった様々な観点から論じることができる。本章が目指したのは、意味の理解や心的表象の処理といった話題に限定することなく、音声言語全般に関わる論点を包括的に論じることであった。その目的のために音声言語処理の二重経路モデルを概観し、モデルに内在する言語理解の描写について、言語学と脳科学は（どのように）統合できるのか、コネクショニスト・モデルのような言語学以外の記述こそが言語理解を明らかにできるのではないか、という問題を整理し、異なる主張を比較してきた。最後の節では、言語学が前提にしていると思われる規範性に疑問を投げかけ、言語学研究のあり方に対する批判に言及した。

専門分化した研究領域においては、議論が精緻化し、論争が盛んになる。だが、最後の節で論じたように、「ジョンはその少女を愛する／その少女はジョンを愛する」が説明されるべきと考えるのか、それとも「雨だ、私が雨かもしれない」が説明されるべきと考えるのか、議論の起点に問いを投げかけることは、論争の背後に基盤のように存在している価値観を明らかにする。何が暗黙の裡に共有されているのか、そのことで何が不可視化され、何が「当然のこと」と見なされるようになっているのか、何が賭けられているのか、どうしてそのコミュニティのなかで特定の前提が問われず温存されているのか、これらの問題に敏感でなければならない――小泉の議論は、このことを我々に強く訴えかけているように思われる。

注

1 廣谷編（二〇一七）では、音声言語処理の二重経路モデルとして、本章で検討するヒコックらのモデルとロウシェッカーらのモデルの二つを紹介している。

2 二重経路モデルの説明は主としてHickok and Poeppel（2007）に負うが、訳語の選定については星・宮里（二〇一九）を参照した。

3 どちらの経路においても、処理は「双方向性（bidirectionary）」という特徴を持っている（Hickok and Poeppel 2004: 73)。

4 言語の「使用」という文脈ではあるものの、同様に身体性に着目している小泉義之の言葉を引用しておきたい。「注意すべきは、言語の使用は常に身体的運動であるということである。『手を伸ばそう』と発話することは、横隔膜・肺・気管支・唇・舌・声帯などを動かすことである。［中略］言語の使用とは、相互に入り込む微細な動きと微小な動きなのである（小泉［二〇〇八］二〇一二：二八）。

5 その他に、神経的なものの存在論から「誤った理論を代表する不明瞭な概念」（Viola and Zanin 2018: 954）を消去する「消去主義」や、新たな心的概念を作成する方向性が検討されている。

6 脳科学において脳が読み取られることの人類学的考察や脳の地図が含意する世界観などについては、美馬（二〇一〇）の第三章を参照。

7 ペッペルは言語学の概念を分解することを念頭に置いているが、それは以下のような理由による。まず、言語学に比べて、「ニューロン」「皮質カラム」「長期増強」といった脳科学の原始概念の妥当性は、脳科学の領域では問題になっていないからである。次に、言語学的論拠が脳科学の研究を動機づけるべきだと考えているからである（Poeppel 2012: 52）。このように言語学を中心に考える態度は、後述する小泉と対照的だ。

8 大関洋平も、ペッペルらの問題提起とマーによる分類の有効性を指摘したうえで、「自然言語処理」に「アルゴリズム」レベルを介在させる「計算認知心理学」的アプローチを提案している（大関 二〇二〇）。

9 小泉は自身の立場を、「非言語主義的で非表象主義的な心脳同一説」（小泉［二〇〇八］二〇一二b：二九）と表明している。

10 以下の「科学的心理学草稿」の要約は、小泉（［二〇〇五］二〇一二b：二八四―二八六）に従う。

11 「デリダはドゥルーズを愛する」を言おうとして「デリダはラカンを愛する」あるいは「デリダはドゥルーズを憎む」と言い間違えてしまうこと、そして、そのような一連の文が言えなくなってしまうこと、このような「変調」や「失調」が正しく理論化され、説明される必要があると小泉は述べている（同前：三〇八）。

12 小泉の批判は、このような正常性の規範に基づいて、「そこから逸脱する者を医療・教育・臨床の総力を挙げて捕捉しようとしている」（同前：二八三）社会のあり方にまで及ぶが、この点の検討は別稿に譲りたい。

参考文献

Embick, D., and Poeppel, D., 2015, "Towards a computational (ist) neurobiology of language: correlational, integrated and explanatory neurolinguistics," *Language, Cognition and Neuroscience*, vol. 30 (4), 357-366.

Hickok, G., and Poeppel, D., 2004, "Dorsal and ventral streams: A framework for understanding aspects of the functional anatomy of language," *Cognition*, vol. 92, (1-2), 67-99.

——2007, "The cortical organization of speech processing," *Nature Reviews Neuroscience*, vol. 8(5), 393-402.

廣谷定男編・二〇一七『聞くと話すの脳科学（音響サイエンスシリーズ17）』コロナ社。

星浩司・宮里恭子、二〇一九『小児失語症の言語回復——ランドー・クレフナー症候群と自閉症の比較から——』慶應義塾大学出版会。

Koch, C., 2012, *Consciousness: Confessions of a Romantic Reductionist*, Cambridge, MA: MIT Press（土谷尚嗣・小畑史哉訳、二〇一四『意識をめぐる冒険』岩波書店）.

小泉義之、［二〇〇五］二〇一二a「脳のエクリチュール——デリダとコネクショニズム——」『生と病の哲学——生存のポリティカルエコノミー——』二七三—三一二頁、青土社。

——［二〇〇八］二〇一二b「魂を探して——バイタル・サインとメカニカル・シグナル——」『生と病の哲学——生存のポリティカルエコノミー——』一五—四二頁、青土社。

Macdonald, C., and Macdonald, G., (eds.), 1991, *Connectionism: Debates on Psychological Explanation*, vol. 2. Cambridge, MA: Blackwell.

Matchin, W., and Hickok, G., 2020, "The cortical organization of syntax," *Cerebral Cortex*, vol. 30(3), 1481-1498.

道又爾・岡田隆、二〇一二『認知神経科学』放送大学教育振興会。

Goodale, M., and Milner, D., 2004, *Sight Unseen: An Exploration of Conscious and Unconscious Vision*, Oxford: Oxford University Press（鈴木光太郎・工藤信雄訳、二〇〇八『もうひとつの視覚——〈見えない視覚〉はどのように発見されたか——』新曜社）.

美馬達哉、二〇一〇『脳のエシックス——脳神経倫理学入門——』人文書院。

峰岸真琴、二〇〇五「脳科学は『文法』のありかを特定できるか?」『認知神経科学』七巻一号、八五—九三頁。

——二〇一八「脳科学と共存する言語理論は可能か?」『認知神経科学』二〇巻二号、一一一—一一九頁。

——二〇一九「脳科学の知見に関する一見解——金野竜太先生への返信として——」『認知神経科学』二一巻一号、六七—七六頁。

大関洋平、二〇二〇「言語の計算認知神経科学に向けて」『「人工知能と脳科学の対照と融合」ニュースレター』八巻、一〇頁。

Poeppel, D., 2012, "The maps problem and the mapping problem: Two challenges for a cognitive neuroscience of speech and language," *Cognitive Neuropsychology*, vol. 29(1-2), 34-55.

Poeppel, D., and Embich, D., 2005, "Defining the relation between linguistics and neuroscience," in Culter, A. (ed.), *Twenty-First Century Psycholinguistics: Four Cornerstones* (pp. 103-120), Hillside, NJ: Lawrence Erlbaum.

菅原裕輝、二〇一四「心理学は神経科学に還元されるか?」『科学哲学科学史研究』八巻、二一—四一頁。

Ungerleider, L. G. and Mishkin, M., 1982, "Two cortical visual systems," in Goodale, M., Ingle, D. J. and Mansfield, R. J. W., (eds.), *Analysis of Visual Behavior* (pp. 549-586), Cambridge, MA: MIT Press.

Venezia, J. H., and Hickok, G., 2009, "Mirror neurons, the motor system and language: From the motor theory to embodied cognition and beyond," *Language and Linguistics Compass*, vol. 3(6), 1403-1416.

Viola, M. and Zanin, E., 2018, "The standard ontological framework of cognitive neuroscience: Some lessons from Broca's area," *Philosophical Psychology*, vol. 30(7), 945-969.

山鳥重、二〇一一『言葉と脳と心――失語症とは何か――』講談社。

第13章 今いる子どもと未来の子どもをめぐる光と闇

——先天性代謝異常等検査と出生前診断のもたらすもの

笹谷絵里

はじめに

この世には生まれてこられない命がある。その生まれてこられない理由が「障害」であった場合、どう考えるべきだろうか。今、お腹にいる子どもに障害があることを調べる方法として、「出生前診断」という検査がある。つまり、生まれる前に子どもの状態を調べることができる検査である。そして、出生前診断を受け、子どもに「障害」があるとわかると約九割の親は産むのをあきらめるとされている。それは命を選んでいる事にはならないだろうか。一方で、親が子どもの命や健康に責任を持つのは当たり前だとの考えもある。

では、親が責任を持つべき子どもの命が「遺伝性の病気[1]」だった場合どうだろうか。それが生まれた後の子どもの検査でわかるとしたらどうであろうか。ここでは、生まれてきた後、「今存在している子どもの検査」として、子どもの病気を早期発見、早期治療する目的で開始された先天性代謝異常等検査から親が「未来の子ども」も同じ病気の子が生まれる遺伝情報を持つことがわかる点に焦点をあてる。そして、今存在する子どもの病気が明らかになることで、親が未来の子ども（次の子ども）を持つのか／持たないのか／選んで持つのかという、何かを親が選ぶ／選ばないについて考えたい。ここでは、自分の遺伝情報がわかることとともに今いる子どもの病気の早期発見・早期治療という「光」の部分と親の遺伝情報がわかることでの未来の子どもの選択・選別という「闇」の部分についてみていく。

そして、今この世に生を受けた存在する子ども、未来に生まれてくる可能性のある子ども、そして親自身が持つ遺伝情報という、誰が、誰のために、何を選ぶのか／選ばないのかということを一緒に考えてみたい。

最初に日本における先天性代謝異常等検査（新生児マススクリーニング）の導入について概観したい。日本では、一九七七年、フェニルケトン尿症・メープルシロップ尿症・ホモシスチン尿症・ガラクトース血症・ヒスチジン血症の五つの病気を対象に検査が導入された[2]。一九七九年からは日本で生まれた子どものほぼ一〇〇パーセントがこの検査を受けている。これは世界的にも有数の受検率で公衆衛生史の成功例としても語られてきた。成功の要因とされてきた理由として、検査の導入の目的が、遺伝性の病気である先天性代謝異常を「早期に発見し早期に治療を行うことにより精神薄弱等の心身障害の発生を防止することが可能である」（厚生省児童家庭局 一九七七）[3]ため、「早期発見早期治療の徹底を期する」必要があるとして開始されたためである。ここでは、子どもの病気を早期に発見し治療することで心身障害を防ぐことが前提とされた。つまり、心身障害を伴う遺伝性の病気の子どもを出生後早くに検査で発見し治療することで心身障害を防ぐことが可能とされたのである。まさに医学の「光」であったのであろう。

一方で導入された五つの病気はいずれも常染色体劣性遺伝形式をとっている。先天性代謝異常等検査で子どもの病気が明らかになった場合、親は次の子ども以降も四分の一の確率で病気を持つ子どもを生む保因者であることがわかる（奥山 二〇一三：一八―一九）。つまり、子どもの病気から親の遺伝情報がわかるのである。さらに、一般的には突然変異の影響を受けないとされている。遺伝性の病気の遺伝情報（本人は基本的に病気を発症しない）を持っている親（両親）のことを「保因者」という。さらに、この「保因者」は親のみでなく、きょうだいや親戚も保因者の可能性をもつ。つまり、俗にいう「血筋」や「家系」と呼ばれるものであろう。この遺伝という「個人のものでありながら個人にとどまらないもの」を持ちながら、今存在する子どもと未来の子どもを天秤にかけなければいけなかった優生思想的な「闇」の可能性にも目を向けつつ、話を進めたい。

1　国民優生法と優生保護法における出生予防

一九四〇年に国民優生法が制定された。この法の目的として、「不健全者の優生手術」と「健全者の産児制限防止」があげられていた（川上 一九六五：二七四―二七五）。国民優生法では、不健全者について「悪質」なる遺伝性の病気の素質者を「不健全者」と規定し、遺伝を防止することによって国民の資質を増強させることを目的としていた。

まず、子どもを産ませないようにするという意味での優生手術（断種手術・不妊手術）の対象として、「悪質遺伝性疾患の発病者」として、①遺伝性精神病者、②遺伝性精神薄弱者、③強度かつ悪質なる遺伝性病的性格者、④強度かつ悪質なる遺伝性身体疾患者、⑤強度なる遺伝性奇形者の五つがあげられている。

松原洋子は、この五つが本当に医学的に遺伝性といえるかについては専門家の間でも意見が分かれ、精神病院の入院患者や盲学校やろう学校の生徒、非行少年や売春婦とされる人たちをも断種手術（優生手術）の対象とみなしており、「遺伝性疾患」という概念の対象が極端に拡張され、人口増強策の推進と共に「健全なる素質を有する者の増加」という要素が増加され、産めよ増やせよの政策を支える事実上の中絶禁止法として機能したとする（松原 二〇〇〇：一八一―一八二）。一方で、武井群嗣は、国民優生法が人口政策として、単に産めよ増やせよという人口の増加ではなく、「素質の増強」という「質」をあげるべきだという意見から人口の質を低下させる「悪性遺伝」を持つものの出生の防止を行い「素質の増強」を目的として実施されてきたとし、この政策は厚生省のみならず、政府も一体となって施策を実施したのであるとする（武井 一九五二：六七―六八）。つまり、この「素質」や「質」とされるものが、「遺伝」であり、素質の増強がいわゆる「遺伝の質」の増強なのであろう。前述のように、悪質遺伝の病気の発病者について、遺伝か遺伝でないのかについての概念が極端に拡張されたがゆえにあいまいになっているといえる。

では、次に書かれていた「悪質なる遺伝性疾患の素質者」について見ると、①前述したのは被手術者即ち、本人が該当疾患の患者である場合であるが、更に現在本人には何等の疾患はないが、確実に疾患の素質を有する場合にも優生手術が行われうる。これは第一項の例外である。即ち被手術者が四親等内の血中に前記五項の一に該当する病的素質を有しており、かつその配偶者も同様の病的素質を有していて、その両者が婚姻することによって将来生まれる子どもが、医学的経験上同一の疾患に罹ることのおそれが特に著しい場合に優生手術が受けられる。②なおさらに第一項の例外の一つは、夫婦両人が疾患に罹る子どもの出生によって、病的素質を有することが確認され、将来出生すべき子どもも同様の疾患に罹るおそれが特に著しい場合にも優生手術が受けられると「悪質遺伝性疾患の発病者」の例外としながらも「悪質なる遺伝性疾患の素質者」も優生手術を受ける対象となっていた。さらに、悪質なる遺伝性の病気の素質者として、遺伝によって子どもが病気を持つ可能性が高い場合や従妹婚も優生手術の対象とされた。その条件は、病気は同一の性質を持っており、病気が特定できるものであった。さらに、優生手術の対象とするには、四親等以内の血族中に一人以上その病気を持つものがいる必要があったが、遺伝することが確実な場合、病気を持つものは一人以上でよいとされた。さらに、夫婦の子どもが病気を発病することで「同一遺伝疾患の素質者」であることがわかった場合、「将来出生する子どもも同様に発病する恐れがある」として優生手術の対象となっていた。

つまり、発病者よりも素質者の方が「遺伝性疾患」という概念が厳格であったようにもみえる。その理由として、発病者のように目に見えた状態や症状がないため、「遺伝」という目に見えない厳格な縛りがより強化されたとも考えられる。一方で、現在のように素質者が遺伝情報をもつ保因者であるかを調べる遺伝学的検査が確立していたわけではない。そのため、素質者として病気のある子を持つ・産む可能性のある存在である親やきょうだい、親族たちは「家系」や「血筋」と呼ばれる目に見えない「遺伝的な縛り」によって彼ら／彼女らが子どもを持つことや産むこと、さらには、結婚することを阻止され、制限・管理されていたともとらえられる。このように、国民優生法のなかでは遺伝性の病気は遺伝するものであるということが「発病者」より「素質者」においてより重要視され、遺伝的な「素質者」つまり「保因者」が子どもを出産することを避けることで、資質の向上が図られていたようにも見える。では、第二次世界大戦後に成立した、優生保護法では、この「素質者」とされた保因者の親が子どもを持つことはどのように考えられていたのかを見てみたい。

一九四八年に制定された優生保護法では、一九四〇年に制定された国民優生法を踏襲しながらも任意の人工妊娠中絶にも言及している。まず、優生手術についてみると「優生手術（任意の優生手術）」として、①医師は、左の各号の一に該当する者に対して、本人の同意並びに配偶者（届出をしないが事実上婚姻関係と同様な事情にある者を含む）があるときはその同意を得て、任意に優生手術を行うことができる。ただし、未成年者、精神病者又は精神薄弱者についてはこの限りでない。②本人又は配偶者の四親等以内の血族関係にある者が遺伝性精神病、遺伝性精神薄弱、遺伝性精神変質症、遺伝性病的性格、遺伝性身体疾患又は遺伝性畸形を有し、かつ、子孫にこれが遺伝する恐れのあるものとされた。「母性保護（任意の人工妊娠中絶）」についても、優生手術に該当する者に対して、本人及び配偶者の同意を得て、任意に、人工妊娠中絶を行うことができると規定している。

優生保護法では、国民優生法と異なり親やきょうだい、親族が「未来の子ども」を持つことができない「優生手術」という選択肢に、「人工妊娠中絶」という、お腹にいる子どもを産むか／産まないかという「選択」が加えられたのである。さらに、ここで示された「遺伝性精神薄弱」には先天性代謝異常症のフェニルケトン尿症も含まれていた（田中 一九六四：一七八―一七九）。しかしながら、この時点で優生保護法に定められた「子孫にこれが遺伝する恐れのあるもの」の「恐れ」の点を明確にすることはできていなかった。そのため、産んでみなければ遺伝したのか／遺伝していないのかについて知ることができなかったのである。つまり、産むか／産まないか、さらには、「未来の子ども」を持たないという選択肢しかなかったといえる。

ここからわかるように、先天性代謝異常症の保因者である親は、素質者として先天性代謝異常等検査の導入以前から、「優生手術」「人工妊娠中絶」の対象となっていた(4)。このような状況の中、病気の大部分が常染色体劣性遺伝である先天性代謝異常症に出生前診断が技術として可能になることは何か変化をもたらしたのであろうか。先天性代謝異常等検査で見つけられる病気を中心に見てみたい。

2　先天性代謝異常等検査の対象となった病気と出生前診断

2-1　先天性代謝異常等検査が導入される前の出生前診断の状況

一九七〇年代初めにおいて、先天性代謝異常等検査の対象の病気について出生前診断と関連するような記述は決して珍しいものではなかった。一九七三年、八神喜昭と鈴森薫は先天異常の出生前診断について、「出生予防」の観点からの記述している（八神・鈴森 一九七三）。ここでは、出生前診断は羊水による、先天異常の診断はRh不適合妊娠の診断から始まり、羊水細胞培養による胎児染色体検索、各種代謝異常の出生前診断など多方面に応用されるようになったとして、先天性副腎過形成症とメチルマロン酸血症を紹介している（同前：二一九—二二〇）。

そして論文の最後をこう締めくくっている「稿を終わるにあたり、これらの出生前診断法が更に進歩し、不幸な先天異常児の出生が一人でも多く予防されることを欲して止まない」（同前：二二三）。本文の中で、出生前診断の結果に伴う人工妊娠中絶の記載はない。だが、のちに先天性代謝異常等検査に導入される先天性副腎過形成症とメチルマロン酸血症が出生予防の対象として考えられていたことがわかる。同様に、多田啓也はフェニルケトン尿症やガラクトース血症は早期診断による早期治療の効果が期待できるとしながらも、脂質代謝異常症、ムコ多糖体蓄積症などは有効な治療法がなく、このような病気に対しては妊娠早期に羊水診断を行い出生を防ぐという方向が考えられると述べている（多田 一九七三：一三五—一三六）。この時点で、フェニルケトン尿症やガラクトース血症については早期診断による早期治療が可能とされた。だが、一九七六年に遺伝性の病気の出生前診断として、「すでに出生前診断が行われて、証明されているもの」として、メープルシロップ尿症、ガラクトース血症、アルギニノコハク酸血症、プロピオン酸血症が、先天性副腎過形成症とメチルマロン酸血症に加えて出生前診断が可能とされた。他にも、「まだ、出生前診断は行われていないが、可能であると考えられているもの」として、シトルリン血症、ヒスチジン血症、ホモシスチン尿症が紹介された（神保・佐藤 一九七六）。つまり、現在、先天性代謝異常等検査に導入されている病気の多くは先に出生前診断の技術が先行して確立していたと言えよう。その理由として、「出生前診断により、一方では悲惨な生涯を送る先天異常児の出生を抑制することができ、他方では出産をあきらめていた夫婦に健康な子を安心して生める機会を与えることができるようになった」（同前：二七八）と遺伝性の病気の出生前診断について述べられている。むろん、胎内治療の可能性に言及しているが、技術がともなえば、治療技術がある程度確立していても、それ以上に「健康」な子どもを持つ方がより望ましいと考えられていたといえよう。

このように、先天性代謝異常等検査の導入以前から、フェニルケトン尿症を除く四つの病気は診断ができる可能性も含め、出生前診断の対象となっていた。さらに、二〇一四年に追加された病気である、アルギニノコハク酸血症、プロピオン酸血症、メチルマロン酸血症は出生前診断の技術が開発された当初から、出生前診断の対象となっていたのである（表13－1）。では、先天性代謝異常等検査が導入されて以降、出生前診断の対象となる先天性代謝異常症はどのように扱われるようになっていったのかを見てみたい。

2-2　先天性代謝異常等検査導入後の出生前診断

先天性代謝異常等検査導入によっ

表13－1　先天性代謝異常等検査の導入時期と出生前診断が可能とされた時期

導入時期	病名	遺伝形式	出生前診断	その他
1977	フェニルケトン尿症 メープルシロップ尿症 ホモシスチン尿症 ガラクトース血症	常染色体劣性遺伝	1990 1976 1984 1976	
1979	先天性甲状腺機能低下症	—	—	甲状腺ホルモン合成障害のみ常染色体劣性遺伝
1989	先天性副腎過形成症	常染色体劣性遺伝	1973	
2014	シトルリン血症１型 アルギニノコハク酸血症 メチルマロン酸血症 プロピオン酸血症 イソ吉草酸血症 MCC 欠損症 HMG 血症 複合カルボキシラーゼ欠損症 グルタル酸血症１型 MCAD 欠損症 VLCAD 欠損症 三頭酵素欠損症 CPT1 欠損症	常染色体劣性遺伝	1984 1976 *1973 *1976 *1984 * *1984 *2008 *1984 #1995 # # #	 典型例は NBS 前に発症 日本人特有の最軽症型多数 NBS から除外の国もある 日本での NBS での発見例なし 日本での確認例は数例 半数は無症状とされる NBS での全例検出は不可 長期的な自然例は不明
2018	CPT2 欠損症	常染色体劣性遺伝	#	2018年４月より NBS に導入

注）NBS（New Born Screening）＝先天性代謝異常等検査（新生児マススクリーニング）
　*＝有機酸代謝異常症　　#＝脂肪酸代謝異常症
　2008年に有機酸代謝異常症と脂肪酸代謝異常症の出生前診断が可能との記載（長谷川・山口 2008）
　＊疾患の名称が明確に定まっていなかった可能性もあり，具体例が示せていない例もある。
出所）引用文献に基づき筆者作成。

て、病気を早期に発見し早期に治療するという「光」の部分に焦点があてられるようになった。では、「闇」の部分であると考える先天性代謝異常症の出生前診断には何か変化はあったのであろうか。

一九八〇年に発刊された『小児の先天性代謝異常症　フェニルケトン尿症を中心に』の内容を概観すると、先天性代謝異常症を中心に症状や診断・治療、スクリーニングの内容を中心に記述されている。その中で、「先天性代謝異常症の予防」として、①保因者診断──患者の出生防止──、②羊水診断、の二項目が設けられている。この中で、羊水診断が可能な病気として、先天性副腎過形成症、メチルマロン酸血症、ガラクトース血症、メープルシロップ尿症があげられている（大浦 一九八〇：七七―八四）。さらに、羊水診断の紹介として、「受胎以降分娩に至るまでの期間の胎児へのアプローチであり、もし、胎児が患者と診断された場合には、人工妊娠中絶を行うことが前提となる出生前診断法です」（同前：八四）と紹介されている。

つまり、先天性代謝異常等検査が導入された後も出生予防の観点から、遺伝情報を持つ親は次の子どもの妊娠時には出生前診断を受検し、胎児が先天性代謝異常症の場合は人工妊娠中絶が前提となっていたといえる。このような、出生前診断の結果に基づく人工妊娠中絶について、我妻堯は、先天性代謝異常症の「大部分は劣性遺伝であるため、この疾患を持つ子どもを生んだ両親からは、四分の一の確率で次も再びこの疾患をもつ子どもが生まれる可能性がある。大部分の疾患は治療法がなく、出生後まもなく死亡するか、重大な障害をのこす。従って羊水穿刺で診断できれば、両親に対して、障害された胎児を中絶するか否かの選択の機会が提供できる」（我妻 一九八四：一八二）と出生前診断に関する考えを述べている。ここでは、前述の病気に加えて、ＨＭＧ血症、グルタル酸血症が羊水で診断可能な先天代謝異常として紹介されている。さらに「人工妊娠中絶を前提とした羊水診断に対する賛否」として、自らの見解を以下のように述べている。

遺伝性疾患の診断を伝染病の診断にたとえる考え方もある。伝染病は水平に感染するが、遺伝病は垂直に感染する。伝染性疾患を診断して隔離することは、患者自身の福祉はもとより、潜在的に感染の可能性のある一般大衆を守ることになる。遺伝性疾患を診断して胎児を中絶することにより、両親は精神的打撃、経済的負担から解放され、間接的には、社会全体も福祉をうけるという考え方である。（略）わが国では遺伝や先天異常などの問題を合理的に考える習慣がなく、避けて通ろうとしたり、いたずらに感情的な議論のみが横行している。一方で、家族計画が普及して夫婦一組がうむ子どもの数は減少するとともに、「異常な子どもをうむのではないか」という両親の不安感のみは増大する一方である。また上述のように大した根拠もなく、単に親の都合によるものや、経済的という理由で正常な胎児が年間、数十万、中絶されている。遺伝の正しい知識の普及、遺伝相談の機会などを増加させ、適応によっては羊水診断による情報を提供することが、医学のおこない得るサービスであろう（我妻 一九八四：一八六）。

このように、遺伝性の病気を伝染病に例え、遺伝病は垂直感染するという、遺伝性の病気の特徴を述べ、病気をもつ胎児を中絶することで両親の負担や社会の福祉にもつながるとした。つまり、遺伝という今まで見えていなかったことが出生前診断技術により、生まれる前に「知る」ことができるようになった。それは、今まで保因者として病気のある子を持つ・産む可能性のある存在であった親やきょうだい、親族である、彼ら／彼女らが「遺伝的な縛り」によって子どもを持つことや産むことを止められ、制限や管理されてきたことが「出生前診断」という技術によって、子どもの状態を生まれる前に「知る」ことができるようになり、産むか／産まないかも含めて「選ぶ」という事が可能になったのである。この選ぶという事が医学サービスの一環であり、誰かに「制限」、「管理」されたものではなく自らの意思で選ぶ「自己決定」へと変化していった過程ととらえられる。さらに、我妻によると日本では出生前診断について感情的な議論が先行しているとして、羊水診断による情報提供を医学サービスの一環と考えるべきではないかとの意見を述べている。

一九八〇年代の初めにおいて、出生前診断技術は開発途上であり、検査方法の開発や検出できる病気の増加も含めて、検査数を増やすことで検査技術の向上につながり、「医学の発展」につながると考えられていた。実際に、一九八四年には前述の出生前診断が可能な病気としてホモシスチン尿症、シトルリン血症イソ吉草酸血症が新たに加えられた。さらに、「実際に実施された先天性代謝異常症の出生前診断の実績」についても結果が示されるようになった。一九八四年の結果として、ガラクトース血症で三件の検査が実施され、一件が不能（検出不可）、二件が正常とされた。メチルマロン酸血症は検査数が二件、正常が一件、異常が一件であり、プロピオン酸血症は検査数が一件で検査結果が正常とされた（鈴森 一九八四：二七―二八）。ここでは、出生前診断の診断結果が子どもの出生にどのような影響を与えたのかが記述されていない。だが、「異常」と診断された場合、多くは出生につながっていなかったと考えられる。その理由として、一九八八年の調査結果を見てみたい。

一九八八年、多田、宮林重明、相川純一郎によって、日本における先天代謝異常症の胎児診断の現状が報告された。調査では、胎児診断を実施している主要な一五施設に調査を依頼し、一九八七年一二月までのデータをまとめている。診断件数は二六〇例であった。先天性代謝異常等検査に該当する病気としては、メチルマロン酸血症が診断数一〇件で正常が七件、異常が三件、プロピオン酸血症は診断数が四件で正常が三件、異常が一件、メープルシロップ尿症が診断数四件で正常が三件、異常が一件であった。他にも、先天性副腎過形成の診断が三件で三件とも正常とされた。その他についても詳細な各病気の診断結果については示されていないが、二二件が診断され、五件が異常とされている。その他には、シトルリン血症、アルギノコハク酸尿症、イソ吉草酸血症などが含まれていた（多田・宮林・相川 一九八八：一六一〇―一六一一）。[5]

これらの検査結果について、「異常と診断した例は、全例両親の希望により妊娠中絶を受け、数例の未確認例を除いてすべて流産胎児組織で患児であることが確認されている」（同前：一六一一）とされ、「異常」と診断された胎児で出生に至ったものはなかった。出生前診断の技術は、胎児の胎内治療や出生後の早期治療への接続が掲げられていたが実際は、人工妊娠中絶につながるものになっていた。この時点では、先天性代謝異常等検査の対象となっていなかった病気についても出生前診断の対象として検査可能であり、「異常」つまり、胎児が先天性代謝異常症であると診断された場合「両親の希望」によって全例が人工妊娠中絶の対象になっていたことがわかる。また、先天性代謝異常症の出生前診断を受ける場合、すでに同じ病気の子どもを持っているか、きょうだい、親族にその病気を持つ子どもがいることが前提となる。そのため「今いる子ども」の「次の子ども」はこの調査において、病気を持たない子どもが「選択」されたといえよう。すべての先天性代謝異常症の子どもを持つ親が出生前診断を受けていたわけではない。だが、先天性代謝異常症の出生前診断技術という「選択肢」は検査を受けることによって確立していったといえる。

他にも多田らは、ＤＮＡ分析による胎児診断の可能性についても言及し、これまでの遺伝性の病気の胎児診断は培養羊水細胞による測定が主であった。そのため、欠損酵素が羊水細胞に存在しない、フェニルケトン尿症などは胎児診断が不可能であったが、羊水細胞や絨毛細胞に存在する遺伝子を直接解析することで診断できる技術が開発されているとした（同前：一六一―一六二）。では、今まで羊水では診断が不可能とされた病気が遺伝子（ＤＮＡ）を用いて実施できるようになることで、出生前診断にどのような変化があったのか見てみたい。

2-3　出生前診断への遺伝子（ＤＮＡ）診断の適用

一九九〇年代に入り、出生前診断にＤＮＡ診断が適用されるようになりほぼすべての先天性代謝異常症が出生前診断の対象となった。それは、今までの技術では診断不可能であったフェニルケトン尿症も例外ではなかった。一九九〇年、厚生省の心身症障害研究で、「出生前診断における遺伝子診断の応用」として、ＤＮＡ診断を実施している一六一施設にアンケート調査が実施されている。研究の結果、回答のあった一一九施設のなかで産婦人科が八三・六パーセント、小児科の六四・九パーセントが出生前診断を取り入れていた。その中の一六施設では、

DNA診断が取り入れられていた。DNA診断の対象の病気には、先天性副腎過形成症（21ヒドロキシラーゼ欠損症）とフェニルケトン尿症が含まれた（遠藤・松田 一九九〇：一八一―一八三）。一九九五年には、「出生前診断の方法 DNA診断」として、日本においてDNA診断が行われている遺伝性の病気として、今までの病気に加えて、MCAD欠損症（中鎖アシルCoA脱水素酵素欠損症）が記述された。このように、一九九〇年代に入ると出生前診断は身近な技術となり、検査が受けやすい状況にあったといえる。そこにDNA診断が技術的に可能となったことで今までは出生前診断の対象となっていなかった病気もその対象として組み込まれていった。

松田一郎はこのDNA診断の広がりについて、今までの羊水の培養では出生前診断が不可能であったフェニルケトン尿症などが遺伝子（DNA）を使用することで可能となったことを「結局、『遺伝子解析による出生前診断』が行われるようになったことはこうした制限を超えたことを意味している」（松田 一九九五：二）と評している。先天性代謝異常症では、フェニルケトン尿症などの一部の例を除き、病気の早期発見、早期治療よりも先に「選別の技術」である出生前診断の技術が確立していた。さらに、この「制限を超えた」という意味は、ほぼすべての先天性代謝異常症がこの時点で出生前診断の対象となったという事を示すのではないだろうか。

このように遺伝子診断が広がりをみせていくなか、二〇〇四年からは先天性代謝異常等検査に新しい技術を導入する動きが進む。新しい検査方法はタンデムマス質量分析計を用い質量を測定することで、簡単にいうと一度に大量の先天性代謝異常症を検出することができるという特徴があげられる。つまり、DNA診断と同様に技術的には、病気を「発見する技術」として「制限を超えた」のである。

二〇〇八年には質量分析での先天性代謝異常症を「発見する技術」が出生前診断という「選別の技術」に応用できることが発表される。長谷川由紀らは、質量分析計が先天性代謝異常の出生前診断に応用できることについて、先天性代謝異常症の中でも有機酸代謝異常症は、生後数時間から数日以内に発症する新生児発症型は特に重症であり、発症した三五パーセントが死亡し、正常の発育となったのは一八パーセントであった。そのため、重症型の場合には、「両親が次子について出生前診断を希望されることも少なくない」とし、出生前診断の適応について人類遺伝学会を参照しながら、胎児が重篤な病気に罹患している可能性があり、カップルが検査を希望している場合には出生前診断の適応となるとした。適応には、重症度、遺伝形式、出生前診断の危険性について十分理解する必要があるとしながらも、有機酸代謝異常症の重症群はこのガイドラインに矛盾しないとした（長谷川・山口 二〇〇八：一六一―一六二）。加えて、出生前診断が可能な病名として、「現時点では有機酸代謝異常症では、メチルマロン酸尿症、プロピオン酸尿症、グルタル酸尿症1型、マルチプルカルボキシラーゼ欠損症などが質量分析法で診断可能である。活性酸素や遺伝子解析などと組み合わせれば、グルタル酸尿症2型や脂肪酸代謝異常症なども可能である」（同前：一六四）とした。さらに、本検査は特定の病気を念頭に置いた検査であるとし、出生前診断で胎児が罹患していると診断された時点でtermination（終了）が選択される可能性があると記述されるなど、出生前診断の結果によっては人工妊娠中絶が選択される可能性が示唆されている。つまり、質量分析計は先天性代謝異常等検査で「見つける病気の数を増やす」という役割と共に出生前診断として「お腹にいる子の病気を明らかにする」という応用が可能であるとされたのである。

二〇一四年に先天性代謝異常等検査もタンデムマス質量分析計を使用したタンデムマス法に変化し、一四の病気が検出されるようになった。では、次に二〇一四年の導入から五年たった二〇一九年の状況を概観したい。

3　先天性代謝異常等検査の現状

二〇一四年に先天性代謝異常等検査にタンデムマス法が導入され、今までの六つの病気に追加して一四の病気が検出されるようになった。追加された病気の特徴は表の通りである（表13‐2）。この一四の病気が検出されるようになって明らかになったこととして、死亡率が高い「重症例」と無症状の「最（極）軽症例」が検出されるようになったという点である。この二点について、二〇一九年に発刊された、「新生児マススクリーニング対象疾患等診療ガイドライン」と「新生児マススクリーニングガイドブック」から概観したい。

まず「重症例」としては、先天性代謝異常症の中には生まれてすぐに発症し、代謝救急が必要になる病気が含まれるとされた。つまり先天性代謝異常等検査を受ける前に発症し、緊急の対応が必要となる。ガイドラインでは、その状況において家族への説明は「重症であり、場合によっては死亡する可能性のあることを十分に説明する」として、患児が確定診断前に死亡した場合、病理解剖の承諾許可を得るとともに「遺伝に関する説明のため、後日家族にお話しする機会を設ける。十分なカウンセリングを行い、同胞や次子への対応を説明することが重要である」とする（日本先天代謝異常学会 二〇一九：九―一〇）。つまり、きょうだいや次の子どもに対する保因者診断や出生前診断の実施を示唆しているように見える。検査の前提とされてきた早期発見、早期治療と乖離する状況が明らかにされている。

一方、「最（極）軽症例」として、MCC欠損症（3-メチルクロトニルCoAカルボキシラーゼ欠損症・メチルクロトニルグリシン尿症）

表 13 - 2　14の病気と症状の特徴

	14の病気の概要	症状など
1	シトルリン血症１型	重症例から極軽症例まで多様
2	アルギニノコハク酸血症	新生児発症者の予後は不良，神経学的予後不良
3	メチルマロン酸血症	精神発達遅滞，てんかん，腎機能低下など
4	プロピオン酸血症	重症例では，死亡率が高く，最軽症例では無治療
5	イソ吉草酸血症	急性期の発症例では，死亡率，後遺症を残す
6	MCC 欠損症	大半の患者が無症状
7	HMG 血症	低血糖発作で発症（夜間の空腹を避ける）
8	複合カルボキシラーゼ欠損症	乳幼児期に発症のピーク，ビオチンの投与治療
9	グルタル酸血症１型	急性脳症様発作で発症，神経学的悪化
10	MCAD 欠損症	発症による死亡率が高，SIDS の一因とされる
11	VLCAD 欠損症	重症例から極軽症例まで多様
12	三頭酵素欠損症	死亡例もあり，重症例が多い
13	CPT1 欠損症	低血糖発作に伴う意識障害など
14	CPT2 欠損症	最重症例では NBS 前の死亡例あり，急性発作の予防

注１）NBS ＝先天性代謝異常等検査（新生児マススクリーニング）
注２）SIDS（Sudden Infant Death Syndrome）＝乳幼児突然死症候群
出所）引用文献に基づき筆者作成。

では以下のように述べられている。「新生児マススクリーニングが開始されてから無症状の患児の発見が増加した。さらに、マススクリーニング陽性児の母親が無症状のMCC欠損症患者である場合も報告されている」(同前：一四八）や「本症の大部分の症例は無症状であるため、新生児マススクリーニング（NBS）対象項目から外されている国も少なくない」(虫本 二〇一九：六四）と全く症状のない病気の検出がほとんどである場合や他にも「NBSで発見された例のなかには、発症後診断では見つからなかった遺伝子変異をもつ、極めて軽症と思われる症例が多く見つかっている。このような患者がいつ頃、どのような症状で発症するのかは明らかではない（略）本疾患はNBSで全例を発見することはできないと考えられている」(日本先天代謝異常学会 二〇一九：一九六）とされ、そもそも先天性代謝異常等検査で見つけることができない可能性がある病気の種類があることも明らかにされている。ここでもまた、早期発見、早期治療という前提と異なり、早期に発見されても治療が必要ない「早期発見」のみが生じることが明らかにされた。つまり病気の種類によっては、ただ病気の名前というラベリングのみがされる状況にある。

さらに、一つの病気の中に、死亡率が高い「重症例」と無症状の「最（極）軽症例」の両方の症状を持つ病気も少なくないことが明らかとなった。例えばメチルマロン酸血症は「本疾患の典型例は、新生児マススクリーニングの実施前に急性発症型の症状を呈する。一方、乳幼児期以降に急性発症する遅発型症例については、新生児マススクリーニングで必ずしも発見できないと考えられており、新生児マススクリーニングで異常がなかった児でも、本疾患の可能性を考慮する必要がある」(同前：一一九）として、検査を行う前に病気の症状が出てくる場合もあるが、検査では病気であることがわからず、成長していく中で感染症や体調不良をきっかけに症状があらわれて病気が明らかになることも述べられた。他にもプロピオン酸血症では、「古典的な症例では半数以上が新生児期から乳幼児期に重度の代謝性アシドーシスや高アンモニア血症などで発症する。早期発症例ほど死亡率が高く、後遺症として全般的な精神運動発達遅滞を呈する症例も多い」(長谷川 二〇一九：六〇—六一）と亡くなってしまう確率が高いとされている。

一方で、同じプロピオン酸血症の最軽症例では、プロピオン酸血症は「四万五〇〇〇人に一人と、高頻度に発見された。しかし、この中には病的意義が乏しいと考えられている『最軽症型』が多く含まれており、ケトアシドーシス発作のような重篤な症状を発症するPAの発症は四〇万人に一人とされている」（日本先天代謝異常学会 二〇一九：一二八）とされ、「わが国の新生児マススクリーニングで発見されるプロピオン酸血症例の多くは、従来知られてきた『患者』とは臨床像が著しく異なっている」という従来の患者像とは異なる「遺伝性疾患患者」となっているとする（同前：一三七）。簡単にいうならば、先天性代謝異常症は希少、つまり大変少ない数しか病気を持つ方が存在しない。そして、その遺伝情報を持つ「保因者」の方が偶然にも同じ遺伝情報を持つ「保因者」の方との子どもを持ちさらに四分の一の確率で病気の子どもを持つことで先天性代謝異常症は明らかになる。一定の確率で遺伝するとしても各個人が持つ遺伝情報が多様であり、AだからA、BだからBという状況には当てはまらず、一人ひとり異なることが明らかになったのである。それは、今までの遺伝性の病気を持つ人＝患者という概念に当てはまらない状況といえよう。

さらに、「最軽症例は、身体発育や精神運動発達の異常を認めず、重篤なアシドーシスを発症しないと考えられているが、長期予後に関してはエビデンスが不十分であり、不明である」（同前：一二八）とされ、将来的な点に関しては不明とされた。つまり、長期的に今も症状がなくてもそれが続くか／続かないか現時点ではだれもわからないのである。それは、未来の自分がどうなるかわからないまま、「ある病気」の病名を持ちながら生きていくということである。そして、親は無症状であっても、そうでなくても、「未来の子ども」について考えなければいけない。それは、親自身が自分の意志で決定できる状況といえるのであろうか。

この親の決断について、松原洋一は「次子を考えるにあたっての遺伝カウンセリングも重要である。NBSの対象疾患は原則的に治療法が確立されているものの、食事療法などの家族の負担は大きく、また必ずしも予後良好な疾患とは限らない。そのため、出生前診断（あるいは着床前診断）による非罹患児の挙児を希望する両親も存在する」（松原 二〇一九：七）と述べているように、二〇一九年に発刊されたガイドラインとガイドブックでは、先天性代謝異常等検査の対象である先天性代謝異常症と出生前診断の関連が明確となり、次子に対しては、「遺伝相談」や「遺伝カウンセリング」が重要な位置を占めることが強調された。「遺伝相談」や「遺伝カウンセリング」が中立で平等な情報提供のもとで実施されていたとしてもそれは、「ナッジ」として機能していないであろうか。染色体異常症と異なり、先天性代謝異常症では「親」が遺伝情報を持つ「保因者」自身なのである。

そして、症状の有無や「重症例」・「軽症例」ではなく、先天性代謝異常等検査で検出された遺伝性の病気の子どもを持つ親は遺伝相談の対象となり、次子について出生前診断を受けるか／受けないかも含めてその選択をする主体となる。つまり、遺伝性の病気を早期に発見し、早期に治療することで心身障害を防ぐことが可能であるとされた「光」だけでなく、今まで見えていなかった先天性代謝異常症の出生前診断が「闇」として、クローズアップされ表舞台に出てきたのである。そして、「未来の子ども」を選ぶという事がある意味タブーとして扱われなくなったように見える。土屋敦は羊水検査（出生前診断）とその結果における選択的人工妊娠中絶は優生学研究の中で「自発的優生学」として、個人の選択や自発性によって障害のある子どもの出生予防がはかられる事態と結び付けられる形で論じられることが多いとする（土屋 二〇〇七：一九七）。その中で、先天性代謝異常等検査は早期発見・早期治療という「光」とは別に「闇」の部分として出生前診断と次の子どもの選択という「自発的優生学」が結びついて考えられてきたが、それは「闇」として見えていなかった。この、闇の部分がクローズアップされるようになった理由は一四の病気が検査項目として増加したからであろうか。それとも、「自発的優生学」は私たちにとって当たり前に受け止められることとなったのだろうか。

一九七七年の先天性代謝異常等検査の開始当初、「心身障害の発生を防止することが可能」とされた導入の目的も二〇一八年三月の「先天性代謝異常等検査の実施について」の通知では、「心身障害を予防することが可能である」（厚生労働省子ども家庭局 二〇一八）に変化している。この「予防」には、親が出生前診断を受け、子どもの出生を「予防」する意味での「予防」も含まれるのであろうか。生まれてきた子の症状の有無や「重症例」や「最（極）軽症例」とされても、実際は、次子が生まれてこないと分からないことが多いのではないだろうか。だが、その判断をするのは「親（保因者）」である。今後、「自発的優生学」のもと病気の遺伝情報を持つ子は「生まれてこない方がよい」と判断されることが、世の中のあたり前とされないことを祈りたい。

［付記］本研究はＪＳＰＳ科研費19K23261の助成を受けたものである。

注

1 ここでは、医療や医学に詳しくない方のためにも疾患、疾病等の言葉について直接引用や言葉の意味をそのまま使用する場合を除き「病気」で統一する。

2 ヒスチジン血症は、「知能発達の遅延」「言語発達の遅れ」が指摘され、先天性代謝異常等検査に導入されたが、治療の有無が「知能」に影響を与えず、治療の必要がないとされ、一九九二年に検査対象から除外された。

3 手元にある、一番古い厚生省児童家庭局長通知は一九九三年のものであるが、現在文部科学省のＨＰの通知は、内容が改正されており、「早期に発見し、早期に治療を行うことにより知的障害等の心身障害を予防することが可能である」となっている。また、古いものには記載がなかった、「一〇 実施上の留意事項 本事業の実施にあたっては、責任ある体制を確保し、対象者のプライバシーには十分留意すること」も追加されている。

4 一九九六年の法改正により、母体保護法となり、遺伝や優生手術に関する記載は削除され、経済条項を拡大解釈することでその中で、遺伝性疾患の胎児の人工妊娠中絶も含まれることとなった。

5 病名について、同じ病気であっても尿症や血症と異なる名称で記載されているため、記述にあたっては原文の病気名を尊重した。

参考文献（※は表13-1、※※は表13-1、13-2作成にあたっての参考文献）

※遠藤文夫・松田一郎、一九九〇「出生前診断における遺伝子診断の応用」平成二年厚生省心身障害研究『慢性疾患のトータルケアーに関する研究』厚生省。

※長谷川有紀・山口清次、二〇〇八「先天性代謝異常の出生前診断」『周産期医学』三八巻増刊号。

長谷川由紀、二〇一九「プロピオン酸血症」山口清次編『よくわかる新生児マススクリーニングガイドブック』診断と治療社。

※神保利春・佐藤孝道、一九七六「羊水からの胎児情報」『産婦人科の実際』二五巻四号。

川上武、一九六五『現代日本医療史――開業医の変遷――』勁草書房。

厚生省児童家庭局、一九七七「先天性代謝異常検査等の実施について」昭和五二年七月一二日児発第四四一号。

厚生労働省子ども家庭局、二〇一八「先天性代謝異常等検査の実施について」平成三〇年三月三〇日子母発〇三三〇第二号。

松原洋一、二〇一九「新生児スクリーニングと遺伝倫理」山口清次編『よくわかる新生児マススクリーニングガイドブック』診断と治療社。

松原洋子、二〇〇〇「日本――戦後の優生保護法という断種法――」米本昌平・松原洋子・橳島次郎ほか編『優生学と人間社会――生命科学の世紀はどこへ向かうのか――』講談社。

松田一郎、一九九五「出生前診断とバイオエシックス」森川良行編『出生前診断と胎児新生児管理』金原出版。

虫本雄一、二〇一九「メチルクロトニルグリシン尿症」山口清次編『よくわかる新生児マススクリーニングガイドブック』診断と治療社。

奥山虎之、二〇一三「先天代謝異常の遺伝カウンセリング」遠藤文夫編『先天代謝異常ハンドブック』中山書店。

※※日本先天代謝異常学会編、二〇一九『新生児マススクリーニング対象疾患等 診療ガイドライン二〇一九』診断と治療社。

※大浦敏明、一九八〇『小児の先天性代謝異常症 フェニルケトン尿症を中心に』医歯薬出版。

※鈴森薫、一九八四「羊水診断による出生前診断」馬場一雄・小林登編『小児科ＭＯＯＫ 遺伝相談』金原出版。

※多田啓也、一九七三「先天性代謝異常の予防」『先天異常』一三巻三号。

※多田啓也・宮林重明・相川純一郎、一九八八「胎児診断の現状――先天代謝異常――」『日本医師会雑誌』九九巻九号。

武井群嗣、一九五二『厚生省小史――私の在勤録から――』厚生問題研究会。

田中克己、一九六四『遺伝相談――気にする人・気にしない人のために――』講談社。

土屋敦、二〇〇七「『不幸な子どもの生まれない運動』と羊水検査の歴史的受容過程――『障害児』出生抑制政策（一九六〇年代半ば―七〇年代初頭）興隆の社会構造的要因――」『生命倫理』一七巻一号。

※八神喜昭・鈴森薫、一九七三「先天異常の出生前診断」『日本産婦人科学会雑誌』二五巻三号。
※※山口清次編『よくわかる 新生児マススクリーニング ガイドブック』診断と治療社。
※我妻堯、一九八四「羊水診断の現状とその問題点」坂本正一・滝一郎・室岡一編『産婦人科MOOK 羊水』金原出版。

あとがき

本書が編まれることとなった経緯について簡単に述べておきたい。お気づきの方も多いと思うが、本書の執筆者の多くは、立命館大学大学院先端総合学術研究科（以下、先端研）の修了生や在学生である。単に先端研関係者というだけでなく、生命領域で二〇二〇年三月まで教鞭をとっておられた小泉義之先生の指導を受けた者で構成されている。これら小泉門下の原稿がまずあり、これを核として編著者が統一テーマを構想し、それを補強してくれる論考を新たに依頼し加えたものが本書となる。

初発の原稿依頼段階では、特に方向性を指定することなく、各人が自身の専門に基づき、しっかりと研究論文を書くことのみをお願いしていた。しかし、集まった原稿はすべて、テーマはバラバラであるにもかかわらず驚くほどに「小泉節」で、共通の敵を見定めそこに対決線を引くものであった。本書を貫く核は、やはり小泉先生の教えであると感じざるをえなかった。そのため、本書刊行の経緯として、小泉先生のことを記さねばならないと考えた。私的なエピソードも交えることになるがご了承いただきたい。

本書は先端研小泉門下を核とするわけだが、編著者の一人である私は文学研究科の出身であり、小泉先生が正式な指導教員であったことは一度もない。しかし、二〇一一年ごろ、それまでの日本古代史研究からサドマゾヒズム研究に転向するにあたり、小泉先生にご指導を賜りたいと思い、先生のゼミと、先生が所属する先端研・生命領域の演習に参加させていただくようになった。以来、ありとあらゆる面で大変お世話になっている。当時の私は商業ＳＭの研究をしようと考えていたため、哲学者である小泉先生に教えを乞うというのは奇異に思われるかもしれないが、当時の私はなぜか小泉先生しかいないと考えていたし、これは全く正解だった。小泉先生は、サドマゾヒズム研究の動機も、小泉先生を選んだ理由も一切尋ねることなく受け入れてくださった。

小泉先生から学んだことはあまりにも多すぎるため、本書と関連することのみに触れたい。先端研は、社会人院生が多く、障害や病を持つ院生が多いことも特徴であった。小泉先生のゼミや生命領域の演習では、私が文学研究科で身に着けた学術的な常識に照らせば、レベルが低すぎてお話にならないと切って捨てられるとしか思えない発表がたくさんあった。しかし、回数を重ねるにつれ、彼らはレベルが低いのではなく、言葉を持っていないのだということが分かってきた。彼らは大学という空間とは異なる場所から、その場所の流儀で語りかけているだけなのだ。あるいは、とにかく断絶のある向こう岸から語りかけてきている。とはいえ、その言葉は彼らが存在した場所でなら、すらすらと通じたわけでもない。その場合、彼らは大学院には来ない。わけがわからず、本人ももどかしい思いをしながらも、何かを背負ってしゃべっている。それは本書の用法でいうところの狂人の声、あるいは愚か者の声である。多くの大学教員が切り捨てているだろう、意味不明で無価値に思われる声である。

ところが小泉先生は、いつも彼らの声に真摯に耳を傾け、彼らが真に言いたいことを理解しようとし、それを言語化するために最大限の助力をされていた。それは表面的には毒舌と評価されそうなものだったが、実質的には果てしなく優しかった。私はこれほど学生を見捨てない教員を他に知らない。それは明らかに、先生が狂人を心からリスペクトしているからであった。私は自身が内面化しているアカデミズムの物差しと、どこで構築されたのかもわからないが強固に存在する差別感情を廃棄するよう努め、狂人の声を聴き取ろうと努力するようになった。考えてみれば、訓練されれば身につく学術的常識など、あってもなくてもどうでもよいに決まっているのだった。そんなものより、手放してはいけないものを見極め、それをしっかりと握って離さないことのほうが大切なのである。

本書に収録された論考のなかにも、小泉先生が拾い上げ育てた狂人の声があるかもしれない。それはある人々にとっては完全に無価値な、狂ったたわごとかもしれないが、その場合は、一体何を基準に自分が正しいと判断しているのか、その判断によって何をしたいというのか、お前は何様なのかと、問いかけたいと思う。

本書は、狂人の声、愚かで、不可解で、無価値とされている生を一貫して肯定するという立場をとっている。しかしそれは、こんな人がいてもいいよね、他人を尊重しましょう、ということを言いたいためではない。レベルの差はあるが、それを肯定しきった際には、例えば国家程度のものが転覆させられるような生に着眼しているつもりである。そのように受け止めてもらいたいと考えている。

小泉先生は、いつも若手に期待をしてくださっている。若者が自分の知らない何かを知っており、自分に何かを教え、自分がたどり着けない場所にたどり着く人々だと信じてくださっている。正直に言えば、小泉先生はあまりにも高みにあり、先生と同じ魂のステージに到達することすら一生かかってもできるはずがないと感じてしまうのだが、あきらめずに期待に応えたいと思うし、何より小泉先生から受け続けている莫大な学恩に報いるにはそれしかない。そこでこの度、編著者二人は現状で持てるかぎりの力を尽くして本書を編んだ。執筆者の方々も、度重なる修正要求に快く応じてくださった。後から加わっていただいた執筆者の方々も、このような本書の背景をくみ取り、ふさわしい論考を寄せてくださった。結果的に、本書は極めてラディカルな論考が並び、現状では類書のないものになったと自負している（同時に、これらの論考はごく普通のことしか主張していないとも感じている）。とはいえ、まだまだ粗削りで未熟な本であり、多くの方からのご叱正を乞いたい。

最後に、若手を中心とした本書の出版を快諾してくださった晃洋書房の井上芳郎さんにも、深く感謝の意を表したい。ありがとうございました。

本書は、福岡女子大学二〇二二年度研究奨励交付金（研究C）の助成を受け刊行される。

二〇二二年三月

編著者　河原梓水

高 木 美 歩（たかぎ　みほ）［第 2 章］

立命館大学大学院先端総合学術研究科一貫性博士課程

社会学

主要業績

「消え去る媒介者としての「軽度発達障害」」立命館大学大学院先端総合学術研究科『Core Ethics コア・エシック』vol. 15 : 85-96（2019）

「心理学分野の自閉症スペクトラム障害研究における障害観の変化と揺らぎ」立命館大学大学院先端総合学術研究科『Core Ethics コア・エシックス』vol. 16 : 121-131（2020）

高 倉 久 有（たかくら　くゆう）［第 4 章］

大阪大学 文学部 卒業生

倫理学，臨床哲学

主要業績

「毒親概念の倫理――自らをアダルトチルドレンと「認める」ことの困難性に着目して」大阪大学倫理学・臨床哲学研究室『臨床哲学ニューズレター』vol. 4（2022）

田 邉 健 太 郎（たなべ　けんたろう）［第12章］

尚美学園大学 非常勤講師

美学芸術学

主要業績

「音楽理論（現代）――分析哲学の視点で音楽を解剖してみれば」丸善出版 美学会編『美学の事典』（2020）

山 本 由 美 子（やまもと　ゆみこ）［第 9 章］

大阪公立大学大学院 現代システム科学研究科 准教授

生命の倫理・哲学，医療社会学

主要業績

『死産児になる――フランスから読み解く「死にゆく胎児」と生命倫理』（生活書院，2015）

「胎児組織利用と子産みをめぐる統治性および生資本」『科学技術社会論研究』vol. 17 : 104-117（2019）

北 島 加 奈 子（きたじま　かなこ）［第11章］
立命館大学大学院 先端総合学術研究科 一貫制博士課程
障害学

主要業績

「インペアメントがディスアビリティに先行するのか――インペアメントとディスアビリティの個人化をめぐって」立命館大学大学院先端総合学術研究科『Core Ethics コア・エシックス』vol. 15 25-34（2019）

「『障害者』の主体形成に見るアイデンティティ・ポリティクス」立命館大学大学院先端総合学術研究科『Core Ethics コア・エシックス』vol. 16 47-57（2020）

※小 西 真 理 子（こにし　まりこ）［まえがき，第１章，４章］
大阪大学大学院 人文学研究科 准教授
倫理学，臨床哲学

主要業績

『共依存の倫理――必要とされることを渇望する人びと』（晃洋書房，2017）

「私は被害者ではない――問題含みな親の「加害性」への反応をめぐって」青土社『現代思想』vol. 50(9)(2022)

笹 谷 絵 里（ささたに　えり）［第13章］
花園大学 社会福祉学部 専任講師
子ども学，小児保健，医療社会学，生命倫理

主要業績

『新生児マス・スクリーニングの歴史』（洛北出版，2019）

「男性の遺伝情報に対する意識――新生児マススクリーニングを受検した子どもを持つ男性の遺伝意識の語り」日本保健医療社会学会『保健医療社会学論集』vol. 32(2)：101-110（2022）

貞 岡 美 伸（さだおか　みのぶ）［第５章］
京都光華女子大学 健康科学部 看護学科 教授
母性看護学，生命倫理

主要業績

「代理懐胎における日本の産婦人科医師の言説――1983年のヒト体外受精の成功」『日本医史学雑誌』vol. 62(3)：241-252（2016）

『日本の代理懐胎是非論の分析――出産の倫理』立命館大学大学院先端総合学術研究科 博士論文（2018）

鹿 野 由 行（しかの　よしゆき）［第７章］
関西大学非常勤講師
ジェンダー／セクシュアリティ研究，クィア・スタディーズ，都市社会学

主要業績

「男娼のセクシュアリティの再考察――近代大阪における男娼像の形成とコミュニティの変遷――」大阪大学大学院文学研究科日本学篇『待兼山論叢』vol. 49：37-55（2015）

「繁華街における周縁的セクシュアリティの受容過程――近現代大阪の「ゲイタウン」形成史――」大阪大学大学院文学研究科博士論文（2018）

《執筆者紹介》(50音順 ※は編著者)

秋 葉 峻 介(あきば しゅんすけ)[第3章]
立命館大学大学院 先端総合学術研究科 一貫制博士課程,山梨大学大学院 総合研究部 医学域総合医科学センター特任講師
生命・医療倫理学,死生学

主要業績

「医療・ケアをめぐる自己決定における自他関係と関係的自律」日本生命倫理学会『生命倫理』vol. 31 : 46-54 (2021).

「Advance Care Planning における共同意思決定の理論構造の検討」日本医学哲学・倫理学会『医学哲学医学倫理』vol. 39 : 1-10 (2022).

石 田 仁(いしだ ひとし)[第7章]
日工組社会安全研究財団 主任研究員
社会学

主要業績

『はじめて学ぶ LGBT』(ナツメ社,2019)

共著『セクシュアリティの戦後史』(京都大学学術出版会,2014)

小 田 切 建 太 郎(おたぎり けんたろう)[第8章]
立命館大学 文学部 授業担当講師
哲学・倫理学

主要業績

Otagiri, Kentaro, *Horizont als Grenze : Zur Kritik der Phänomenalität des Seins beim frühen Heidegger,* Nordhausen: Traugott Bautz 2014

『中動態・地平・竈――ハイデガーの存在の思索をめぐる精神史的現象学』(法政大学出版局,2018)

柏 﨑 郁 子(かしわざき いくこ)[第10章]
立命館大学大学院 先端総合学術研究科 一貫性博士課程,東京女子医科大学 看護学部 助教
基礎看護学,生命倫理学

主要業績

「「人生の最終段階」における無益性の解釈と Advance Care Planning」日本保健医療社会学会『保健医療社会学論集』vol. 31(2) : 36-46 (2021)

「治療の差し控えと中止における QOL と終末期の概念」立命館大学大学院先端総合学術研究科『Core Ethics コア・エシックス』vol. 18, : 39-49 (2022)

※河 原 梓 水(かわはら あずみ)[第6章,あとがき]
福岡女子大学 国際文理学部 国際教養学科 講師
近現代日本セクシュアリティ史,変態研究

主要業績

「セクシュアリティの生活記録運動――戦後日本における「変態性欲」と近代的夫婦生活」Antitled 友の会『Antitled』vol. 1 : 33-57 (2022)

「緊縛研究と哲学者――京大・緊縛シンポジウムとは何だったのか」大阪大学倫理学・臨床哲学研究室『臨床哲学ニューズレター』vol. 4 : 69-84 (2022)

狂気な倫理
「愚か」で「不可解」で「無価値」とされる生の肯定

2022年8月30日　初版第1刷発行　　＊定価はカバーに
2022年12月25日　初版第2刷発行　　表示してあります

編著者　小西真理子
　　　　河原梓水 ©

発行者　萩原淳平

印刷者　江戸孝典

発行所　株式会社　晃洋書房
〒615-0026　京都市右京区西院北矢掛町7番地
電話　075(312)0788番(代)
振替口座　01040-6-32280

装幀　吉野　綾　　印刷・製本　共同印刷工業㈱
ISBN978-4-7710-3655-0

JCOPY 〈(社)出版者著作権管理機構　委託出版物〉
本書の無断複写は著作権法上での例外を除き禁じられています.
複写される場合は，そのつど事前に，(社)出版者著作権管理機構
(電話 03-5244-5088, FAX 03-5244-5089, e-mail: info@jcopy.or.jp)
の許諾を得てください.